7.4공동성명 및 남북대화

한국의 대북협상과 외교

한국외교협상사례 총서 14

7.4공동성명 및 남북대화
한국의 대북협상과 외교

초판 1쇄 발행 2023년 11월 30일

지 은 이 신종대
발 행 인 윤관백
발 행 처 도서출판 선인
출판번호 제5-77호(1998.11.4)
주소 07912 서울시 서초구 남부순환로 48길 1, 1층
전화 02-718-6252   팩스 02-718-6253
이메일 sunin72@chol.com

정가 22,000원

ISBN   979-11-6068-847-4 94340
            979-11-6068-846-7 (세트)

한국외교협상사례 총서 14

7.4공동성명 및 남북대화
한국의 대북협상과 외교

신종대

선인

서 문

　1970년대 초 남북대화 및 7.4공동성명은 의미 있는 역사적 사건이었다. 한국 전쟁 이후 대립일변도였던 남북관계를 무력이나 현상유지가 아닌 대화를 통해 접근하고 관리하고자 했다는 점은 분명 남북관계의 일대 전환이었다. 북한을 대화의 상대로 인정하고 이를 기초로 남북관계를 제도화하려는 최초의 노력으로 볼 수 있기 때문이다. 남북관계사를 돌아보면 '대화 없는 분단'보다 '대화 있는 분단' 하에서 분단 상황의 불투명성과 불안정성이 낮아지거나 관리되어 왔다. 1970년대 초 남북대화는 비단 남북관계의 발전을 위해서 뿐만 아니라 남북관계가 극단적으로 악화되는 것을 방지하기 위해서라도 남북관계 관리 수단으로써 대화의 중요성을 보여 주었다. 이 점은 반세기가 지난 현재에도 여전히 유효하다. 북한의 핵능력이 전례 없이 고도화되고 남북관계가 경색에 빠진 현 상황은 남북 간의 대화 및 소통할 수 있는 채널 유지의 필요성과 중요성을 소환한다.

　당시 박정희 정부는 남북대화의 원형이 되는 남북적십자회담과 남북조절위원회 회담을 통해 일관되게 기능주의적 단계론을 견지했는데, 이는 이후 한국 정부의 대북 접근의 기본 원칙이 되었다. 또한 한국 정부는 북한과 대화하면서 경험을 얻고 학습했다. 실무급과 고위급을 포함한 수십 차례의 회담을 통해 상대방의 의중과 입장, 그리고 협상행태를 파악하고 쟁점 타결과 입장 관철 등 협상 기법과 관련하여 귀중한 경험을 축적하고 교훈을 얻었다고 할 것이다. 1970년대 초의 경험과 교훈은 이후 한국의 대화역량 제고 및 남북대화와 관련한 중요한 지침을 제공했다.

　'화해로의 극적인 진전과 대립으로의 극적인 역진', 이 모순적 조합은 1970년대 초 남북대화 개시 이래 현재까지 남북관계가 보여주고 있는 주요 패턴이자 특징이라고 할 수 있다. 남북관계가 이와 같은 패턴을 반복하고 있는 이유는 무엇인가? 그와 같은 부정적 반복 패턴을 탈피하여 지속가능한 남북관계를 만들어가기 위한 조건과 해법은 무엇인가? 본 사례연구는 기본적으로 이와 같은 문제의식을 깔고 있다. 남북관계의 주요 패턴과 특징을 형성한 시원적 틀인 1970년대 초 남북대화를 검토함으로써 그 원인을 분석하고 해법을 모색하는 계기가 될 것이다. 또한 한국 정부의 대북협상과 통일외교를 점검·강화하고 추진하는 데 시사점을 얻을 수 있을 것이다. 이런 점에서 1970년대 초 남북대화 및 7.4공동성명에 대한 심층적 검토는 의미 있는 작업이다. 우리가 남북대화의 원형을 확인하고, 남북관계에 영향을 미치는 국제환경 변화 및 주변 강대국 관계의 동학, 주변 강대국의 남북관계에 대한 개입과 영향력 행사, 남북한 간의 상호작용, 남북대화와 남북한 국내정치의 연관, 그리고 정책결정 주체들의 인식과 역할 등을 들여다보고 교훈을 얻을 수 있는 중요한 협상사례이기 때문이다.

이 사례연구는 우선 1970년대 초 남북대화 및 7.4공동성명을 둘러싼 쟁점에 대한 이해와 검토를 통해 기존의 논의를 재조명하고 현재와 미래의 지평에서 재정리해보는 의미가 있을 것이다. 또한 무엇보다 대북정책 수립과 협상과정, 그리고 남북대화 국면에서의 한미교섭 등 한국 정부의 전반적인 외교적 노력에 대한 정확한 이해·평가를 위한 하나의 계기가 될 것이다. 또한 1970년대 초반의 남북대화가 이후 보수정부 또는 개혁정부의 대북정책 추진과 어디까지 그 맥락이나 궤를 같이하고 또 달리하는가를 볼 수 있을 것이다. 이를 통해 당시의 남북대화가 남북관계사에서 가지는 의의와 한계를 짚어볼 수 있을 것이다. 나아가 남북관계에 대한 사실에 기반한 정확하고 균형 잡힌 이해와 바람직한 남북관계설정, 그리고 적실성 있고 지속가능한 대북정책 및 관련 외교정책 수립·추진에 참고할 수 있기를 기대한다.

　　연구의 기회를 준 국립외교원 외교사연구센터, 연구를 진행하는데 격려와 자문으로 큰 힘이 되어준 기획편집위원회의 여러 편집위원 선생님들께 감사드린다. 또한 이 연구가 책자로 출판되기까지 여러모로 지원을 아끼지 않고 독려해준 이상숙 교수님과 세심하고 친절한 연구 지원의 전범을 보여준 정종혁 연구원께도 거듭 감사의 마음을 전한다. 그리고 북한대학원대학교 석·박사과정 재학 시 자료 정리에 도움을 준 손주희 박사, 박지현 석사에게도 감사를 표한다.

2023년
신 종 대

차 례

범 례

1. 본 총서는 한국외교협상사례 기획편집위원회가 선정한 『한국 100대 외교협상사례』에 기초하여 협상의 배경과 중요 쟁점, 전개과정과 협상전략, 후속조치와 평가 등을 서술한 것이다.

2. 본 총서의 집필자 추천 및 원고 심사는 한국외교협상사례 기획편집위원회가 담당하였다. 본 위원회의 구성은 다음과 같다.
   위 원 장 홍석률(성신여자대학교)
   위   원 신종대(북한대학원대학교)
   위   원 우승지(경희대학교)
   위   원 임혜란(서울대학교)
   위   원 정병준(이화여자대학교)
   위   원 조양현(국립외교원)

3. 본 총서는 각 협상사례를 상대국 및 주제에 따라 총 7개의 클러스터로 분류하였다. 각 클러스터는 책등 및 앞표지 좌상단의 "한국외교협상사례 총서" 표기의 색으로 구분하였다.
   1) 한반도(황색)
   2) 미국(주황색)
   3) 일본(자주색)
   4) 중국, 러시아(보라색)
   5) 유럽, 제3세계(남색)
   6) 국제기구, 환경(녹색)
   7) 경제통상(연두색)

4. 부록에는 협상의 관련 자료 및 해제와 연표 등을 수록하였다.
   1) 관련 자료에는 한국, 협상상대국, 제3국의 외교문서 원문 및 발췌문, 발표문, 언론보도 등을 수록하였다.
   2) 자료의 제목, 공식 문서명, 발신일, 수록 문서철, 문서등록번호, 기타 출처 등은 부록 서두에 목록화하였다.
   3) 자료 해제에는 각 자료의 배경, 요점, 함의 등을 간략히 기술하였다.
   4) 연표에는 주요 사건의 시기와 내용, 관련 자료 등을 표기하였다.
   (예)

시기	내용
1950. 10. 7.	유엔총회 UNCURK 창설 결의
[자료 1] "Resolution 376 (V) Adopted by the General Assembly"	

   5) 자료의 제목은 공식 문서명을 기재하는 것을 원칙으로 하되(예: "Telegram from the Embassy in Korea to the Department of State") 편의상 자료의 통칭 등을 기재하기도 하였다(예: "닉슨 독트린").
   6) 자료는 원칙적으로 발신일을 기준으로 나열하되, 경우에 따라 협상 단계 및 자료간 연관성 등을 고려하여 배치하였다.

개 요

　분단 후 처음으로 시작된 1971년 남북대화는 1972년 7.4공동성명 채택으로 기대를 모았으나 7.4공동성명 발표 직후부터 남북은 이미 공동성명에 대한 상이한 해석으로 이견과 갈등을 노정했다. 그리고 1973년 6월 남북이 각기 '6.23선언'과 '조국통일5대강령'을 내놓음으로써 한반도의 데탕트 가능성은 사라져갔다. 마침내 1973년 8월 28일 북한이 사실상 7.4공동성명의 폐기를 선언하기에 이르렀다.

　1970년 8.15선언을 계기로 단초를 마련한 남북대화는 적십자회담을 거쳐 7.4공동성명에 합의했으나 당초 국민 일반이 기대한 만큼의 성과를 거두지는 못했다. 적십자회담이 시작되었지만 이산가족 상봉이라는 인도적 문제에 초점을 두는 남측과 이산가족 상봉을 위한 환경조성 차원의 반공법 폐지 등 정치회담화하려는 북측은 접점을 찾지 못했다. 남북한의 본격적 정치회담은 7.4공동성명을 도출하는 성과를 거두었지만 얼마 못가 파국을 맞았다. 7.4공동성명에서 합의된 사항을 이행하기 위한 남북조절위원회는 남북한 협상목표의 차이로 평행선을 달리다 난항 끝에 좌초되고 말았다. 남측은 인적, 물적, 통신 교류에서 시작하여 점진적으로 통일문제로 나아가는 단계적 접근을 주장한 반면, 북측은 정치·군사문제까지 포괄하는 동시일괄 타결을 주장했다. 양측의 입장을 타결하는 것은 마치 빙탄을 섞어 불을 지피려는 것과 다름이 없었다.

　박정희 정부는 남북대화를 체제경쟁을 위한 실력을 배양하는 시간을 버는 기회로 활용하고자 했다. 그런데 박정희 정부는 남북대화가 기회만 제공한다고 보지 않았다. 북한의 평화공세에 남한 사회가 노출될 수 있는 위기의 측면도 감안하지 않을 수 없었다. 북한은 남북대화를 통한 평화공세가 주한미군 철수와 박정희 정부의 국내외적 고립을 가져올 것을 기대했으나 그러한 목표 달성은 현실적으로 어려웠다. 특히 1971년 12월의 국가비상사태선언과 72년 10월의 유신 단행은 북한이 남북대화를 통해 기대했던 남한의 '민주주의 강화와 혁명세력의 성장'에 대한 일종의 차벽 설치였다. 체제경쟁과 체제 확산 차원에서 북한은 남북대화 국면을 '남조선혁명'의 분위기를 조성할 수 있는 기회로 활용하려고 했다. 반면 남한은 남한대로 '자유의 바람'을 북한에 주입하겠다고 했다. 그러나 양측의 시도는 모두 성공적이지 못했다. 남북은 대화와 상호 방문을 통해 상대 체제에 대한 상용도를 높인 것이 아니라 상대 체제에 대한 이질감과 자기 체제 재강화에 골몰했다. 또한 남북대화 시작과 더불어 북한 친화적인 신생독립국과 비동맹국의 증가로 북한의 외교공세가 가일층 강화됨으로써 한국외교는 일대 위기를 맞고 있었다. 박정희 정부는 남북대화에 대한 체제 차원의 대비는 물론 북한과의 외교전에 몰두했다.

남북대화와 7.4공동성명은 대통령을 정점으로 중앙정보부가 주도해 왔기 때문에 이 과정에서 외무부 기관 차원의 활동을 적시하기는 어렵다. 그러나 7.4공동성명 발표 이후 남북대화와 남북관계에 대한 대외 홍보와 지지 확보 국면에서는 외무부의 활동이 상대적으로 두드러졌다고 할 수 있다. 7.4공동성명 발표 직후 외무부는 미국 내 주한미군 추가 철수 및 대한 군원 삭감 주장 대두 가능성 등 공동성명을 계기로 발생할 수 있는 대미외교의 문제점을 점검하고 대책안 마련에 부심했다. 7.4공동성명은 UN에서 한국문제 토의 연기, 국제사회에서의 한국의 이미지 고양 등 여러 기회요인을 제공한 것도 사실이지만 외교정책상 도전과 과제를 동시에 안겨주었다. 외무부는 7.4공동성명 직후부터 남북관계의 진로에 대해 그리 큰 기대를 걸지 않았고, 7.4공동성명이 수반하는 여러 문제와 이에 대한 대책을 다각적으로 강구했다. 외무부는 7.4공동성명이 기본적으로 남북한 간 세력균형에 있어서 한국의 우위가 가져온 결과로 보고 있었다. 그리고 동 성명이 북한의 전쟁준비 태세를 견제함은 물론 평화적 방법에 의한 통일 추구 설정이라고 의미를 부여했다. 또한 남북 간의 다방면에 걸친 교류를 통한 분단 상태의 점진적 완화와 북한 주민에 대한 자유민주주의의 점진적 침투 계기를 마련했다고 보았다. 더불어 향후 외교정책 방향으로는 국력, 특히 경제력의 내실화를 통해 한반도의 데탕트 유지를 위한 한국의 우위 유지와 발전이 긴요함을 제시했다. 그와 같은 목표 달성을 위해서는 미국, 일본 등 우방과의 외교 강화와 '미국의존' 인상의 탈피, 그리고 명분보다 실리에 기초한 중립국과의 관계 개선 등 경제외교 활동의 강화를 강조했다. 또한 공산권국가와의 관계 개척을 제시하면서 동구 제국부터 시작하여 북한과 미국 및 일본과의 관계 추이를 연동시켜 소련, 중국과의 관계 개척을 고려해야 한다고 지적했다.

외무부는 7.4공동성명 발표와 더불어 즉각 전 재외공관에 긴급전문을 보내 동성명은 남북대화의 시작에 불과하고, 그것이 곧 평화를 의미하는 것은 아니라고 주의를 환기시켰다. 따라서 긴장완화와 평화적 통일이 구체적으로 실현되기 까지는 정부가 제시한 단계적 해결 방안에 따라 우선 비정치적 문제 해결을 위한 단계적 노력이 선행되어야 할 것이라고 강조했다. 특히 남북대화를 계기로 우방들이 북한과의 관계개선 내지 접근을 시도하는 것은 모처럼 마련된 남북 간의 대화를 저해할 뿐만 아니라 대화에 임하는 한국 정부의 입장을 상대적으로 약화시키는 결과를 초래할 것이라고 강조했다. 그런데 7.4공동성명 이후 북한의 외교성과는 상승세를 탔다. 1972년 말 북유럽 국가들의 외무성 고위관리들이 북한을 방문하여 외교관계 수립을 논의했고, 1973년에 접어들면서 북한은 아시아, 아프리카의 신생국가 또는 비동맹국가 뿐만 아니라 북유럽국가들과도 외교관계를 맺는 괄목할만한 성과를 거두었다. 비록 수교국가의 절대 수치는 북한이 한국보다 낮았지만 수교국 증가수치는 한국을 앞지르고 있었다.

요컨대 한국외교의 입지는 북한과 비교할 때 1960년대 말부터 상대적으로 축소되어 왔다고 할 수 있다. 특히 남북대화 국면 및 7.4공동성명과 더불어 북한외교의 약진이 두드러졌다. 한국 정부는 1972년 제27차 UN총회에서도 7.4공동성명 채택과 남북 간 대화 상황 진행이라는 논리를 전개했고, 이러한 논리가 수용되어 한반도문제의 통의는 연기될 수 있었다. 그러나 1973년 가을에 개최되는 제28차 UN총회에서는 재차 연기가 거의 불가능하다는 것이 당시 일반적 관측이었다. 그리고 한반도문제가 토의될 경우 남북한 대표의 동시 출석안을 저지할 수 있을지도 불투명했고 UN총회에 북한대표가 참석할 가능성이 높았다. 또한 1970년대 초반 북한은 한국외교의 중요한 기반인 북유럽국가들에게 접근하여 국교수립을 이루었다. 만약 할슈타인 원칙을 견지한다면 한국은 이들 북유럽국가들과 단교를 해야만 하는 상황에 직면해 있었다. UN총회의 회원국 구성 역시 더 이상 한국 측에 유리하지 않은 만큼 제28차 UN총회에서 UNCURK가 해체될 가능성이 컸다. 또한 북한은 1973년 4월 IPU에, 5월에 WHO에 가입하는 등 국제기구 진출에 있어서 큰 성과를 거두었다. 이런 점들은 당시 한국외교가 총체적 위기상황을 맞고 있었음을 극명하게 보여준다. 1973년 6.23선언 직전 한국 정부가 처한 외교적 현실은 기존의 정책기조로는 도저히 감당할 수 없는 임계점을 넘어서고 있었다. 또한 외교적으로 곤혹스러운 상황이 불원간 닥칠 것이 명약관화했다. 한국 정부의 6.23선언은 바로 이와 같은 상황의 한복판에서 천명된 능동적 대응이 아닌 수동적 전환조치였다.

　박 대통령은 6.23선언 발표 당일자로 재외공관에 친서를 보내 지금까지는 북한과 절차 문제를 놓고 외교전을 벌였으나 앞으로는 본질 문제로 외교전을 해야 하기 때문에 몇 갑절 더 치열한 외교전을 해야 할 것이라고 당부했다. 6.23선언 이후 한국 정부는 공산주의권 국가들과의 교류 및 접촉, 경제교류의 가능성에 대비하고자 했으나 남한의 독자적인 대공산권 접촉·교류 확대 방안은 소기의 성과를 거두지 못했다. 결국 6.23선언은 남북관계의 정상화에 기여하지 못함은 물론 남북 간의 외교전 가열화와 북한의 외교적 진출을 용인하는 것 이상의 의미 있는 성과를 가져오지 못했다. 한국외교는 특히 1975년 8월 페루 리마에서 열린 비동맹회의에서 북한은 회원국으로 정식 가입한 반면, 한국은 가입이 거부됨으로써 1973년 북한의 WHO 가입에 이어 다시 한번 외교적 고배를 마셔야 했다. 그런데 역설적이게도 이 같은 일련의 외교적 실패를 겪으면서 한국외교는 심기일전하여 상대적으로 우수한 체제역량을 바탕으로 체계적인 비동맹외교를 구사함으로써 비동맹권에서의 외교적 열세를 만회하고 역전시킬 수 있었다.

이와 같이 미중데탕트에 부응한 남북대화와 7.4공동성명은 한반도의 평화와 남북관계의 획기적 진전을 가져오는 모멘텀이 되지 못하고 남북 간 체제경쟁 및 외교경쟁 양면에서 오히려 한국에게 위기로 작용하는 측면이 있었다. 양면에서 위기를 느낀 박정희 정부가 전자에 대해서는 유신체제로 후자에 대해서는 6.23선언으로 대응한 것으로 볼 수도 있다. 남북은 모두 7.4공동성명을 통해 남북관계의 '자주성'을 강조했음에도 불구하고 남북관계를 우회하여 접근하거나 남북관계를 각기 대외관계에 종속시키는 모순적 태도를 보였다. 7.4공동성명 이후 남한은 외교무대에서 북한을 고립시키려고 했으며, 북한 역시 마찬가지였다. 북한은 1970년대 초 남북대화 초기부터 남북 간 대화를 통한 남북관계 개선에는 관심 없이 미국의 대북정책 변화 여부와 대미접근이 초미의 관심사였다. 단지 주한미군 철수와 한미동맹 와해의 수단으로써 남북대화를 이용하고자 했을 따름이다. 당시 박정희는 북한을 화해와 협력의 동반자로 보지 않았다. 그보다는 여전히 경계해야 할 적 내지 치열한 체제경쟁의 상대로 인식하고 있었다. 김일성도 박정희와 크게 다르지 않았다. 당시 박정희와 김일성은 동상이몽 속에서 남북관계 자체의 발전보다 자신들의 목적을 달성하는 도구로서 남북대화를 활용하고 있었다.

7.4공동성명은 분단 이후 처음으로 남북한 최고당국자들이 직접 만나 의견을 교환하고 통일문제의 기본원칙에 합의했다는 점에서 의미가 있다. 그러나 이 공동성명은 남북한 주민들의 의견을 수렴하거나 논의과정을 거쳐 발표된 것이 아니라 남북 위정자들 간의 비밀접촉과 협상으로 작성되고 발표되었다는 점에서 한계를 갖는 것이었다. 물론 남북접촉과 협상과정에서 비밀과 비공개가 부득이한 측면을 인정해야 할 것이다. 문제는 7.4공동성명이 공개적으로 발표된 이후에도 국민들은 통일 담론의 동원 대상이었지 통일 논의의 주체로 참여하지 못했다는 데 있다. 7.4공동성명과 통일 담론은 단지 박정희 정권의 권위주의적 체제강화의 주요 명분으로 활용되었다. 이와 같은 한계에도 불구하고 1970년대 초 남북대화 및 7.4공동성명은 의미 있는 역사적 사건이었다. 한국전쟁 이후 대립일변도였던 남북관계를 무력이나 현상유지가 아닌 대화를 통해 접근하고 관리하고자 했다는 점은 분명 남북관계의 일대 전환이었다. 즉, 북한을 대화의 상대로 인정하고 이를 기초로 남북관계를 제도화하려는 최초의 노력으로 볼 수 있기 때문이다.

1970년대 초 남북대화 당시 미국과 중국이 남북 간의 대화를 종용하긴 했지만 남북대화나 남북관계의 범위와 한계를 설정하고 세세하게 간섭한 것은 아니었다. 달리 말하면 남북한이 의지와 비전, 그리고 이를 운반할 수 있는 남북관계 발전 전략을 갖고서 추진했다면 당시 남북관계가 상당 정도 진전된 모습을 보일 수도 있었다. 그러나 당시 남북한은 상호 불신 속에 각기 상이한 기대와 목적을 가지고 남북대화를 도구화했다. 이런 상황에서 남북관계의 발전은 무망했다. 7.4공동성명을 포함한 남북관계의 발전과 악화는 국제환경의 영향을 받지만 상당 부분 남북한 당사국 및 최고정책결정자의 책임과 역량 문제로 돌릴 수 있을 것이다. 남북관계는 국제환경의 제약을 받지만 남북한이 자율성을 발휘할 수 있는 공간이 있다. 특히 탈냉전·민주화 이후 남북관계에서 국내정치의 비중이 커진 만큼 '안'이 갖는 자율성의 공간이 확대된 동시에 국내 지지기반이 취약할 경우 정책 추진이나 남북관계의 진전이 어렵게 되었다. 그간 한국의 국내외적 역량이 점증되어온 점을 고려할 때, 남북관계를 구성해 나가는 데 있어서 국내정치와 최고 정책결정자와 같은 '안'의 역할과 책임은 더욱 큰 비중을 차지한다.

한국외교협상사례 총서 14

7.4공동성명 및 남북대화
한국의 대북협상과 외교

I. 서론

1. 본 사례연구의 의의

분단 70년을 넘어선 남북관계의 주요 특징은 한마디로 '짧은 화해, 긴 대립'이라고 할 수 있다. 화해로의 극적인 진전과 대립으로의 역진, 이것이 1970년대 초 남북대화 개시 이래 현재까지 남북관계가 보여주고 있는 주요 특징이라고 말할 수 있다. 돌이켜보면 그간 남북관계는 1972년 7.4남북공동성명(이하 7.4공동성명 또는 남북공동성명), 1991년 남북기본합의서, 2000년 6.15공동선언, 그리고 2007년 10.4선언, 2018년 9.19평양공동선언 등의 5대 합의[1]를 통해 큰 전환의 계기를 마련했다. 그런데 문제는 그와 같은 전환점 이후 얼마 지나지 않아 남북관계는 다시 냉각 또는 소강상태에 빠지거나, 적대와 반목의 관계로 후퇴하고 말았다는 것이다.

그렇다면 남북관계가 이와 같은 패턴을 반복하고 있는 이유는 무엇인가? 그리고 그와 같은 반복 패턴을 탈피하여 지속가능한 남북관계를 만들어가기 위한

---

[1] 이들 합의에 대해서는 김연철, "7.4남북공동성명의 재해석: 데탕트와 유신체제의 관계," 『역사비평』(2012년 여름호); 박정진, "냉전시대 한반도 갈등관리의 첫 실험, 7.4남북공동성명," 『북한연구학회보』 제16권 1호(2012); 하영선, "북한 1972 진실찾기: 7.4공동성명의 추진과 폐기," 「EAI 국가안보패널 연구보고서」(2014.03); 김갑식, "남북기본합의서에 대한 북한의 입장," 『통일문제연구』 제20권 1호(2011.06); 박영자, "남북관계 전략적 상호작용과 남북기본합의서 이행: 시스템 다이내믹스 분석과 전망," 『통일문제연구』 제20권 1호(2011.06); "특집 남북기본합의서 20주년: 탈냉전과 한반도," 『역사비평』 2011년 겨울호; 권만학, "6.15공동선언과 남북한관계: 성과와 한계," 『아태연구』 제11권 1호(2004.12); 김근식, "남북정상회담과 6.15공동선언: 분석과 평가," 『북한연구학회보』 제10권 2호(2006); 고유환, "2007 남북정상회담 성과와 과제," 『통일문제연구』 제19권 2호(2007.11) 등 참조. 다만, 9.19평양공동선언에 대한 학술적 분석과 논의를 담고 있는 글은 아직 접하기 어렵다.

조건과 해법은 무엇인가? 이 사례연구는 기본적으로 이와 같은 문제의식에서 출발하고 있다. 이러한 맥락에서 남북관계의 역사에 있어서 주요 전환점이라고 할 수 있는 7.4공동성명과 이를 전후한 남북적십자회담, 남북조절위원회 등 일련의 남북대화를 검토함으로써 남북관계가 어떻게 극적인 진전과 역진을 보이게 되었는가를 살펴보고 그 원인을 분석해 보도록 한다.[2]

1970년대 초 당시 남북대화의 시작과 중단은 첫째 국제환경, 둘째 남북한의 내부요인, 셋째는 남북한 최고정책결정자의 의지와 정책 성향 수준에서 논의할 수 있다. 결국 남북대화의 시작, 전개, 그리고 중단은 이 세 수준의 연관과 상호작용의 결과물로 볼 수 있다. 그렇기 때문에 이 세 수준에서 조화와 균형이 이루어지지 않는 한 남북대화나 남북관계 발전은 정체 또는 후퇴하는 것이다. 한마디로 7.4공동성명과 남북대화도 당시 남북한의 최고정책결정자가 각기 국제환경과 국내요인이 제공하는 공간과 압력 속에서 만들어 온 산물로 보아야 할 것이다. 물론 남북대화나 남북관계의 진전과 후퇴를 규율하는 위 세 수준 간의 위계의 문제는 시기별로 다르다고 볼 수 있다. 다만 이 세 수준 가운데 어느 한 수준만으로는 남북대화의 진전과 후퇴를 온전하게 설명하기 어렵다. 세 수준을 동시에 고려할

2 　남북관계 전반의 변화요인과 특징에 대한 통시적인 논의로는 우승지, "남북한 관계 60년 분석: 1948-2008," 『국제·지역연구』 제17권 2호(2009년 여름); 우승지, "세력전이와 남북관계 변화에 대한 고찰," 서울대 국제문제연구소 편, 『남북한 관계와 국제정치이론』(서울: 논형, 2011); 신종대, "남북관계사의 분석 수준과 주요 의제," 『한국과 국제정치』 제30권 3호(2014년 가을); 전재성, "분단 70년의 국제환경, 대내구조, 남북 관계의 조명," 『통일정책연구』 제24권 1호(2015) 등이 있다. 특히 우승지는 진화기대이론(evolutionary expectancy theory)과 세력전이(power transition)에 기반하여 남북관계에 대한 이론적 분석을 시도하고 있다. 남북관계 분석을 위한 이론적 틀의 모색은 중요하다. 앞의 서울대 국제문제연구소가 펴낸 책은 이러한 노력의 일환이다. 이를 계기로 보다 적실성 있고 만족스러운 남북관계 설명이론의 발전을 위한 노력과 구체적인 통시적 사례연구들의 축적이 요구된다. 그러나 본 사례연구는 특정한 일반이론이나 세부이론에 입각하여 남북관계를 분석하고자 하는 시도는 아니다.

때 제대로 이해하고 설명할 수 있을 것이다.

분단 후 처음으로 시작된 1971년의 남북대화는 1972년 7.4공동성명 채택으로 기대를 모았으나 7.4공동성명 발표 직후부터 남북은 이미 공동성명에 대한 상이한 해석으로 이견을 보였다. 그리고 1973년 6월, 남북이 각기 '6.23선언'과 '조국통일5대강령'을 내놓음으로써 한반도의 데탕트 가능성은 사라져갔다. 마침내 73년 8월 28일 북한이 사실상 7.4공동성명의 폐기를 선언하기에 이르렀다. 7.4공동성명 및 70년대 초 남북대화에 대한 심층적 검토는 우리가 남북대화의 원형을 확인하고 남북관계에 영향을 미치는 국제환경과 주변 강대국 관계, 주변 강대국의 남북관계에 대한 개입과 영향력 행사, 남북한 간의 상호작용, 남북대화와 남북한 국내정치와의 연관, 그리고 정책결정 주체들의 인식과 역할 등을 들여다보고 예측해 볼 수 있는 중요한 협상사례인 동시에 역사적 사례이다.

이 연구는 우선 7.4공동성명 및 70년대 초 남북대화를 둘러싼 쟁점에 대한 이해와 검토를 통해 기존의 논의를 재조명하고 현재의 시점에서 재정리해보는 의미가 있을 것이다. 또한 무엇보다 대북정책 수립과 협상과정, 그리고 남북대화 국면에서의 한미교섭 등 한국 정부의 전반적인 외교적 노력에 대한 정확한 이해·평가의 계기가 될 것이다. 또한 70년대 초반의 남북대화가 이후 보수정부 또는 개혁정부의 대북정책 추진과 어디까지 그 맥락이나 궤를 같이하고 또 달리하는가를 볼 수 있을 것이다. 이를 통해 당시 남북대화가 남북관계사에서 가지는 의의와 한계를 짚어 볼 수 있을 것이다. 나아가 남북관계에 대한 정확한 이해와 바람직한 남북관계 설정을 비롯하여 적실성 있고 지속가능한 대북정책 및 관련 외교정책 수립에 대한 시사점과 교훈을 얻을 수 있을 것으로 기대된다.

2. 본 사례연구의 특징

본 연구는 1970년대 초 남북이 대화에 착수한 배경과 동기, 협상전략, 그리고 미국, 중국 등 남북한의 유관국과의 교섭 등을 다국적 사료교차분석(Multi-Archive Research)을 통해 검토해 보고자 한다. 한국과 미국에서 생산된 관련 문서들을 검토하는 한편, 북한문서에 대한 접근이 용이하지 않음을 감안하여 구 동구사회주의권 국가 문서에 대한 검토를 병행하는 사료교차분석이 필요하다. 또한 이 연구는 기본적으로 관련 역사자료와 기존 연구 성과들을 검토하여 7.4공동성명과 남북대화의 배경, 동기, 전개, 쟁점, 귀결 등을 서술하고 재조명하는 역사적 접근 방식을 택할 것이다.

구체적으로 1970년대 초 북한의 평화공세 배경과 목적, 이에 대한 한국 정부의 정세 인식과 대응을 살펴볼 것이다. 그리고 알려진 것처럼 한국 정부의 입장에서 남북대화가 주한미군 철수 관련 한국군 현대화 및 경제성장을 위한 시간 확보와 어떠한 연관을 갖는가를 분석한다. 또한 북한은 남한과 어떠한 동상이몽 속에서 남북대화에 착수했는가를 검토할 것이다. 7.4공동성명 직후부터 남북은 공동성명에 대한 상이한 해석은 물론이고, 남북 공히 국내와 외교무대에서 상대를 부정하고 고립시키려는 행보를 보이는 등 '대화 속의 대립과 경쟁'이 지속된 원인을 밝힐 것이다.

남북대화 과정에서 남북은 체제경쟁을 하면서 국제무대에서는 외교경쟁을 벌였다. 체제경쟁과 외교경쟁이 격화되는 구도 속에서 남북관계가 진전되기 어렵다는 것은 논리적으로나 경험적으로 자명하다. 3자는 동시에 달성될 수 없는 일종의 '트릴레마(trilemma)'라고 할 수 있다. 당시 3자가 어떻게 맞물려 전개되었는지 분석될 필요가 있을 것이다. 7.4공동성명 실천을 논의하기 위한 세 차례의 남북조절위원회 공동위원장 회의와 조절위원회를 통해 남북이 상호 이견을 확인하고, 73년 8월 북한의 대화 중단 선언으로 남북관계가 파국을 맞았다. 그리하여 남북이 이전의 갈등과 대립의 관계로 재회귀하는 과정을 남북관계, 국내정치, 그리고 한미관계 등 한반도 국제관계 차원에서 조명해 본다.

특히 본 연구는 7.4공동성명과 남북대화를 남북 간 협상 차원에서 뿐만 아니라 가급적 한국의 대외관계와 외교 차원에 비중을 두고 분석하고자 한다. 사실 전자에 대해서는 이미 상당한 논의와 연구의 축적이 있어 왔다. 그리고 기왕의 논의에서는 주로 중앙정보부 중심의 남북한 간 협상에 관한 내용이 대종을 이루었다. 반면 7.4공동성명과 남북대화를 둘러싼 외무부 차원의 움직임과 구체적 외교 활동에 대해서는 상대적으로 논의가 저조했다. 이는 7.4공동성명 발표 전까지는 남북대화를 주로 중앙정보부와 청와대가 주도해 온 사정과도 무관치 않을 것이다. 다만 7.4공동성명 발표 이후 남북대화와 남북관계에 대한 대외 홍보와 지지 확보 국면에서는 외무부의 활동이 보다 두드러진다고 볼 수 있다. 따라서 이에 대한 고찰과 논의가 필요하며, 이는 본 외교협상사례연구의 취지에도 부합된다고 할 것이다. 본 연구에서는 71년 남북적십자회담 - 72년 7.4공동성명 - 73년 6.23선언 이후 남북관계 중단에 이르는 과정에서의 한국외교의 역할과 공과에 대하여 논의할 것이다.

또한 이 연구는 당시 남북대화 착수 및 7.4공동성명 발표라는 정책결정 및 관련 대외 행위가 이루어지는 데 영향을 미친 국제체계 변수에 대한 고려뿐만 아니라, 한국 내부의 정책결정 동학(decisional dynamics)과 이에 영향을 미쳤던 주체(agency)의 역할도 주목해 보고자 한다.

본 연구에서 다룰 주요 연구 질문들은 다음과 같다.

① 한국은 당시 국제정세, 남북관계와 북한의 평화공세, 그리고 국내정치를 어떻게 인식했고, 어떠한 목적과 동기에서 남북대화에 임했는가?

② 한국이 7.4공동성명을 추진하고 발표한 배경과 의도는 무엇이었나?

③ 북한은 어떠한 목적과 동기에서 남북대화에 임하고 7.4공동성명을 추진하고 발표했는가? 또한 북한은 미중데탕트 및 남북대화와 관련하여 중국과 어떻게 정보를 공유하고 협력해 나갔는가?

④ 남북대화를 둘러싼 남북 간의 이견과 쟁점은 무엇이었고, 이를 남북 당국이 협상을 통해 어떻게 조정하고 타결하고자 했는가?

⑤ 한국 정부의 대북 협상전략은 얼마나 적절하고 효율적이었는가?

⑥ 남북대화를 둘러싼 한미 간의 이견과 쟁점은 무엇이었고, 이를 한미 양국이 협상을 통해 어떻게 조정하고 타결해 나갔는가?

⑦ 7.4공동성명 발표를 전후하여 한국 정부는 어떠한 정책기조를 가지고, 구체적으로 어떠한 외교활동을 전개했는가?

⑧ 분단 후 처음 마련된 남북대화가 소기의 성과를 거두지 못하고 다시 대립과 갈등의 남북관계로 회귀하는데 있어서 주체(agency)와 구조의 역할을 어떻게 보아야 할 것인가?

⑨ 협상사례로서 당시 남북대화가 갖고 있던 특징은 무엇인가?

⑩ 1970년대 초 한국 정부의 남북대화 관련 외교활동을 어떻게 평가할 수 있고, 그 교훈은 무엇인가?

II. 남북대화의 배경과 중요 쟁점

1. 남북대화의 배경

남북대화는 국제정세와 남북한의 국내정세의 변화에 많은 영향을 받았다. 1960년대 말 국제질서는 중요한 변화를 맞고 있었다. 미국은 여전히 세계 최강국이었으나 상대적으로 국력이 쇠퇴하고 있었다. 더욱이 미국은 베트남전쟁의 수행으로 재정 악화 심화는 물론 전쟁의 수렁에 깊이 빠져들고 있었다. 베트남전쟁의 장기화로 국내적으로도 반전여론이 고조되고 있었다. 군사력 면에서도 이전까지 미국이 구가하던 대소 전략적 우위는 상실되고 있었다. 소련도 중소분쟁, 경제침체 등으로 어려움을 겪고 있었지만 1960년대 중반 이후 핵전력 및 운반능력 확충에 집중적 노력을 기울였다. 그 결과 1968년경에는 미국과 대등한 수준의 전략무기 능력을 갖게 되었다. 미국과 소련의 전략적 핵전력이 일정한 균형을 이루면서 서로 상대방의 존재를 인정하게 되었고 평화적인 방법으로 상호 간의 문제를 해결한다는 데 합의했다. 미소데탕트의 개막이었다.[3]

1969년 출범한 닉슨 행정부는 미국이 상대적 쇠퇴를 맞이한 가운데 이에 대응하기 위한 새로운 전략을 구사했다. 우선 소련과 경쟁을 완화하여 여러 국내외적 어려움을 타개한다는 것이었다. 또한 베트남전쟁이 미국의 국력 및 위상에 끼친 악영향을 고려할 때 이로부터의 명예로운 탈출도 중요한 정책목표였다. 이와 관

---

3   우승지, "박정희 정부의 통일정책과 7.4남북공동성명," 함택영·남궁곤 편, 『한국 외교정책: 역사와 쟁점』(서울: 사회평론, 2010), pp.283-285; 마상윤, "적에서 암묵적 동맹으로: 데탕트 초기 미국의 중국 접근," 하영선 편, 『1972 한반도와 주변4강 2014』(서울: (재)동아시아연구원, 2015), pp.15-17.

련해서 닉슨 대통령은 중국과의 관계 개선의 필요성도 강조했다.[4] 특히 닉슨 행정부는 1969년 3월 진보도(珍寶島)에서의 중소 간의 무력충돌 등 당시 악화일로를 걷고 있던 중소관계를 활용하는 삼각외교로 미중 접근을 도모하고 있었다. 중국 역시 미소 양국을 동시에 적대시하는 전략적 부담에서 벗어나 소련의 위협에 대응하기 위해 대미관계 개선을 모색하기 시작했다.[5] 요컨대 미중의 접근은 소련과 경쟁을 완화하는 동시에 견제하려는 미국의 전략과 역시 소련과의 갈등과 충돌을 경험한 중국의 대소 견제 전략이 접점을 형성하면서 가능했다. 닉슨 대통령의 북경 방문(1972.2)과 모스크바 방문(1972.5)에 따른 미중, 미소데탕트는 세계냉전의 중요한 변곡점이었다.

　　1971년 7월 15일 닉슨의 중국방문 계획이 발표되는 등 미중 간의 화해 움직임이 본격화되는 국제데탕트 분위기 속에서 남북한 모두가 자신들의 우방인 미국과 중국으로부터 남북대화의 압력을 받고 있었다. 미중 간의 화해무드를 진전시켜 나가기 위해서는 첨예한 냉전의 대립의 장인 한반도의 긴장완화와 남북대화가 무엇보다 긴요했기 때문이었다. 사실 한반도의 긴장완화 없는 미중데탕트는 상정하기 어려운 것이었다. 닉슨 행정부는 1969년부터 한국 정부가 공산권과 북한에 대해 좀 더 유연하고 전향적인 정책을 수립할 것을 촉구하고 있었다. 포터(William J. Porter) 주한 미국대사는 1969년 12월 말, 3선 개헌 후 경질된 김형욱 전 중앙정보부장과 만나 남한이 왜 북한의 평화공세에 적극 대응하지 않는지 물었다.[6] 또한 포터대사는 1970년 2월 미 상원 외교위원회 한국문제 청문회에 출석하

4　마상윤, 위의 글, p.20.

5　이동률, "중국의 1972년 대미 데탕트: 배경, 전략, 역사적 함의," 하영선 편, 『1972 한반도와 주변 4강 2014』, pp.45-85,

6　Airgram from Embassy Seoul to Department of State, "Conversation with General Kim Hyung Wook," January 2, 1970, Pol Kor S US, Subject-Numeric Files, RG 59, National

여 남북 간 직접접촉을 통해 긴장완화를 모색하도록 한국 정부에 대한 조용한 설득보다는 좀 더 적극적인 방식이 필요하다고 말했다.[7] 박정희 정부는 1969년 7월 괌독트린과 이에 따른 1971년 3월 주한미군의 중추인 제7사단 철수, 닉슨의 중국 방문 발표 등 미중 간 데탕트 무드로 유사시 우방으로부터의 지원을 기대하기 어려운 방기의 우려 속에서 남북대화에 나섰던 것이다. 미국의 종용을 무시하기 어려운 상황에서 박정희 정부는 대화를 통해 잠정적으로 긴장을 완화하고 체제를 정비하기 위한 시간을 벌고 공존을 모색할 필요가 있었다.

북한 역시 닉슨의 방중 계획 발표 이후 급속히 진전되는 미중데탕트 무드에 적극 대응하기로 하면서 대남정책을 전환했다. 북한은 동맹관계에 있는 중국이 미국과 데탕트를 추진하면서 요구하는 한반도의 긴장완화를 위한 남북대화를 마냥 외면하기는 어려웠다. 북한은 이러한 상황에서 오히려 국제정세 변화에 대해 중국과 긴밀한 협력 하에 능동적으로 대처해 나가는 것이 유리하다고 판단했다. 특히 당시 진행되던 주한미군 철수는 김일성이 오랫동안 추구해오던 것인 바, 그 분위기를 조성하기 위해서도 국제사회와 남한을 향한 적극적인 평화공세가 필요했다.

이상과 같은 국제환경의 변화 못지않게 국내환경 변화도 남북한의 정책 전환의 계기로 작용했다. 남한의 남북대화 시작 배경에는 1960년대 치열한 남북 체제 경쟁의 결과 1970년대 초 박정희 정부가 거둔 경제성장의 성과와 자신감이 작용했음을 간과할 수 없다. 그로 인해 상대적으로 유화적인 대북정책 추진이 가능했

Archives.

7 Telegram from Embassy Seoul to Secretary of State, "Proposal for Increased Display of U.S. Interest in Dialogue between ROK and North Korea," February 18, 1971, Pol Kor S US, Subject-Numeric Files, RG 59, National Archives.

다고 할 것이다. 물론 경제성장만으로는 대북정책 전환을 만족스럽게 설명하기 어려울 수 있다. 거기에 더해 1971년 대선에서의 4대국에 의한 한반도의 안전보장과 북한에 대한 화해·교류 촉진을 내건 김대중 후보의 놀랄만한 선전을 무시할 수 없다. 박정희는 94만여 표 차이로 승리했지만 김대중 후보에 대한 지지도 놀라웠다. 다시 말해 정부·여당의 경직된 보수적인 대북정책과는 다른 야당의 진취적인 남북교류와 평화통일론에 대한 표심의 놀라운 호응도 대북정책 전환에 영향을 미쳤다. 대통령선거에 이어 치러진 국회의원 선거에서도 공화당은 112석, 신민당은 89석을 획득했다. 집권 여당인 공화당은 과반 확보에는 성공했지만 개헌이 가능한 3분의 2 의석에는 크게 못 미쳤다. 야당과의 득표율 차이도 47.8% 대 43.5%로 근소하여 사실상 패배했다. 박정희 정부는 이와 같은 국내정치적 도전과 위기에 적절하게 대응할 필요가 있었다. 남북대화와 7.4공동성명은 통일문제에 대한 국민들의 관심에 부응하고 국내정치적 입지를 강화하기 위해서도 유용했다. 이처럼 박정희 정부의 남북대화 추진에는 국내정치적 압력과 고려가 일정하게 반영되어 있었다.

북한 역시 높은 군사비 부담과 경제성장의 한계로 인한 국내적 피로와 압박으로 남북 간의 긴장완화가 필요했다. 북한은 중소분쟁 격화, 쿠바미사일 위기 시 소련의 대응, 한일국교정상화, 확전일로의 베트남전쟁 등 일련의 사태 전개를 북한의 안보환경을 위협하는 요인으로 보고 1960년대 초중반부터 군사력 강화를 추진했다. 북한은 쿠바미사일 위기 직후인 1962년 10월 조선노동당 중앙위원회 제4기 5차 전원회의를 개최하여 국방경제병진노선을 내걸고 본격적인 군비 증강에 나섰다. 1963년부터 적극 추진된 4대군사노선은 과다한 군사비 지출을 초래하여 북한경제의 침체를 가져왔다. 북한은 1967–1969년 사이에 전체 예산의

30% 이상을 국방비에 투입할 정도로 군비 증강에 주력했다.[8] 그 결과 1961년부터 1967년까지를 기간으로 한 7개년 계획은 3년을 연장한 뒤에야 목표치에 도달할 수 있었다. 과도한 군비지출이 지속된다면 북한경제는 파탄을 면하기 어려웠다. 군비지출 억제는 기본적으로 남북 간의 긴장완화 속에서만 가능한 것이었다. 따라서 북한 지도부도 남북 간의 긴장을 완화시킬 필요가 있었다. 이런 조건에서 남북한은 비무장지대의 긴장을 완화하려고 노력했다. 실제로 북한은 1972-73년, 남한은 1973년에 실질금액상 군비지출을 증가시키지 않았다.[9]

미중데탕트 무드 속에서 남북한은 자칫 강대국정치의 희생양이 되지 않을까 조바심을 가졌다. 강대국정치에 대책 없이 일방적으로 휩쓸려가기 보다는 불투명한 미답의 길이지만 남북대화에 임하기로 한 것이다. 이와 같이 1970년대 초 한국 정부의 남북대화의 추진 배경과 동기에는 미중데탕트, 주한미군 감축, 지속적 경제성장의 여건 조성을 위한 북한과의 긴장 완화 및 전쟁 방지 필요성 등과 같은 외적 요인이 영향을 미쳤다. 외적 요인과 더불어 1971년 대통령선거 과정에서 나타난 국민들의 민족문제 개선 여망에 부응한 정권에 대한 지지 도모와 정당성 확보, 체제정비 명분 등과 같은 국내정치적 요인 역시 동시에 작용했다고 할 수 있다. 북한 역시 높은 군사비 부담과 경제성장의 한계에 대한 돌파구를 마련하고 미중데탕트 무드에 적응할 필요가 있었다. 요컨대 1970년대 초반의 남북대화는 한반도 주변 국제환경의 변화와 남북한 내부의 정세 변화에 대한 최고정책 결정자들의 인식의 반영이자 정책의 전환이었다.

---

8   김용현, "1960년대 북한체제의 위기와 군사화의 대두," 경남대학교 북한대학원 편, 『북한현대사 1』(파주: 한울, 2004), pp.443-444.

9   함택영, 『국가안보의 정치경제학: 남북한의 경제력·국가역량·군사력』(서울: 법문사, 1998), pp.181, 206-207, 220-221 참조.

2. 남북대화에 대한 남북한의 입장

1) 남한

닉슨 행정부 출범과 더불어 한반도에서 긴장완화를 바라던 미국이 남한에게 지속적으로 북한과의 대화를 종용한 것이 남북대화를 추동한 요인이었다. 그러나 박정희 정부 역시 남북관계를 유연하게 관리하고 남북이 평화적으로 공존하는 길을 찾기 위해 북한과의 대화가 필요하다고 인식하고 있었다. 박정희 대통령은 1970년 8월 15일 광복절 경축사를 통해 대북정책과 통일문제에 대한 변화의 조짐을 보여주었다. '선 평화, 후 통일'을 핵심으로 하는 '8.15평화통일구상선언'(이하 8.15선언)[10]은 해방 이후 남북한 간의 소모적이고 비현실적인 통일 논의를 지양하고, 남북 간의 선의의 체제경쟁 내지 평화공존을 제안했다는 점에서 의미가 있다. 8.15선언은 박정희 정부가 미국의 종용에 응한 수동의 측면과 남북관계의 이니셔티브 확보라는 능동의 측면이 동시에 작용한 산물로 볼 수 있다. 박 대통령은 북한이 무력통일노선을 포기하는 조건 하에 통일을 위한 획기적 제안을 할 용의가 있음을 밝혔다. 박 대통령은 북한이 UN의 권위와 권능을 인정한다면 UN에서 한국문제를 토의하는 것에 반대하지 않는다는 뜻도 표명했다. 박 대통령은 남한과 북한이 국민의 복리증진을 위한 선의의 경쟁을 하자는 제안도 했다.

북한은 박 대통령의 8.15선언에 대해 극도로 부정적인 반응을 보였다. 8.15선언에 대한 북한의 이러한 반응은 그 때까지 '평화'와 '통일' 담론을 주도해 오던

---

10 8.15선언이 발표된 배경과 과정에 대해서는 윤홍석, "「8.15 평화통일구상 선언」," 강인덕·송종환 외, 『남북회담: 7.4에서 6.15까지』(서울: 극동문제연구소, 2004) 참조. 또한 당시 8.15선언의 초안 작업에 참여했던 강상욱 청와대 대변인과 강인덕 중앙정보부 북한과장의 회고에 대해서는 같은 책, pp.454-463 참조.

북한의 당혹감이 달리 표현된 것으로도 볼 수 있다. 김일성은 1970년 11월 2일 노동당 제5차 대회에서 "… 요즘 남조선 괴뢰들이 떠들고 있는 이른바 ≪평화통일구상≫에 대하여 말한다면 그것은 조국통일 문제를 실현할 아무런 방안도 없는, 철두철미 허위와 기만에 찬 정치모략선전에 지나지 않습니다. …"고 반박했다.[11] 이처럼 북한은 8.15선언이라는 '남한판 대북 평화공세'에 대해 극도의 알레르기 반응을 보였고, 남북대화에 관심을 기울이지 않았다. 무엇보다 8.15선언은 당시 남북 간 체제경쟁에서 자신감을 얻은 박정희 정권이 북한의 대남혁명전략을 저지하여 한반도의 긴장을 완화시키고, 남북관계와 통일문제에서 이니셔티브를 쥐기 위한 전략적 구상에서 발표된 것이라고 할 수 있다. 물론 박 대통령이 이와 같은 제안을 했다고 해서 명분과 통일논의의 대북 주도권 장악 차원을 넘어 남북대화에 실제로 적극적인 관심을 가졌다고 보기는 어렵다.

1971년 7월 15일 닉슨 대통령은 키신저의 중국방문 사실과 자신의 중국방문 계획을 밝혔다. 닉슨의 발표는 전 세계를 놀라게 했을 뿐만 아니라 남한의 안보 불안감을 한층 고조시켰다. 박정희는 미중 간의 비밀협상에서 중국이 주한미군의 완전철수를 요구하고 미국이 이를 수용하지 않을까 신경을 곤두세웠다. 이러한 미중화해 무드에 대해 박정희는 1971년 7월 20일 국방대학원 졸업식 유시에서 최근 한반도 주변정세가 "얼핏 봐서 평화 무드의 싹이 움트고 있"는 것처럼 보이지만, "한반도에는 아직도 긴장이 감돌고 있다는 것을 똑바로" 알아야 한다고 말했다. 특히 "무력 적화통일의 야욕을 버리지 않고 계속 파괴적인 도발행위를 감행하고 있는 북괴가 단독으로 전쟁을 도발할 가능성은 아직도... 상존하고 있다"고 역설했다. 이어 "국제질서가 재편성되는 과도기에는 항시 힘의 공백상태가 생

---

11 『로동신문』 1970년 11월 3일.

기기 쉬운 것이며, 지금 북괴가 노리고 있는 것이 바로 이 지역에 있을 수도 있는 힘의 진공상태"라며 우려를 표명했다.[12]

박 대통령은 미국의 지속적인 압력[13]에 대한 일정한 부응과 한국의 이니셔티브 확보 차원에서 8.15선언에 이어 대북정책 전환과 관련한 구체적인 정책 제의를 검토하기 시작했다. 박 대통령은 1970년 12월 중앙정보부장에 주일대사를 지낸 이후락을 임명했다. 이후락은 부장으로 취임하자마자 북한국을 설치하여 강인덕을 국장으로 임명하고 북한 문제에 대한 철저한 연구·검토를 지시했다. 이후락 부장은 구체적인 정책 제의 사항과 관련하여 박 대통령과 긴밀하게 교감하고 의견을 나누었다. 연구·검토 결과 중앙정보부는 한국의 안보환경에 영향을 줄 수 있는 정치회담보다는 이산가족의 고통을 덜어주는 적십자회담이 가장 위험부담이 적고 또한 적실성 있다는 결론을 도출했다.[14] 곧이어 중앙정보부는 북측에 제안할 초안을 박 대통령에게 보고했다.

당초 계획은 8월 15일 박 대통령의 광복절 축사를 통해 적십자회담 제의를 발표할 예정이었으나 외신에 누설되는 바람에 날짜가 앞당겨졌고 제안 주체도 대한적십자사(이하 한적) 총재로 바뀌게 되었다. 마침내 남측은 1971년 8월 12일 한적을 통해 북측에 남북적십자회담을 제의했다. 그리고 이틀 후인 14일에 조선민

---

12 『박정희대통령연설문집』 제8집, pp.380-381.

13 이에 대해서는 박건영·박선원·우승지, "제3공화국 시기 국제정치와 남북관계: 7.4공동성명과 미국의 역할을 중심으로," 『국가전략』 제9권 4호(2003), pp.71-80 참조. 남북대화 당시 김일성과 북한지도부가 논의했던 쟁점 중의 하나는 박정희가 북측과 화해에 나선 것이 그 자신의 판단에서 비롯된 것인지 아니면 미국의 종용에 의한 것인지 하는 것이었다. 이에 대해서는 조금 뒤에 다시 언급할 것이다. Sergey Radchenko & Bernd Schaefer, "'Red on White': Kim Il Sung, Park Chung Hee, and the Failure of Korea's Reunification, 1971-1973," *Cold War History*(02 Feb. 2017), p.14.

14 사실 이산가족 상봉은 8.15선언 초안에 포함되어 있었으나 초안 검토과정에서 법무부의 강력한 반대로 서신왕래, 고향방문, 경제협력 등과 함께 최종 삭제된 사항이었다.

주주의인민공화국 적십자회(이하 북적)가 이를 수락함으로써 판문점에서 남북적십자 예비회담이 열리게 되었다. 이에 앞서 김일성은 급속히 진전되는 미중데탕트 무드에 적극 대응하면서 8월 6일 민주공화당을 포함한 모든 정당·사회단체 및 개별적 인사들과 아무 때나 접촉할 용의가 있다며 남북접촉을 제안했다. 북한은 남북대화를 통한 평화 이미지 부각으로 국제사회에서의 고립 탈피, 주한미군 철수 분위기 조성, 남한의 반공체제 약화, 남한 내의 통일전선 형성 등을 기대했다고 할 수 있다.[15] 박정희 정부는 적십자회담 제안 계획 누설과 북한의 남북접촉 제안 상황에서 남북대화의 기선을 놓치지 않기 위해서 남북적십자회담을 제의했던 것이다.

박정희는 국제정세의 변화와 미국의 남북접촉 압력에 처음에는 소극적이고 방어적으로 임했던 까닭에 1971년 9월 20일부터 남북적십자회담이 열리고 있었음에도 불구하고 박정희의 대북불신과 위협인식에는 변화가 없었다. 예컨대 1971년 국군의 날 유시를 통해 "북괴는 이 회담에 응해 오면서도 무장간첩의 침투를 종전보다도 더 증가시키고 있"음을 상기시켰다. 또한 북한이 "중공과는 최근 군사적 유대를 더욱 강화하"면서도 한미방위조약의 폐기와 주한미군 철수 등 "상투적인 평화선전을 그 어느 때 보다도 교묘하게 전개하고 있"음을 각별히 유의해야 한다고 강조했다. 그리고 평화공세의 이면에서 "전쟁준비를 더 강화하고 있"는 북한의 "기만 술책을 철저히 경계해야 한다"고 단언했다. 또한 북한이 국제정세를 교묘하게 이용하여 무력 적화통일을 이루기 위해 단지 "무력도발"만이 아니라 "평화공세"를 동시에 병행하는 연막전술을 쓸 것으로 보기 때문에 오히

15　유석렬, "남북대화: 과거, 현재, 그리고 미래: 평양의 전략," 『한국과 국제정치』(1987년 봄), pp.249-250.

려 "70년대 초반이 우리나라의 안보상 가장 어려운 시련기"라고 주장했다.[16]

이와 같이 박정희는 북중 공조관계에 대해 우려의 눈초리를 보내고 있었다. 한국은 '중공'이 북한과 군사적 유대를 강화하고 미군철수를 획책하고 있음에도 불구하고 대중데탕트를 추진하고 남북대화를 종용하는 미국에 대한 유감을 내비쳤다. 이러한 박정희의 정세판단에 대한 표명이 단지 국내정치용이었다고 치부하기만은 어렵다. 실제 1971년 9월 중순 박정희가 닉슨에게 보낸 서신에서도 이 같은 한반도 정세에 대한 우려를 강력하게 피력했다.[17] 말하자면 미국은 아시아에서 데탕트가 확산되고 있다고 본 반면, 한국은 계속해서 위협을 인식했다. 한국의 시각에서 보았을 때, 소련과 중국이 건설적 양보를 행할 것이라는 어떠한 근본적인 확신도 없는 한 다양한 공동성명과 선언에도 불구하고 공산주의 국가들은 여전히 침략 의도를 감추고 있을 따름이었다. 박정희는 미국과 한국의 위협인식 차이를 강조하면서 직접적인 경험이 있는 우리 한국인들만이 아시아에서 공산주의 위협이 얼마나 두려운 것인가를 말할 수 있다고 강조했다. 또한 닉슨이 주은래와 회담을 갖고 만리장성을 방문해서 세계가 놀랐을 때, 박정희는 닉슨이 '올바른 방향감각'을 유지해야 한다고 촉구했다. 또한 데탕트를 환영하는 이

---

16 『박정희대통령연설문집』 제8집, pp.458-460.

17 서신에서 박정희는 중국과의 관계개선 때문에 오랜 친구를 저버리지 않겠다던 닉슨의 발언을 상기시키며, 1972년 닉슨의 베이징 방문 때 한국문제가 논의될 것으로 예상된다면 반드시 한국과 사전에 협의해 줄 것을 요청하였다. 아울러 북한의 적화야욕 불변과 군사력 증강, 이에 대한 중국의 지원에 대한 심각한 우려를 표명했다. 또한 중국의 목적이 아시아와 한국에서의 미군철수임을 상기시키며 중국의 주한미군 철수 요구를 수용해서는 안 된다고 강조했다. 박정희는 이 편지에서 중국을 한번도 중화인민공화국(PRC)으로 표기하지 않고 "중공"(Communist China) 혹은 "빨갱이 중국"(red China)으로 표기함으로써 북한을 배후에서 지원하고 있(다고 믿)는 중국에 대한 강한 불신과 적대감을 나타내었다. 그러나 닉슨은 그와 같은 박정희의 북한관과 중국관을 비롯한 정세인식에 동의하지 않음으로써 박정희의 안보불안감은 완화되지 않았다고 할 수 있다. 김용직 편, 『사료로 본 한국의 정치와 외교: 1945-1979』(서울: 성신여자대학교 출판부, 2005), pp.427-429; 박건영·박선원·우승지, 앞의 글, pp.76-78.

들을 '망상에 사로잡힌 낭만주의자들'로 폄하했다.[18]

요컨대 박정희는 미중 간의 데탕트 무드로 인하여 유사시 우방으로부터의 지원을 기대하기 어려운 안보위기를 느끼는 상황에서 남북대화에 나섰던 것이다. 그로서는 급격한 국제정세 변화에 대응하여 체제를 정비할 수 있는 시간을 벌기 위해서 대화를 통해 긴장을 완화하고 공존을 모색할 필요가 있었다. 위에서도 언급했지만 박 대통령은 북한이 무력공세가 아닌 평화공세로 나오는 시기가 오히려 안보상 더 어려운 시기라고 강조했다. 다만 이 때 박 대통령이 판단하는 안보위협은 당장 가시적 형태로 대두된 것이라기보다는 미중데탕트와 남북대화 및 북한의 평화공세 기류 속에 이완될 수 있는 대북 경계심과 국론 분열에 대한 우려였다고 할 수 있다. 박 대통령은 미중데탕트로 인한 안보위협에 대처하고 북한과 대화하기 위해서는 체제단속과 통제기제의 강화가 필요하다고 보았다. 1971년 12월 6일의 국가비상사태선언은 이러한 맥락에서 볼 수 있다.

1972년 남북대화가 본 궤도에 오르면서 남한 당국이 가졌던 최고의 관심사는 다름 아닌 북한이 침략 의도를 가지고 있는지를 탐색하고 확인하는 일이었다. 남한 당국자는 남북대화의 성과 중의 하나가 대화과정에서 북한이 남침할 의사가 없음을 밝힌 것이라고 했다. 북한도 남한이 침략 의도를 가지고 있는지 여부를 확인하려고 했다는 점에서 북한 역시 남한에 대해 위협인식을 지니고 있었음을 알 수 있다.[19] 한편 박정희 정부는 남북대화를 주한미군의 추가 철수를 막는 카드

---

18 Victor D. Cha, *Alignment Despite Antagonism: The United States-Korea-Japan Security Triangle*(Stanford: Stanford University Press, 1999), p.109.

19 1972년 5월 2일과 3일, 평양에서 이루어진 이후락과 김영주, 김일성 간의 대화에서 남북은 상호불신에서 상대에 대한 위협인식(threat perception)을 드러내었다. 즉 북한은 남한이 미국, 일본과 결탁하여 전쟁을 하려한다고 인식하고 있었고, 남한은 남한대로 북한이 남침, 적화통일을 시도하려고 하는 것으로 보고 있었다. 대화 과정에서 남북 양측은 서로 침략 의사가 없음을 확인하고 상호 침략하지 않는다는 기본적인 양해에 도달하였다. 국토통일원, 『남북대화사료집』

로 활용하고자 했다. 박 대통령은 미국 관리들에게 주한미군이 감축되면 북한과의 협상에서 남한의 입지가 약화되며, 따라서 남북대화는 깨질 수밖에 없다고 강조했다.

박 대통령이 남북대화를 추진한 것은 안보위협 완화와 미국의 종용 때문이기는 했으나, 다른 한편으로는 통일담론이 분단국가의 정치체제에 정당성을 부여할 수 있는 유용한 자원이었기 때문이다. 더욱이 1971년 대선에서 야당 후보인 김대중이 획기적인 남북교류와 통일문제를 제기하면서 자신을 바짝 추격한바 있었다. 박정희 정권과 여당의 위기였다. 이러한 사실에 비추어 박정희 정권은 남북대화와 통일문제 논의를 무작정 금압할 수만은 없었다. 따라서 민간의 통일열기를 일정 정도 선택적으로 수용하고 정권이 통제할 수 있는 범위 내로 끌어들여 통일논의의 이니셔티브를 쥘 필요가 있었다. 이와 같은 국제적·국내적 압력 속에서 추진된 남북대화는 동시에 박정희의 권력기반과 체제전환을 도모할 수 있는 유용한 자원이기도 했다.

박 대통령은 북한의 평화공세에 대한 대응과 상대방에 대한 탐색 차원에서 남북대화에 임했기 때문에 애초부터 그 전도를 부정적으로 내다보고 있었다. 박정희는 김성진 청와대 대변인과의 사적 대화에서 "아무리 적의를 가진 사람이라도 그의 한쪽 손을 붙들고 있으면 그가 나를 칠지 안칠지를 알아차릴 수 있"기 때문에 "대화가 필요"하다고 했다. "그러나 나는 김일성과 만나지는 않겠어. 만나야 아무 소용이 없어"라고 말하며 남북정상회담의 필요성을 부정했다. 이는 박정희

제7권, pp.85-93, 108-113. 이후락은 평양 방문 직후 주한 미국 대사 하비브(Philip C. Habib)를 만나 김일성은 남측이 북을 침공할까봐 우려하고 있었다고 전했다. "Memorandom from Froche to Kissinger," May 12, 1972, *FRUS 1969-1976(Part 1, Korea 1969-1972)*, Vol. XIX.

가 갖고 있는 남북대화의 목적이 5.16 직후 남북 간 비밀접촉[20] 때와 마찬가지로 오로지 안보위협 완화와 전쟁 재발방지에 있었다는 것을 분명하게 말해주는 것이다.[21] 박정희에게 있어서 7.4공동성명과 남북대화는 민족정체성 추구로의 전환이라고 보기 어렵다. 단지 과거 '대화 없는 대결'에서 '대화 있는 대결'로의 전환으로서 분단국가 정체성의 유지에 지나지 않았다. 말하자면 박정희의 관심은 통일이 아니라 안보와 공존의 실험이었으며, 이를 위한 유신체제와 같은 강력한 체제정비였다고 볼 수 있다.[22]

이와 같이 박 대통령이 남북대화 그 자체에 거는 기대는 그리 높지 않았다. 그는 남북대화를 통해서 ① 우선 인도적 협력을 추진하고, ② 경제협력으로 양국의 실리를 보장하고, ③ 신뢰구축이 된 이후 정치협력의 공간이 열릴 것이라는 판단을 하고 있었다. 즉, 박 대통령은 3단계 접근방식을 취하고 있었다. 이처럼 박정희는 상당히 제한된 기대를 가지고 북한과 대화에 임한 것이다. 박정희의 시각에서는 전쟁과 분단으로 헤어진 가족들의 상봉과 서신왕래 등 인도주의적 목적을 가진 적십자 사업이 1970년대 한반도 데탕트의 주요 사안이었다. 박정희는 정치적 회담에 대해서는 이것이 북한의 선전에 휘말릴 수 있다는 가능성을 몹시 경계한 것으로 보인다. 박정희는 지금은 남북 간에 어려운 정치문제를 논의할 때가 아니기 때문에 김일성과의 정상회담은 비현실적이며 쉬운 문제부터 해결하자는

---

20 5.16쿠데타 직후인 1961년 7월 경 육군 첩보부대(HID) 서해지구 파견대는 남북을 오가는 이중첩자를 통해서 북한의 대남공작 기관인 대동강상사를 대상으로 정치회담을 제의했다. 남측이 이 회담을 제의한 목적은 북측이 남침 의사가 있는지를 파악하고 남측도 북침 의사가 없음을 알려 군사정권이 안정된 기반을 구축할 때까지 시간을 벌자는 것이었다. 최장원, "박정희는 김일성을 농락했다: 5.16 직후 남북한 비밀접촉의 내막," 『월간조선』(1992년 8월호), p.230.

21 김성진, 『한국정치 100년을 말한다』(서울: 두산동아, 1999), p.337.

22 신종대, "유신체제 수립원인에 대한 재조명," 『사회과학연구』 제13집 1호(2005), pp.154-155.

입장이었다. 결국 정치적 회담은 당시 중앙정보부장의 선에서 마무리되었다. 당시 이후락 중앙정보부장은 경제협력에도 어느 정도 관심을 보였지만 실현되지는 못했다. 남북 사이의 대화는 남북 경제협력이 상호 간에 이득이 될 것이라는 명분을 교환하는 차원에서 그쳤다.[23]

박 대통령은 7.4공동성명 발표 직후인 7월 7일 국무회의에서 남북대화에 대해 지나친 낙관을 경계하며 반공교육의 중요성을 강조했다. 그리고 7.4공동성명 발표와 더불어 사상범에 대한 처형을 서둘렀다. 박정희는 신직수 법무부장관에게 사형이 확정된 반공법 및 국가보안법 위반자들을 서둘러 처형할 것을 지시하였다. 유럽거점 간첩사건으로 복역 중이던 김규남은 7.4공동성명이 발표된 9일 후인 7월 13일에, 그리고 박노수는 7월 28일에 전격적으로 사형이 집행되었다. 그외 임자도 간첩사건의 정태홍 등 30여명의 사상범들도 이 시기를 전후하여 모조리 처형되었다.[24] 또한 박정희는 9월 2일 국회 시정연설을 통해 총력안보체제 확립, 국력 배양, 민주체제의 우월성 과시, UN외교의 효율화, 중립국외교의 강화 등을 강조했다.[25] 이어 박정희는 10월 1일 국군의 날 유시를 통해 "우리는 지난번 서울과 평양에서 열렸던 남북 적십자 회담을 통해 북한 공산주의자들의 정체가 무엇이냐 하는 것을 여러분은 눈으로 목격했으며…… 올바른 안보 의식과 투철한 반공정신으로 정신 무장을 한층 더 강화하여 북한 공산 집단의 어떠한 위장 평화 선전이나 책동에도 추호의 동요 없이 그들과 대처하여 승리할 수 있도록 전 장병이 모두 사상전의 투사가 되어야 하겠습니다"[26]라고 강조했다. 이는 박정희

---

23 우승지, "박정희 정부의 통일정책과 7.4남북공동성명," pp.305-306.
24 김형욱·박사월, 『김형욱회고록 III』(서울: 아침, 1985), pp.127-128.
25 『박정희대통령 연설문집』4: 제7대편, pp.268-270.
26 『박정희대통령 연설문집』4: 제7대편, p.287.

가 남북대화가 가져올지도 모를 체제혼란에 대해 얼마나 민감하게 반응하고 있었는가를 적나라하게 보여주는 것이다. 박정희는 유신체제 수립 후에는 남북조절위원회를 통한 이후락의 협상 진전에도 일정한 제동을 걸었다.

박정희 정부는 남북대화 과정에서 대화의 주도권을 장악하기 위해 북한과 비견되는 강력한 체제로의 전환이 필요하다는 논리를 제시하고 유신체제 수립을 남북대화를 효율적으로 추진하기 위한 조치라고 주장했다. 분명 남북대화는 통일의 희망을 고취시켜 국민들의 지지와 정권의 정통성을 고양하는 측면이 있었다. 때문에 박정희 정부는 남북대화와 국내정치를 연계시켜 최대한 활용하고자 했다. 또한 유신헌법을 "평화통일을 지향하는 헌법개정"으로 정당화했다.

2) 남한 정치권과 여론의 반응

북한은 1971년 남한의 대통령선거 및 국회의원선거 국면에서 대남 평화공세에 적극 나섰다. 1971년 4월 12일 북한 외상 허담은 최고인민회의 제4기 제5차 회의에서 미군 철수, 한미상호방위조약 폐기, 정치활동의 자유와 모든 정치범의 석방, 정당·사회단체 대표들로 구성되는 남북정치협상회의 소집 등 평화통일에 관한 8개항을 제시하는 등 적극적인 평화공세를 전개해 나갔다.[27] 당시 북한의 평화공세의 이면에는 남한 정부를 국내외적으로 고립시키고, 남한 내 혁명역량을 길러 남한을 적화통일 한다는 목표가 깔려 있었다. 즉, 평화공세를 통해 남한의 노동자, 농민, 학생, 지식인 등 북한을 지지하는 민주세력들과의 광범한 접촉을

---

27 이 때 남한은 제7대 대통령선거(1971. 4. 27)와 제8대 국회의원선거(1971. 5. 25)를 앞두고 있었다. 박정희는 북한과 야당 후보의 주장이 공명(共鳴)하는듯한 상황에서 대선기간 내내 북한이 무력도발을 포기했다는 확증이 없는 조건에서 "김일성이 보고 남북교류를 하자, 서신교환을 해보자 하는 것은 전부 잠꼬대 같은 소리"라고 일축하고 경고했다. 『박정희대통령연설문집』, 제8집: 232-351 참조.

통해 그들의 혁명역량을 고취시킨다는 것이다. 그리고 그렇게 되면 민주인사가 집권할 수 있고, 민주인사가 집권하면 북측과의 연공(聯共)을 통해 평화통일을 이룰 수 있다는 것이 북한이 평화공세를 전개한 동기였다.[28] 한마디로 당시 북한의 남북대화 전략은 '접근을 통한 박정희 정권 고립'이었다.

당시 박정희 대통령은 이와 같은 북한의 평화공세 동기에 대해서 정확히 꿰뚫고 있었다.[29] 그리하여 박정희는 1971년 남북적십자회담이 전개되고 있었음에도 불구하고 "평화공세의 이면에서 전쟁 준비를 더 강화하고 있는 북한의 기만술책을 철저하게 경계해야 한다"고 주의를 환기시켰다.[30] 당시 박 대통령이 평화공세에 대해 이와 같은 정세판단을 하고 있었기 때문에 북한의 평화공세는 별로 큰 효과를 발휘하지는 못했다. 그러나 야당과 대학생들은 국제정세와 남북관계가 데탕트로 이행하고 있는데, 박정희 정권이 정권안보를 위해서 북한의 위협을 유포·과장한다고 비판함으로써 정치권과 시민사회에서 균열과 논란이 있었다. 박정희는 '데탕트위기론'을 강조하며 1971년 12월 6일 국가비상사태를 선포

---

28 "Minutes of Conversation between Nicolae Ceausescu and economic delegation from the Democratic People's Republic of Korea," September 22, 1972, Christian F. Ostermann and James F. Person eds.. *The Rise and Fall of Detente on The Korean Peninsula, 1970-1974*, (Document Reader) (Washington D.C.: NKIDP, Woodrow Wilson International Center for Scholars, 2010).

29 사실 북한의 본격적인 평화공세 이전인 1970년 8월 15일 발표된 남한의 8.15선언 역시 북한의 대남혁명전략을 저지하여 한반도의 긴장을 완화시키려는 측면이 있었던 것도 사실이지만, 굳이 따지자면 남북관계와 통일문제에서 이니셔티브를 쥐고자 하는 의도가 더 강했다고 볼 수 있다. 강인덕·송종환 외, 『남북회담: 7.4에서 6.15까지의 연구』(서울: 극동문제연구소, 2004), p.87. 1971년 4월 12일 북한 외상 허담이 8개항의 통일방안을 발표하여 평화통일 공세를 강화한 것도 남북관계와 통일문제에서 남한에게 이니셔티브를 빼앗기지 않겠다는 북한의 강한 의사 표시로 볼 수 있다. 말하자면 남북이 모두 상대에 대한 고립과 주도권 쟁탈에 부심하면서 일종의 '시이소 게임'을 벌였던 정황에 비추어 볼 때 북한의 평화공세에 대한 당시 박정희의 그와 같은 정세판단은 자연스런 귀결이었다.

30 「제23회 '국군의 날' 유시, 1971.10.1」, 『박정희대통령연설문집』 제8집, pp.458-460.

했다. '국가보위에관한특별조치법'이 국회에 제출되어 국회 제4별관에서 여당과 무소속의원만으로 단독 처리하여 통과되었다. 당시 박정희와 비판세력 간의 남북관계나 북한의 평화공세에 대한 인식 차는 컸다. 그러나 결국 1972년 유신체제가 수립됨으로써 평화공세를 통해 야당 등 남한 내의 반박정희세력들을 남북대화에 가담시켜 북한에게 유리한 2:1의 대화구도를 만든다는 북한의 계획은 성공하지 못했다.

1971년 8월 이산가족찾기 운동에 대한 한적의 제의와 북적의 수락 과정을 보는 국내 언론의 반응은 이를 크게 환영한다는 전제하에 주로 인도주의적 측면에서 월남가족의 망향과 감상이 크게 부각되는 비정치적 차원의 내용이 주조를 이루었다. 다른 한편으로는 망향과 감상적 분위기를 경계하는 각계 보수층의 경각심도 언론을 통해 표출되었다. 당시 외무부가 대통령에게 보고한 전문에는 한적의 제의와 북적의 수락에 대해 내신과 외신이 대비되는 보도를 하고 있다고 평가했다. 즉 외신은 동 조치가 국제해빙 무드에 발맞춘 남북한 간의 평화공세의 일환이며, 특히 남북 간의 주도권 쟁투와 관련된 일련의 정치적 조치로 받아들이고 있다고 했다. 반면 국내 매스컴은 동 제의를 어디까지나 인도주의적 차원에 두는 논평과 전망을 내린 결과 정부측의 정치적 포석을 크게 노출시키지 않는 데 매우 협조적이라고 평가했다. 남적의 제의가 순수한 인도주의적 접근이 아님을 정부 스스로 인정하고 있는 셈이다. 여하간 외신에서는 정치적 의도가 크게 부각된 반면 내신들은 정부의 정치적 의도를 크게 노출시키지 않으면서도 감상론도 견제하는 협조적 편집 태도를 십분 발휘했다고 보고하고 있다.[31]

---

31 "외무부가 대통령에게 보낸 전문, '대한적십자사의 가족찾기운동 제의에 대한 국내외 반향(1차보고)'" 1971.08.16, 문서번호: 미상, 『남북 적십자 예비회담, 제1-10차. 판문점, 1971.9.20.-11.24. 전2권(V.1 기본문서철)』, 분류번호: 726.33 1971 V.1, 등록번호: 4290, 대한민국외교사료관.

남북한 당국은 적십자 예비회담과는 별도로 막후 비밀교섭을 거쳐 1972년 7월 4일 자주, 평화, 민족대단결 통일 등 공동성명 7개항을 동시 발표했다. 같은 날 김종필 국무총리는 남북공동성명서에 대한 정부의 입장을 다음과 같이 표명했다. ① 7.4공동성명은 초보적 합의에 지나지 않는다 ② 반공법과 국가보안법은 폐지하지 않는다 ③ 이와 같은 대화가 '두 개의 한국'을 시인하는 것은 아니다 ④ 북한의 언행을 믿을 수 있게 되기까지 남북한 정상회담은 불가능하다 ⑤ 7.4공동성명은 북한에 의해 강점되어 우리의 실질행정권이 미치지 못하는 부분이 없도록 하는 방법을 대화로 해결하자는 것이며 북한과의 공존을 의미하는 것은 아니다 ⑥ 정부는 중립화 통일을 반대한다 ⑦ 통일의 구체적인 방안이 수립되거나 실현 단계에 들어서면 국민의 의견을 들어야 하며 국회의 동의를 얻어야 한다 ⑧ 북한은 불가침 조약을 체결할 수 있는 대상이 될 수 없다 ⑨ UN은 외세가 아니다.

정치권, 여론, 언론, 지식인들도 남북대화에 대한 기대와 우려, 그리고 대화의 방향, 속도, 폭 등에 대해 상이한 의견을 가지고 있었다. 7.4공동성명 발표 직후 박 대통령의 지시에 의해 청와대 공보비서실이 학계·언론계를 중심으로 한 지식층의 반응을 조사한 결과 학계 전문가들의 의견은 모두 비판적이었다. 정부 당국이 북한의 평화통일 3대원칙을 그대로 수용한 것은 한국의 안보에 근간을 이루고 있는 주한미군의 철수 문제와 불가피하게 연계될 것이기 때문에 크게 경계해야 한다는 것이었다. 그리고 남북조절위원회라는 명칭 자체가 북쪽에서 사용하는 용어일 뿐 아니라 그 기능이 모호하여 자칫 권력구조상의 '옥상옥'이 될 수도 있다는 우려도 제기되었다.[32]

7.4공동성명 발표에 대한 일반 국민들은 대체로 환영하는 반응을 보였으나 다

32 김성진, 『박정희를 말하다』(서울: 삶과꿈, 2006), pp.129-130.

른 한편으로는 어리둥절해 하며 불안스러워 한 것도 사실이었다. 북한에서 남으로 온 약 5, 6백만 명의 월남민들과 그동안 철저한 반공의식으로 무장된 국민들 가운데에는 불안에 찬 반응을 보이기도 했다.[33] 정치권에서도 남북대화 자체는 환영하는 분위기였으나 추진 방식에 대해서는 비판을 가했다. 7월 5일 열린 국회 대정부 질의에서 신민당의 김수한 의원은 이제 방북해서 김일성을 만나면 자신을 잡아갈 것이냐고 물었다. 김영삼 의원은 그간 정부 당국이 침략자로 규정하고 원수로 여겼던 북한을 하나의 정권으로 대등하게 인정한 것인지의 여부를 물었다. 더욱이 김상현 의원은 북한을 DPRK, 곧 조선민주주의인민공화국이라고 불러야 한다고 했다.

　7월 5일부터 13일까지 열린 국회 대정부 질의에 대한 답변에서 정부는 대북정책에 변화가 없다는 기본입장을 천명했다. 이는 이후락 중앙정보부장이 공동성명 발표 후 기자들과 질의응답에서 북한과 본격적 대화의 시대를 열기 위해 남한의 법적, 행정적, 제도적 조절이 필요하다는 언급과는 상당한 거리가 있는 입장 표명이었다. 김종필 국무총리는 전쟁 재발을 방지하기 위해 주한미군이 필요하다고 역설했고, 유재홍 국방장관은 최소한 1973년 6월까지 주한미군 감축은 없다는 입장을 밝혔다. 김종필 총리는 7.4공동성명 서명이 북한을 사실상 인정한 것이 아니며 '두 개의 한국'은 정부의 방침이 아니라고 못 박았다. 김 총리는 북한은 국가가 아니기 때문에 북한과 불가침조약을 맺을 수 없다면서 반공을 정부정책으로 계속 견지할 것임을 분명히 했다.[34]

　야당 소속 의원들은 김 총리를 상대로 박 대통령이 국가안보와 미래에 관련되

33　김대중, 『행동하는 양심으로』(서울: 금문당출판사, 1985), p.170.

34　우승지, 『남북화해론: 박정희와 김일성』(고양: 인간사랑, 2020), pp.225-226 참조.

는 중요 사안을 야당 지도자나 국회와 협의 없이 추진한 것에 대해 비판했다. 그리고 북한과의 접촉에 국토통일원장관 대신 이후락 중앙정보부장이 정부를 대표한 이유를 따졌다. 다른 야당 지도자들은 이 문제를 국회와 상의하지 않은 것을 비판하면서도 동 성명이 남북관계 개선을 위한 의미 있는 진전이라고 환영했다. 7.4공동성명 발표 직후 신민당 당수 유진오와 공화당 총재 정구영의 남북대화 관련 좌담에서 두 사람 모두 남북교류가 실제 이루어진다면 반공법·국가보안법의 수정이 불가피하다는 데 공감했다. 남한 정치권에서도 남북대화 국면에 부응하여 반공법과 국가보안법의 개정 필요성이 제기되었던 것이다.[35] 또한 신민당 의원들은 남북대화를 계기로 정부가 국회를 해산하고 새 헌정을 실시한다는 소문이 있는데 이것이 사실이냐고 따져 물었다. 이에 대해 김 총리는 '7.4공동성명을 정쟁적인 입장에서 논의해서는 통일에 도움이 되지 않으며 이와 같은 터무니없는 발상도 지양되어야 한다'고 말했다. 그러나 이미 그 시간에 중앙정보부를 중심으로 밀실에서 유신헌법 작업이 진행되고 있었다.[36]

정부로부터 통제를 받고 있는 언론들도 대체로 동 성명을 환영했으나 남북관계의 진전이 급속도로 이루어지는 것은 아니라고 주의를 환기시켰다. 민주수호국민협의회에서도 7월 5일 성명을 내고, 정부의 비상사태 선언과 그에 따른 과잉단속으로 시민들의 눈과 입과 귀가 가리워진 가운데 7.4공동성명이 발표되었다고 비판하고 ① 우리는 통일을 전제로 하고 남북 간의 긴장상태를 완화하기 위한 교류의 개시를 지지한다 ② 통일을 위해서는 사상과 이념과 제도의 차이를 초월해야 한다고 하더라도 인간의 자유와 존엄성을 기초로 하고 민족의 실체인 민중

---

35 홍석률, 『분단의 히스테리』(파주: 창비, 2012), p.242 참조.

36 이상우, 『박정권 18년: 그 권력의 내막』(서울: 동아일보사, 1986), pp.239-240.

의 참여가 전제되어야 한다 ③ 교류와 회담을 앞두고 민중의 자유 의사표현을 억압하는 비상사태에 관한 특별조치법이나 국가보안법, 반공법 등을 폐기 또는 수정하고 비상사태선언을 철회할 것을 요구했다.

군부 내에서도 남북 접촉에 대해 불만을 가지고 있었다. 남북 접촉은 군의 사기 및 정체성과 직결되는 사안이었기 때문이다. 그리고 군 지휘관들의 이해관계 문제도 있었다. 예컨대 남북대화를 통해 남북 간에 핫라인이 구축되면 DMZ 내에서 북한과의 불의의 군사적 충돌 가능성이 낮아지고 장성급 지휘관들이 북한과의 교전에서 전적을 세워 진급할 기회가 그만큼 줄어들기 때문이었다.[37] 7.4공동성명으로 통일무드가 고조되면서 반공인사들이 위축되거나 후퇴를 강요당하는 듯한 분위기도 있었다. 우연의 일치일수도 있지만 북한의 박성철이 서울을 방문하던 5월 30일 이북출신으로 열렬한 반공주의자였던 제1군 사령관 한신과 제2군 사령관 채명신이 한직으로 전보되거나 예편되었다.[38] 정부·여당 내에서도 이후락 부장과 김종필 총리가 남북대화의 방향과 속도, 폭 등에 대해서 이견과 균열을 보였다. 이동원 국회 외무위원장도 7.4공동성명 직후 한 TV방송 좌담회에서 공동성명에 대해 '넌센스'라고 평가했다. 이북 출신이자 반공주의자였던 이동원은 박 대통령에게도 총력으로 대처해야 할 남북대화가 몇몇만의 비밀협상으로는 위험하고 이후락은 적임자가 아니라고 직언했다. 반공시인이기도 했던 모윤숙 의원도 이후락 부장의 행보에 비판적이었다.[39] 남북대화에 적극적이었던 이후락과 정부·여당 내에서 이를 견제하고자 하는 세력이 갈등과 균열을 보이는 상황에서 박 대통령은 양 세력의 중간에서 균형을 유지하며 이들의 불화와 충돌

---

37 강인덕 전 북한국장 인터뷰(2008년 3월 24일).

38 이경재, 『유신 쿠데타』(서울: 일월서각, 1986), p.209.

39 이경재, 『유신 쿠데타』, pp.203-210.

을 견제하고자 한 것으로 볼 수 있다.

한편, 7.4공동성명 발표 후 72년 8월 30일에는 남북적십자회담 제1차 본회담이 평양에서 개최되었고, 9월 13일에는 제2차 본회담이 서울에서 열렸다. 분단 후 최초로 남과 북의 인사들이 대거 평양과 서울을 오가면서 통일의 열기는 한껏 달아올랐다. 서울시민들은 북적 일행이 판문점을 거쳐 서울로 왔을 때 연도에 서서 그들이 탄 차를 향해 손을 흔들며 환영하였다.[40] 그러나 7·4공동성명으로 시민사회의 통일열기가 급속히 달아올랐으나 북한에 대해서는 여전히 동포 이미지보다는 기존의 적 이미지가 강했다고 할 수 있다. 1970년 2월에 국토통일원에서 발표한 한 여론조사결과에 의하면, 응답자의 90.6%가 통일을 국가의 최고 과제로 인정하면서도 단지 9.5%만이 북한 당국과의 직접대화를 지지했다. 이는 냉전반공주의의 정향이 강한 시민사회의 낮은 대북관용도를 보여주는 하나의 지표라고 할 수 있다. 7.4공동성명 발표 후 기왕의 대북 이미지에 일정한 변화를 예상할 수 있겠지만 크게 변모된 것은 아니라고 볼 수 있다. 북한과의 대치상태로 인한 국민적 불안[41]이 완전히 불식되지 않았을 뿐만 아니라 7.4공동성명 발표 후에도 정부 차원의 대북 경계심과 반공교육 강조는 계속되고 있었다. 그 때문에 비록 남북대화가 진행되고 통일담론이 급부상하여 통일지향성이 확대되고 있었으나 이는 일순 역진될 수 있는 것이었다. 특히 유신체제 수립 직전인 1972년 9월 12-16일 서울에서 열린 남북적십자회담 제2차 본회의 시 북측 인사들이 보여 준 행태는 국민들의 통일열기를 냉각시키고 다시 반공열기를 호명하는 전기가 되

---

40 이상우, 『비록, 박정희 시대(1)』(충주: 중원문화사, 1984), p.320; 돈 오버도퍼·이종길 역, 『두 개의 한국』(고양: 길산, 2003), p.59.

41 정영국, "유신체제 성립 전후의 국내정치," 한국정신문화연구원 편, 『1970년대 전반기의 정치사회 변동』(서울: 백산서당, 1999), p.213.

었다.

북측 대표는 '우리 조선노동당', '우리 공산주의자들', '우리 민족의 경애하는 위대한 수령 김일성 원수'를 반복하면서 외세간섭의 배제와 주체사상을 선전 찬양하는 데 주력했다.[42] 이들의 발언은 통일의 부푼 꿈으로 연도에서 북측 일행을 환호하던 시민들의 기대에 찬물을 끼얹었다. 텔레비전과 라디오를 통해 이를 지켜보던 시민들의 "기대는 실망으로, 희망은 환멸로, 반가움은 분노로" 바뀌면서 큰 충격을 받았다. 방송과 방영을 중단하라는 항의가 방송국에 빗발쳤고 신문사에도 수많은 경고 전화가 걸려와 관계자들이 이를 무마하느라 진땀을 흘렸다.[43] 이후 북한 대표단이 차창 밖의 시민들에게 손을 흔들었지만 이번에는 그 누구도 호응하지 않았다.[44] 당시 비판여론은 이후락 조절위원회 공동위원장이 9월 28일, 한국신문협회 등 5개 언론단체들에게 서한을 보내어 비판 자제 협조를 요청할 정도였다.[45] 이 사건을 계기로 7·4공동성명으로 가열되던 일반 국민들의 일시적 통일지향성은 반공지향성의 틀 내로 다시 제어되기 시작했다. 다른 각도에서 보면 국내정치적으로 남북대화와 유신과 같은 체제정비를 연결시킬 수 있는 정황과 명분이 조성되었던 것이다. 따라서 남북대화의 효율적 추진을 위해서는 체제전환이 필요하다는 당시 정권담당자들의 주장이 시민사회 영역의 인식과 완전히 유리된 것이었다고 단정할 수만은 없다[46] 마침내 박 대통령은 서울에서 남북적십자회담이 열린 한 달 후에 10월 유신을 단행했다.

---

42 『남북대화백서』(서울: 남북조절위원회, 1973), p.62.

43 『조선일보』1972년 9월 15일. 돈 오버도프(Don Oberdorfer)는 박정희 정권이 이러한 파장을 충분히 예견하고 생중계를 결정했다고 지적하고 있다. 돈 오버도퍼·이종길 역, 앞의 책, p.62.

44 돈 오버도퍼·이종길 역, 앞의 책, p.62.

45 이상우, 『비록 박정희 시대(1)』, p.321.

46 정영국, 앞의 글, p.213.

3) 북한

박 대통령의 8.15선언에 대해 극도의 부정적 반응을 보이던 북한도 1971년 남한의 대통령선거와 국회의원선거를 맞아 적극적인 평화공세로 나옴으로써 남북 간에 '평화공세 경쟁'이 벌어지게 되었다. 1971년 4월 12일 북한 외상 허담은 최고인민회의 제4기 제5차 회의에서 미군철수, 한미상호조약 폐기, 정치활동의 자유와 모든 정치범의 석방, 정당·사회단체 대표들로 구성되는 남북정치협상회의 소집 등 평화통일에 관한 8개항을 제시하는 등 적극적인 평화공세를 전개해 나갔다. 특히 제8항의 남북정치협상회의 소집 제의는 대통령선거와 국회의원선거를 앞둔 남한에서 야당의 김대중 후보가 남북 간의 긴장완화와 서신교환 등 남북교류를 주장하고 있는 것을 겨냥한 것으로 볼 수 있다. 선거 국면에서의 이와 같은 논의는 북한으로서는 통일전선의 기초위에서 남북정치협상회의를 열자고 선전공세를 펼 수 있는 기회였다.[47]

이후 북한의 평화공세는 더욱 적극성을 보여 김일성은 1971년 8월 6일, 이미 제시한 8개항의 통일방안의 접수 여부와 관계없이 남한의 민주공화당을 포함한 모든 정당, 사회단체 및 개별적 인사들과 아무 때나 접촉할 용의가 있다고 밝혔다. 그리고 남한의 위정자들이 이와 같은 초보적인 접촉마저 거부하는 것은 그들의 평화통일 주장이 한낱 구두선에 지나지 않음을 스스로 인정하는 것이라고 주장하며 한층 적극적인 평화공세를 폈다.[48] 북한은 이처럼 1971년 8월 한층 적극적이고 합리적인 외양을 갖춘 평화공세를 취함으로써 남한 정부가 8.15선언을 통해서 쥐고 있었던 통일논의의 대내외적 주도권을 탈환하고자 했다. 또한 통일문제

---

[47] 양호민, "남북대화의 원점과 원형: 7.4공동성명 전후 20년의 상황을 중심으로," 양호민 외, 『"평화통일"을 위한 남북대결: 1965년에서 1980년까지의 내외적 상황』(소화: 1996), p.250.

[48] 『김일성저작집』(평양: 조선로동당출판사, 1984), p.232.

와 관련하여 남한 정부를 경직된 입장으로 몰아감으로써 남한의 내부분열과 한미 간의 갈등 조장을 기도했다. 북한의 평화공세에 대응하여 박정희 정부는 1971년 12월 국가비상사태를 선언하고 권위주의적 통제를 강화하면서 이를 북한의 위협을 근거로 정당화했다. 그러나 이와 같은 강경조치는 대내적 불만을 증대시켰다. 또한 북한의 위협에 대한 강조와 관련하여 미 행정부는 위협이 과장되었을 뿐만 아니라 동북아 긴장완화라는 미국 대외정책의 목표에 역행한다고 간주함으로써 한미 간의 이견과 외교적 긴장이 야기되었다.

요컨대 북한이 남한의 야당은 물론 민주공화당과의 접촉 및 남북 상호간 사회개방 등을 제기한 이면에는 북한의 정치, 경제 체제를 남한에 전파하려는 확고한 의도를 그 바탕에 깔고 있었다. 김일성은 남한 내 민중폭동을 조직하려는 기존의 시도 대신 주한미군 철수와 평화 및 통일의 명분 아래 남측 주민들을 관여(engage)시키는 새로운 접근을 채택한 것이다. 수단은 달라졌으나 그 목적은 기존과 동일했다.[49] 북한은 미중데탕트 무드에 편승하여 평화적 이미지를 부각시키고자 했다. 나아가 남측 주민들의 대북경계심을 이완시키는 효과를 기대한 것이 1970년대 초반 남북대화를 전후한 시기의 북한의 평화공세였다고 할 수 있다. 북한은 한반도의 긴장완화를 위한 군비축소, 평화협정 체결, 미군 철수 등을 공세적으로 제의하였다.

한편 박정희와 달리 김일성은 1970년대 초반 국제정세의 변화에 대해 중국과 긴밀한 협력 하에 능동적으로 대처해 나갔다.[50] 북한이 미중관계 개선에 편승하여 남북대화를 시작한 데에는 주한미군 철수 여건을 조성한다는 계산이 있었다.

---

49 Sergey Radchenko & Bernd Schaefer, *op.cit.*, p.2.

50 1970년대 초반 북중 공조관계에 대한 자세한 논의는 이종석, 『북한-중국관계: 1945-2000』(서울: 중심, 2000), pp.253-261 참조.

북한은 적극적인 평화공세로 미중데탕트라는 국제정세 변화에 적응하며 통일문제에서 주도권을 잡고, 이를 궁극적으로는 주한미군을 완전 철수시키는 계기로 활용하고자 했다. 북한은 대남 평화공세로 베트남과 같이 한반도에서도 공산주의 위협이 과거에 비해 약화되었으며 현실적으로 긴장완화가 가능하다는 미국 정부의 기대를 일부 충족시켜줄 필요가 있었다.[51] 박정희는 국제적 해빙무드에 소극적이었으며, 한미공조 또한 양국 간의 이견과 갈등으로 긴밀하지 못하여 고립감과 위기의식에 포위되어 있던 반면, 김일성은 국제정세 변화에 중국과의 긴밀한 교감 하에 능동적으로 대처하면서 대남 평화공세를 강화해 나갔다.

물론 북한도 초기에는 키신저의 중국 방문과 미중데탕트에 당혹스러워 했다. 주은래는 1971년 7월 11일 키신저가 북경을 떠난 후 하노이를 거쳐 15일 평양에 도착했다. 김일성은 주은래로부터 그간의 미중접촉의 경과, 키신저와의 회담 내용, 닉슨의 방중 계획을 통보받았다. 그동안 북한 주민들에게 미국을 '철천지원수'로 각인시켜온 마당에 미중데탕트를 설명한다는 것은 곤혹스러운 일이었다. 또한 중국이 미국과의 화해 속에 행여 반제노선을 포기하지 않을까 노심초사하지 않을 수 없었다. 북한 지도부는 내부토론을 거쳐 김일 제1부수상을 북경에 파견하여 중국이 미국과 회담할 시 전달을 요하는 8개항을 중국에게 제시하는 방향으로 가닥을 잡았다. 8개항은 주한미군 철수, 한반도에 미국의 전략자산 반입 중지, 한미 연합훈련 중지 등을 포함하고 있었다.[52] 이와 같이 북한은 미중데탕트 무드와 더불어 자신들의 정책을 조정해 나갔다.

이보다 앞서 1971년 6월 10일, 김일성은 평양을 방문한 루마니아의 차우셰스

---

51 박건영·박선원·우승지, 앞의 글, pp.67-68.

52 이종석, 『북한-중국관계 1945-2000』, pp.255-256.

쿠(Nicolae Ceausescu) 대통령을 만난 자리에서 한반도 통일은 여러 여건상 평화적 수단에 의해서만 가능하다고 말했다. 김일성은 변화된 국제정세 속에서 평화적 수단만이 한반도 통일을 달성할 수 있는 유일하게 실현가능한 방법이라고 판단했다. 평화 외의 방도는 국제전으로 비화될 수 있는데, 중국도 소련도 그와 같은 사태에 연루되기를 원하지 않는다고 보고 있었다. 다만 이와 같은 통일은 남한 내 혁명역량 강화와 주한미군 철수를 통해서만 기대할 수 있다고 강조했다. 그리고 통일에 대해 북측과 유사한 입장을 갖고 있는 신민당의 김대중 후보가 71년 대선에서 비록 선전했지만 미군이 주둔하고 있는 한 선거를 통한 정권교체는 불가능하다고 결론지었다. 따라서 주한미군이 철수한 상황에서만이 남측 주민들 스스로의 힘으로 박정희를 축출하고 민주정부를 수립할 수 있고, 민주정부가 수립되어야 북측과의 긴밀한 협력을 통해 통일을 이룰 수 있다고 강조했다.[53] 이러한 전망 하에 북한은 남북대화를 '남조선혁명'의 분위기를 조성하는 통일전선 형성의 기회로 활용하고자 했다. 때문에 북한은 1971년 12월 박 대통령의 국가비상사태 선언에 대하여 남북대화 국면과 상치되는 비상사태 선언의 부당성에 대해 비난했다.[54] 남조선혁명 분위기 조성에 찬물을 끼얹는 조치로 보았던 것이다.

남한에서 7.4공동성명 발표 직후 남북대화에 대한 지나친 기대를 경계하고 반공교육 강조와 체제단속에 착수했던 것처럼 북한도 공동성명 발표 하루 전인 7월 3일 조선중앙방송을 통해 주민들이 북의 대남전략과 통일정책에 변화가 있는 것으로 보지 않도록 하기 위하여 부심했다. 즉 조국통일은 남조선혁명이 이루어지

---

53 "Minutes of Conversation on the Occasion of the Party and Government Delegation on behalf of the Romanian Socialist Republic to the Democratic People's Republic of Korea," June 10, 1971, Christian F. Ostermann and James Person eds., *The Rise and Fall of Detente on the Korean Peninsula, 1970-1974*.

54 『로동신문』 1971년 12월 15일.

는 조건에서만 이루어질 수 있으며 남한 당국은 타도의 대상임을 분명히 했다.[55] 7.4공동성명 직후인 1972년 7월 17일에는 북한 외무성 부상 이만석이 소련 및 동구권 외교관들이 모인 자리에서 북측이 평화공세를 펴는 목적이 남한이 미국과 일본의 지원을 받을 수 없게 함으로써 북한에 의존케 하는 데 있다고 말했다. 남한이 국내외적으로 고립되면 남조선혁명에 유리한 정세가 조성될 것인바, 사회주의 우방국들이 남한과 여하한 접촉도 하지 않음으로써 남한을 국제적으로 더욱 고립시키는 데 적극 협조해 달라고 당부했다.[56] 북한 지도부는 내부적으로 통일 3대원칙 중 체제 차이를 떠나 민족이 대단결한다는 것은 단지 전술 차원에 불과하며 통일된 한반도는 궁극적으로 북측 모델을 따라 사회주의 국가가 되어야 한다고 보고 있었다. 허담 외상도 1972년 8월 26일 주 북한 동독 대사에게 북은 사회주의체제를 결코 포기하지 않을 것임을 강조하기도 했다.[57] 1972년 9월 정준택 부수상이 루마니아를 방문했을 때 기존의 대남혁명전략이 소기의 성과를 거두지 못했고, 미중데탕트 무드 등 변화된 국제정세 속에서 한반도 통일을 위한 최상의 접근이 바로 평화공세라고 말했다.[58] 1972년 10월 정준택 부수상이 체코슬라바키아 공산당 서기장 후사크(Gustav Husak)와 만났을 때, 지하활동을 통한 혁

---

55 송종환, 『북한 협상행태의 이해』(서울: 오름, 2002), p.73.

56 "Note on Information from DPRK Deputy Foreign Minister, Comrade Lee Manseok, on 17 July 1972 in the DPRK Foreign Ministry, GDR Embassy to DPRK," 20 July, 1972, Christian F. Ostermann and James Person eds., *The Rise and Fall of Detente on the Korean Peninsula, 1970-1974*.

57 Bernd Schaefer, "Overconfidence Shattered: North Korean Unification Policy, 1971-1975," North Korea International Documentation Project Working Paper #2 (Washington, D.C.: Woodrow Wilson International Center for Scholars, December 2010), p.14.

58 "Minutes of Conversation between Nicolae Ceausescu and economic delegation from the Democratic People's Republic of Korea," September 22, 1972, Christian F. Ostermann and James F. Person eds.. *The Rise and Fall of Detente on The Korean Peninsula, 1970-1974*.

명 촉발 기대만으로는 남조선문제를 해결하는 것은 불가능하다고 말했다. 따라서 김일성 수상은 박정희가 신민당이나 북이 지원하고 있는 통혁당을 억압하지 못하도록 함으로써 나중에 이들 당의 대표를 김일성이 구상하고 있는 연방정부의 남측 대표로 포함시키고자 하는 목적을 가지고 있다고 말했다. 이들 당들이 남한에서 자유롭게 활동할 수 있는 보다 다양한 정치구도가 북측에 유리하다는 것이다. 정준택은 남한이 민주화되면 공산주의자들이 그들의 영향력을 급속하게 확대할 수 있으며 혁명세력을 강화시킬 수 있다고 설명했다. 중요한 것은 일본이나 미국을 자극하지 않도록 하는 것인데 일본과 미국을 자극하면 이들이 쿠데타를 조직할 수 있다고 결론지었다. 김일성도 몇일 후 북의 정책 목표는 남조선 사회를 '민주화'시키고 점차 '혁명화'하는 것이며, 이를 위해 진보 성향의 정치인 및 남측 주민들과 광범한 접촉 기회를 확보하는 것이라고 말했다.[59] 7.4공동성명에도 불구하고 남북관계가 동상이몽 속에 대립하고 있음을 볼 수 있는 장면들이다.

김일성은 1972년 7.4공동성명을 전후하여 박정희가 남북 간 통일회담을 통해 합의를 모색해야 할 만큼 국내외적으로 취약한 입장에 처해 있다고 판단하고 있었다. 박정희가 난국 타개 차원에서 남북대화에 나섰다고 보는 것이다. 1972년 10월 초 정준택 부수상과 후사크 서기장이 나눈 대화에 따르면, 김일성이 측근들과 토론한 핵심 이슈 중의 하나는 박정희의 남북화해에 대한 관심이 과연 자발적인 것이냐, 아니면 미국이 사주한 것이냐 하는 것이었다. 만약 남북 접촉을 실제 기획하고 추진한 것이 이후락이 아니라 박정희라면 그만큼 당시 박정희가 국내외적으로 대단히 절망적인 상황에 처해 있었다는 반증이라는 것이다. 그리고 이와 같은 상황은 김일성이 자신의 목적을 위해 적극 활용할 수 있는 기회를 제공하는

---

59 Sergey Radchenko & Bernd Schaefer, *op.cit.,* p.13.

것이다. 이와 관련 김동규 조선로동당 정치위원 겸 비서는 '우리의 목적은 박정희를 미국과 일본으로부터 고립시켜 우리에게 의존할 수밖에 없도록 만드는 것'이라고 말했다.[60]

북한은 1972년 12월 11일, 남측 일각에서 북에서는 자유와 인권이 억압받고 있다는 터무니없는 선전을 하면서 '한국식 민주주의'가 북녘 땅으로 넘쳐흐르도록 해야 한다는 발언 등을 하고 있다고 비난했다. 이는 7.4공동성명의 합의 사항을 위반하는 행위임으로 즉각 중단해야 한다고 촉구했다.[61] 그리고 72년 12월 21일 박정희 대통령이 전방을 시찰하면서 남북대화는 방식을 달리하는 공산주의자들과의 대결이며, 이 경쟁에서 이기자면 국력배양을 해야 한다고 강조한 점 등을 거론하며 "어찌하여 남조선측은 우리를 계속 헐뜯고 남북대립을 고취 하는가"라고 비난했다.[62] 12월 30일 로동신문 보도는 "최근 남조선으로부터 남북대결을 고취하는 목소리가 더욱 자주 울려나오고 있다"고 비난했다. "남조선에서 계속 들려오는 이러한 종류의 온당치 못한 발언과 주장들에 대하여 우리는 응당한 주목을 돌리지 않을 수 없으며 의혹을 돌리지 않을 수 없다"고 지적했다. 또한 "남조선측이 ≪승공통일≫의 망상에 사로 잡혀 공동 성명의 합의사항을 공공연히 짓밟으면서 계속 무분별한 책동에 매달린다면 그로부터 초래되는 후과에 대하여 책임을 지게 될 것"이라고 강조했다.[63] 그러나 이러한 비난 속에서도 북한은 정작 1972년 10월 남한에서 유신을 위한 비상계엄이 선포된데 대해서는 언급을 피하고 비판을 자제했다. 남조선혁명으로 가는 통일전선을 형성할 수 있는 문을 열

60 Sergey Radchenko & Bernd Schaefer, *op.cit.*, p.14

61 『로동신문』 1972년 12월 11일.

62 『로동신문』 1972년 12월 25일.

63 『로동신문』 1972년 12월 30일.

어놓기 위하여 남북대화가 지속되기를 원했기 때문이다.

1972년 7.4공동성명을 전후하여 김일성의 평화공세는 상당한 모멘텀을 만들어내는 것처럼 보였다. 불과 몇 개월이었지만 김일성은 박정희를 압박하면서 남북 간 화해 과정을 주도하는 듯 했다. 김일성은 국제적으로도 중국, 소련 등 미국과 데탕트에 나선 동맹국들의 '배신'에 북베트남처럼 시부뚱해 있기보다는 주한미군 철수를 위한 레버리지를 확보하고 중소로부터 독자 공간을 최대화하기 위해 중소 간에 '줄타기외교'를 적극 벌였다.[64] 그러나 1973년 4월 20일 김동규는 7.4공동성명이 박정희의 방해 책동으로 현실적으로 이행이 어렵게 되었다고 하면서 남한 당국과의 대화 지속에 회의감을 표시했다.[65] 그리하여 북한은 남한 당국과의 대화에 대한 기대를 접고 야당과의 통일전선 형성과 대외 선전을 통해 박정희 정부를 고립시키고자 했다.

3. 유관국의 입장

1) 미국

1969년 1월 출범한 닉슨 행정부는 한반도정세의 안정을 원했다. 닉슨은 미중소 삼각외교라는 세계전략 차원에서 중국과의 관계 개선을 원했고, 이를 위해 동북아 냉전의 전초기지인 한반도의 안정이 필요했다. 그래서 박정희 정부에게 남북대화에 나설 것을 요구했다. 1970년 박정희의 8.15선언은 미국의 기대에 일정하게 부응하는 것이기도 했다. 미국은 1971년에도 남북대화를 적극 주문했다. 이

---

64 Sergey Radchenko & Bernd Schaefer, *op.cit.*, P.17.

65 *Ibid.*

후 미국은 남북적십자회담이 시작되고 있었음에도 데탕트위기론을 강조하며 1971년 12월 국가비상사태를 선언한 박정희 대통령의 정세인식에 동의하지 않았다. 미국은 7.4공동성명 이후에도 계속 데탕트위기론을 내세우는 박정희 정부에 대해 불쾌감을 드러냈고, 이는 당시 한미 갈등의 중요한 원인이 되었다.

미중데탕트를 추구하던 미국은 중국이 미국과 관계를 고려하여 북한의 대남도발을 승인 또는 고무하리라고는 판단하지 않았다. 오히려 미국은 미중데탕트로 한반도에서 중국이 북한을 견제할 것이므로 한반도에서 전쟁의 위협은 낮아졌다고 보고 있었다. 실제 1970년대 들어 북한이 취한 일련의 평화공세는 이러한 미국의 판단을 강화시키는 역할을 하였다. 미국은 한반도의 평화정착으로 추가 미군감축을 할 수 있기를 원했다. 반면 박정희 정권은 북한의 대남위협이 줄어들고 한반도에서 공산주의 세력의 전쟁 도발 가능성이 낮아졌다는 미국의 판단에 동의하지 않았다. 박정희는 오히려 1960년대 말부터 1970년대 초반의 일련의 국내외 정세의 변화로 안보위협이 증가했다는 판단을 내리고 있었다. 동맹국 간의 적의 위협에 대한 인식의 차이는 당시 한미동맹관계를 불안정하게 하는 주요 요인으로 작용하였다. 따라서 처음에 박정희는 남북대화를 시도해보라는 미국의 권유를 받아들이지 않았다. 박정희는 북한에 의한 일련의 도발에 대해 미국이 미온적으로 대처하는 것에 실망했고, 닉슨독트린과 미중데탕트 등 미국의 정책변화에 대해 우려하고 있었다.[66]

미중데탕트 과정에서 중국은 북한과 긴밀하게 협의하고 북한의 요구사항을 미국에 전달하는 성의를 보였지만 미국은 미중대화에서 남한과 별다른 협의를 하지 않았고 그러한 모습을 보여주려고도 하지 않았다. 닉슨의 중국 방문 직전

---

66 우승지, "남북화해와 한미동맹관계의 이해, 1969-1973,"『한국정치외교사논총』제26집 1호(2005), p.121.

박정희는 닉슨과 대화하기를 희망했으나 그러한 기회는 주어지지 않았다. 김용식 외무부장관은 1971년 12월 13일 하비브 대사를 만나 닉슨의 북경 방문 전에 한미 정상회담이 어렵다면 북경 방문 후 모스크바 방문 전에 한미정상회담 가능성을 문의했으나[67] 끝내 성사되지 않았다. 단지 주한 미국대사관의 수차례의 요청으로 국무장관이 된 키신저가 1973년 11월 잠시 방한했을 뿐이다. 이처럼 남한이 북한에 비해 동맹으로부터 소홀히 취급받은 이유 중의 하나는 북한과 같은 중소 간의 '시계추외교' 구사가 남한에게는 동맹구조상 가능하지 않았기 때문인지도 모른다. 그러나 남북대화 과정에서 한미는 긴밀한 협력관계를 유지했다. 박 대통령은 남북대화 진행과정을 소상하게 미국에게 알리도록 지시했다. 이에 따라 이후락 부장은 수시로 하비브 대사와 만나 대화 진행사항을 브리핑하고 의견을 구하기도 했다. 또한 이후락은 미 CIA 한국 책임자 리처드슨(John H. Richardson)과도 만나 남북대화 진행과정에 대해 설명하고 미국측의 이해와 협조를 요청했다.[68]

한편 한미관계에서 남북대화의 개시와 추진은 박정희 정권의 미국에 대한 발언권을 강화시켰다. 닉슨독트린 이후 미국의 철군방침에 일방적으로 끌려가던 박정희는 차츰 남북대화의 추진이 대미 협상력을 부분적으로 제고시킬 수 있다는 점을 인식하였다.[69] 그리하여 북한과 힘의 우위에서 대화하기 위해서는 주한미군의 추가 철수는 있을 수 없으며 대한 군사원조를 강화해야 한다는 논리를 폈다. 당초 박정희에게 남북대화는 데탕트라는 새로운 국제정세에 대처하는 조치였다. 그런데 미국의 권유와 요청을 수용함으로써 한미동맹관계를 강화하고, 역

---

67 Telegram from Embassy Seoul to Secretary of State, December 13, 1971, Pol 15-1 Kor S, Subject-Numeric Files, RG 59, National Archives.

68 국토통일원, 『남북대화사료집』 제7권, pp.73-79 참조.

69 신욱희, "데탕트 시기의 한미갈등: 정향적 요인으로서의 위협인식," 정성화 편, 『박정희시대 연구의 쟁점과 과제』(서울: 선인: 2005), p.347.

설적이기는 하지만 추가적인 주한미군 철수를 막기 위한 카드이기도 했다는 점이다.[70] 북한은 주한미군의 조속한 철수 환경 조성을 위해 남북대화에 나섰던 반면 박 대통령은 미국 관리들에게 주한 미군이 감축되면 북한과의 협상에서 남한의 입지가 약화되며, 따라서 남북대화는 깨어질 수밖에 없다고 강조했다. 남북공동성명 직후 미 국무부는 "남북대화의 진전으로 향후 2-3년 동안 주한미군 철수는 더욱 어려워졌다. 미국 의회에서는 남북의 긴장이 완화되었으니 주한미군 철수가 더 용이한 것 아니냐는 얘기가 제기될 수 있지만, 박 대통령이 지금 쓰고 있는 방책과 논리가 확실히 장점을 갖고 있다. 미국은 군대 철수와 관련되어 행동의 자유를 얻기를 원하지만, 내부적으로는 북을 다루는데 박 대통령의 입장을 잠식하기는 어려울 것"이라고 분석했다.[71] 이렇게 보면 북한과 미국은 주한미군 철수를 촉진하기 위해, 남한은 주한미군 철수를 저지하기 위해 남북대화에 임한 것이 된다. 물론 남북대화가 처음부터 새로운 대미협상카드를 확보하기 위해 추진되었거나 더욱이 유신체제의 명분을 찾기 위한 각본의 일환으로 추진되었던 것은 아니었다. 그러나 박정희 정권이 남북대화에 적극적으로 임하며 7.4공동성명 발표 등으로 남북관계를 급진전시킨 데에는, 남북대화를 종용했던 미국의 정책에 적극 부응함으로써 유신체제 출범에 대한 미국의 양해 내지 반대를 막으려는

---

70 Kimiya Tadashi, "The Dynamics of the Korean Cold War: A Consideration of the Impacts of the U.S.-China Rapprochement Early in the 1970s," Prepared for Presentation at the International Workshop on "The Cold War and Korean Peninsula: The Domestic Politics and Foreign Relations of North and South Korea" organized by the Woodrow Wilson International Center for Scholars, IFES & Beijing University, Beijing China, May 18, 2007, pp.14-15.

71 "From INR Paul M. Popple to Martial Green," July 7, 1972, Pol 1 Kor S-US, Subject-Numeric Files, RG 59, National Archives; 홍석률, "유신체제의 형성," 안병욱 외, 『유신과 반유신』(서울: 민주화운동기념사업회, 2005), p.80.

의도도 있었다고 추론해 볼 수 있다.[72]

미 국무성은 7.4공동성명이 서울과 평양에서 동시에 발표된 직후 동 성명은 매우 고무적이며 앞으로 한반도의 평화와 안정을 위하여 유익한 영향을 줄 것이라고 평가하였다. 다만 남북 간 정치적 대화는 지금까지 북한이 추구해 온 주한미군 철수와 한국 정부의 신뢰성을 훼손할 수 있는 새로운 채널이 되고 미국의 대한 군사원조 감축, 일본의 대북한 조기 관계개선, 북한의 대외관계 확대 가능성 등의 문제가 있다고 평가했다. 7.4공동성명 발표 직후 주미 한국대사관은 미국 정부 관계자들을 만나 의견을 교환했다. 미국측은 7.4공동성명 발표는 미국의 대한 공약에 아무런 영향을 주지 않으며, 주한미군 감축, 군원 및 한국군현대화계획 등에 있어서도 기존 방침이 변함이 없음을 강조했다. 미국측은 미국의 확고한 지지가 한국으로 하여금 북한과 대화를 시작하는 데 자신감(confidence)을 갖게 했으며, 앞으로도 힘의 입장(position of strength)에서 북한과 대화를 발전시켜 나갈 수 있도록 하는 것이 중요하다고 말했다. 그 때문에 미국은 공동성명에서 밝힌 북한과의 접촉이 구체적으로 전진이 되고, 또 북한의 의도가 명백해 질 때 까지는 종래의 방침을 견지하는 태도를 취할 것이라고 했다. 그리고 공동성명이 한국의 여러 외교문제에 미치는 함의(implications)를 평가하기는 시기상조이고, 공동성명 발표가 1972년 제27차 UN총회에서 한국문제 토의 연기의 주요 사유가 될 것이라고 전망했다. 또한 미국 정부가 남북한 접촉에 관해 사전협의를 했느냐는 질문을 많이 받고 있는데, 국무성에서는 통보를 받고 있었다고만 말했다. 이번 남북한 접촉에 있어서 미국은 아무런 역할도 하지 않았으며, 한국 스스로의 이니셔티브에 의한 것임을 분명히 하고 있다고 설명했다.[73] 미국은 애써 한국의 주도성

---

72 우승지, "남북화해와 한미동맹관계의 이해, 1969-1973," p.109

73 "주미대사가 외무부장관에게 보낸 전문," 1972.07.05, 문서번호: USW-07054, 『1972.7.4.자

을 부각시켜 주고자 했다.

미 국무성 그린(Marshall Green) 차관보는 7월 7일 기자회견에서, 7.4공동성명은 미국뿐만 아니라 전 세계에 걸쳐 좋은 소식으로서 한반도에서의 평화와 안정을 위한 의미 있고 고무적인 발전이라고 환영했다. 또한 남북회담은 전적으로 한국인들의 이니셔티브에 의해 이루어진 것이며 닉슨 대통령의 소련 방문 및 키신저의 중공방문은 남북회담과 직접적인 관련이 없다고 강조했다.[74] 미국은 한반도 긴장완화가 미국 의회의 대한 원조 삭감의 빌미를 제공하고 주한미군 철수 논리를 강화할 수 있기 때문에 박정희 정권이 획기적인 관계개선을 원하지 않을 것이라고 판단했다.[75] 로저스(William P. Rogers) 국무장관도 7월 11일 기자회견을 통해 남북대화가 긍정적인 결과를 가져오기 위해서는 남북 간의 합의가 필수요소라고 전제하면서 미국 정부는 남북대화 과정에서 미국의 의도를 강요할 의도는 없으며 협상의 문호가 열리는 것만을 원할 뿐이라고 말했다. 그린 차관보는 7월 11일 국무성 정례 기자 브리핑에서 남북관계 진전 여부는 한국이 그 막중한 과업(vital task)을 수행해 나가는 데 필요한 자신감에 달려 있으며, 미국은 (한국의) 현대화를 위해 경제 및 군사원조를 계속 공여할 것이라고 말했다. 북한은 미소작전을 쓰려고(trying to play the game of smile) 하지만 한국이 현재와 같은 반응을 보일 수 있다면 북한은 EC-121기 격추와 같은 사건을 저지르기는 더욱 어려울 것[76]이라

남북공동성명, 1972. 전2권(V.1 기본문서 및 미주지역 반응)』, 분류번호: 726.21, 등록번호: 5093, 대한민국외교사료관.

74 "주미대사가 외무부장관에게 보낸 전문," 1972.07.12, 문서번호: USW-07148, 『1972.7.4.자 남북공동성명, 1972. 전2권(V.1 기본문서 및 미주지역 반응)』, 분류번호: 726.21, 등록번호: 5093, 대한민국외교사료관.

75 "The Impact of the Korean Talks," July 7, 1972, United States Government Memorandum, Pol Kor S-US, Subject-Numeric Files, RG 59, National Archives.

76 이 부분의 정확한 의미는 불명확하지만, 북한의 평화공세에도 박정희 정부가 대북 경계심을 늦추지

고 지적했다.[77] 그리고 레너드(James Ranard) 미 국무성 한국과장은 7.4공동성명이 UN에서 한국문제 토의 연기 사유로 활용될 수 있는 반면, UN에서의 북한 수용 가능성 역시 제고할 수 있으며 북한측은 7.4공동성명이 UN의 한국문제 토의에 있어서 자신들의 입장을 유리하게 해주는 것으로 판단하고 있는 것이 분명하다고 말했다. 또한 미 국무성 당국자들은 북한의 신축성 있는 새로운 태도는 미군 철수와 더불어 한국문제에 대한 새로운 형태의 UN의 간여를 모색하기 위한 책동이라고 분석했다. 제27차 UN총회에서 북한 대표 초청 여부가 제기될 것인바, 북한 대표가 초청된다면 이는 사실상 평양정권에게 국제적 인정을 부여하는 것과 같은 결과가 될 것이라고도 했다.[78]

다만 한국 외무부는 1972년 3월 7일 로저스 국무장관이 미국은 북한을 포함한 모든 나라와 관계 개선을 원하고 있다는 발언과 북한을 DPRK로 호칭한 것은 대북한 관계개선의 실마리를 탐색하려는 미국의 의도라고 보았다. 외무부는 또 미국의 신문 기자 및 학자가 평양을 방문한 것도 궁극적으로 북한에 대한 정치적인 접근을 모색하고 있는 것으로 간주했다. 이러한 미국의 일련의 움직임은 닉슨 대통령의 이른바 평화전략의 일환으로서 남북대화를 권장하여 한반도의 긴장완화를 통해 닉슨독트린의 실천을 용이케 하려는 정책 방향 설정의 과정에서 발생한 것이라는 것이 외무부의 분석이었다. 그러나 외무부는 미국이 한반도 및 그 주변

않고 군현대화를 계속 해 나간다면 북한의 도발은 점점 어려울 것이라는 정도로 이해하면 될 것 같다.

[77] "주미대사가 외무부장관에게 보낸 전문," 1972.07.12, 문서번호: USW-07148, 『1972.7.4.자 남북공동성명, 1972. 전2권(V.1 기본문서 및 미주지역 반응)』, 분류번호: 726.21, 등록번호: 5093, 대한민국외교사료관.

[78] "주미대사가 외무부장관에게 보낸 전문," 1972.07.12, 문서번호: USW-07148, 『1972.7.4.자 남북공동성명, 1972. 전2권(V.1 기본문서 및 미주지역 반응)』, 분류번호: 726.21, 등록번호: 5093, 대한민국외교사료관.

에서 자국의 권익을 수호하기 위해서는 남북대화 과정에서 한국의 대북우위 유지를 원할 것이 확실한바, 남북한의 접촉이 구체화되고 북한의 의도가 명백해질 때까지는 대북관계에 있어서 종래의 정책을 견지해 나갈 것으로 보았다.[79]

2) 일본

일본은 7.4공동성명을 크게 환영했다. 일본 정부는 동 성명이 일중관계 회복에 유리한 분위기를 조성하는 데 기여할 것이라고 평가했다. 북한과의 관계개선에 대해서 일본 외무성은 매우 신중해야 한다는 반응을 보였으나, 사회당, 공명당 등 야당들은 북한과의 우호관계 수립을 촉구하면서 북한이 UN에 가입하도록 초청해야 한다고 주장했다.

한국 정부는 1972년 4월 말 경 남북비밀접촉에 대해 일본측에 알린 것으로 보인다. 7.4공동성명 발표 당일 이호 주일대사가 호오겡 일본 외무차관과 면담하면서 공동성명을 내용을 알고 있느냐고 물었는데, 금년 4월 말부터 알고 있었다고 말했다. 또한 일본 정부로서는 한국 정부의 시의에 맞는 결단력 있는 조치에 대하여 경의와 존경을 표시하는 바이고, 평양측이 성의 있게 대화하기를 희망한다고 말했다. 이 대사가 7.4공동성명으로 인하여 일본 정부의 대북정책에 어떠한 변동이 있을 것인지 문의한 데 대해, 호오겡 외무차관은 일본의 여론이 일북 간의 인적 교류 및 경제적 교류를 촉진하도록 압력을 가할 것이 명백한바, 양국 정부가 긴밀히 상의해야 할 것으로 생각된다고 말했다.[80] 일본 정계의 거물 기시 노

---

79 "7.4 공동성명 전후의 대미 외교상의 주요 기본 방향," 1972.09.25.?, 관리번호: 72-600, 『1972.7.4.자 남북공동성명, 1972. 전2권(V.1 기본문서 및 미주지역 반응)』, 분류번호: 726.21, 등록번호: 5093, 대한민국외교사료관.

80 "주일대사가 외무부장관에게 보낸 전문," 1972.07.04, 문서번호: JAW-07061, 『1972.7.4.자 남북공동성명, 1972. 전2권(V.2 기타지역 반응)』, 분류번호: 726.21, 등록번호: 5094,

부스케 의원은 자신을 방문한 이 대사에게 일본 정부는 지금까지와 같이 북한을 적대시하거나 봉쇄하기는 어려울 것이나 어디까지나 한국 위주로 대북정책을 수행하여야 할 것이므로 일본 정부 요로와도 잘 협의해 나가라고 조언했다.[81]

한편 사또 전 수상은 자택을 방문한 이 대사에게 자신은 이번 공동성명을 잘 이해하고 있다고 말하면서 일본이 추진하려는 일중국교정상화 교섭이 일본의 향후 대한정책에 어떠한 영향을 미칠지 모르지만 양자는 별개의 문제라고 강조했다. 이 대사는 공동성명이 나오기까지 한국측이 적극적인 이니셔티브를 취할 수 있었던 것은 한국의 우방국들, 특히 미국과 일본의 강력한 협력 및 지지로 한국의 국익이 신장되었기 때문이라고 감사를 표했다. 또한 앞으로의 남북한 간의 '대화 있는 대결'에 있어서 한국이 끝까지 이니셔티브를 잡기 위해서는 일본의 대한 협력이 더욱 강화되는 것이 바람직하다. 만약 일본이 북한과의 관계를 급격하게 확대해 나간다면 이는 현 남북한 간의 모든 면의 균형을 깨뜨리는 결과가 될 것이므로 일본은 이 문제에 신중을 기해야 할 것이라고 강조했다. 이에 대해 사또 전 수상은 자신도 그 견해에 전적으로 동의하며, 일본의 향후 대한정책에 있어서 그 점이 충분히 고려될 수 있도록 계속 노력하겠다고 말했다.[82] 한편 주일대사관의 강영규 공사가 일본 법무성 오시오까 입관국장을 예방하여 현재 남북대화의 바탕이 되고 있는 남북한의 균형상태를 깨뜨리지 않도록 일본측은 북한과의 교류 확대를 삼가해 주기 바란다고 요청했다. 이에 대해 오시오까 국장은

대한민국외교사료관.

81 "주일대사가 외무부장관에게 보낸 전문," 1972.07.11, 문서번호: JAW-07197, 『1972.7.4.자 남북공동성명, 1972. 전2권(V.2 기타지역 반응)』, 분류번호: 726.21, 등록번호: 5094, 대한민국외교사료관.

82 "주일대사가 외무부장관에게 보낸 전문," 1972.07.12, 문서번호: JAW-07221, 『1972.7.4.자 남북공동성명, 1972. 전2권(V.2 기타지역 반응)』, 분류번호: 726.21, 등록번호: 5094, 대한민국외교사료관.

일본 정부의 한국 지원 정책에는 하등의 변화가 없으며, 다만 북한과 정치적 성격을 띤 교류는 하지 않을 것이며 문화, 체육, 기술자의 입국 등에 한하여 케이스 바이케이스로 처리해 나갈 방침이라고 밝혔다.[83] 또한 이호 대사는 대장성과 통상성을 방문하여 일본의 북한에 대한 종전 방침을 확대, 변경하는 일이 없도록 당부했다.

3) 중국

중국이 미국과 화해를 도모한 가장 근본적 동인은 '소련 위협'의 억제에 있었다. 미중데탕트로 북한이 중국과의 동맹에서 이탈하는 사태는 중국이 원하는 바가 아니었다. 더욱이 북베트남과 알바니아가 미중데탕트에 공개적으로 반대하는 상황에서 북한은 중국에게 더욱 중요한 존재였다. 따라서 중국은 미중데탕트가 북한의 주요 관심사인 주한미군 철수와 김일성 주도의 통일 성취 등 북한의 기대에도 기여할 수 있다는 외양과 논리를 갖추지 않으면 안 되었다.[84] 중국이 미국과의 데탕트라는 새로운 동북아질서를 모색하기 위해서는 이 지역에 위치하고 있는 북한의 이해와 협력이 필요했다. 중국은 북한과 미중관계 개선 초기부터 밀접하게 협력하며 남북대화를 권유했다. 중국은 1971년 7월 키신저 미 백악관 안보담당 특별보좌관의 비밀 북경 방문과 닉슨의 방중 합의 사실을 공동성명으로 발표하기 전에 비밀리에 주은래를 평양에 보내 직접 김일성에게 설명하도록 했다.

---

83 "주일대사가 외무부장관에게 보낸 전문," 1972.07.14, 문서번호: JAW-07300, 『1972.7.4.자 남북공동성명, 1972. 전2권(V.2 기타지역 반응)』, 분류번호: 726.21, 등록번호: 5094, 대한민국외교사료관.

84 최명해, 『중국·북한 동맹관계: 불편한 동거의 역사』(서울: 오름, 2009), pp.279-292; Yafeng Xia & Zhihua Shen, "China's Last Ally: Beijing's Policy toward North Korea during the U.S.-China Rapprochement, 1970-1975," *Diplomatic History*, Vol.38, No.5 (2014), p.1099.

주은래는 김일성에게 중국의 모든 주장은 원래부터 해오던 것으로 반제투쟁과 같은 원칙문제를 가지고 미국과 흥정을 한 것은 아니라고 설명했다. 그리고 '중국은 미국 인민에게 희망을 걸고 있다'고 강조했다.[85] 또한 주은래는 김일성에게 미중데탕트 무드를 주한미군 철수의 기회로 활용할 수 있다고 설득했다.[86] 김일성은 닉슨의 방중이 새로운 문제이므로 주민교육이 필요하다고 말했다. 북한지도부는 주은래 방북 직후 내부 토론을 거쳐 김일 제1부수상이 중국을 방문하여 중국이 미국과 회담할 때 전달해 주기를 요망하는 8개항[87]을 제기했다.

김일은 7월 30일 북경을 방문하여 주은래에게 북한지도부가 토론을 거쳐 중국의 닉슨 초청을 이해하게 되었으며, 중국 공산당과 조선로동당의 신뢰는 여전하다고 말했다. 마침내 북한은 1971년 8월 6일 캄보디아 시하누크 국왕을 환영하는 연설에서 미국의 대중 접근은 '패배자의 행각'이며, 중국 인민의 큰 승리이고, 세계 혁명적 인민의 승리라고 선언했다. 미국이 중국에 '백기'를 들고 접근한 미중데탕트에 대한 환영 의사를 밝힌 것이다. 주은래는 1971년 7월 키신저가 북경을 방문했을 때 주한미군 철수를 언급했다. 키신저는 7월 10일 주은래와의 회담에서 인도차이나 전쟁이 종식되고, 미중관계가 발전되며, 주월 한국군이 복귀하면 닉슨의 다음 임기가 끝나기 전에 대부분의 주한미군이 철수하는 것을 생각해 볼 수 있다고 말했다. 주은래는 1971년 10월 키신저가 북경을 2차 방문했을 때 북

---

85 최명해, 『중국·북한 동맹관계: 불편한 동거의 역사』, p.285.

86 Yafeng Xia & Zhihua Shen, op.cit., p.6.

87 8개항은 ① 남한으로부터 모든 외국군대의 철수, ② 미국의 남한에 대한 핵무기, 미사일, 각종 무기제공 즉시 중단, ③ 미국의 대북 침범 및 각종 정탐, 정찰행위 중지, ④ 한미일 군사공동훈련 중지, 한미연합군 해산, ⑤ 일본 군국주의의 부활 방지 및 남한에서 미군 혹은 외국 군대 대신 일본군을 대체하지 않겠다는 미국의 보증, ⑥ 유엔한국통일부흥위원단(UNCURK) 해체, ⑦ 미국의 남북 직접대화 방해 금지 및 조선인민에 의한 조선문제 해결을 방해 금지, ⑧ 유엔에서 한국문제 토의 시 북한대표의 무조건 참가 및 조건부 초청 취소 등이다.

한의 대미 8개 요구사항을 미국측에 전달했다. 주은래는 키신저에게 중국과 북한의 전략적 입장이 같고, 중국은 8개항을 미국에 전달할 의무가 있으며, 북한의 요구사항을 키신저에게 확실히 전달했음을 분명히 하고자 했다. 키신저는 이에 대해 별무 반응이었다.[88] 10월 22일 주은래 – 키신저 회담에서도 한반도문제가 거론되었는데, 주은래는 한반도의 '인민'들이 주체가 되는 통일을 강조했다. 키신저는 비밀유지를 당부하며 1972년에 주한미군의 상당 비율(substantial percentage)을 감축할 계획이 있음을 시사했다. 또한 주은래가 북한을 국가로 인정할 수 있느냐고 물은데 대해 키신저는 당장은 불가하다고 말했다. 키신저는 중국과 소련이 남한의 실체를 인정해야 미국도 북한의 실체를 인정할 수 있다고 했다.[89] 한편 중국은 1971년 9월 오진우 총참모장을 단장으로 하는 조선인민군 대표단을 맞아 군사장비의 무상지원을 약속하고 북중 간에 '무상군사원조 제공 협정'을 체결하여 미중데탕트 속의 북한의 방기 우려를 불식시키고자 했다.[90]

키신저의 2차 방중 이후 중국지도부는 김일성을 비밀리에 초청했다. 중국지도부가 11월 초 북경을 방문한 김일성에게 구체적으로 무엇을 말했는지 알 수는 없다. 다만 주은래 – 키신저 회담 결과와 북한의 요구사항에 대한 미국측의 반응을 전달했을 것으로 짐작할 수 있다.[91] 중국은 김일성에게 궁극적으로 주한미군을 철수시키려면 남북대화라는 가시적인 긴장완화 조치가 필요하다고 설득

---

88 이종석, 『북한-중국관계: 1945-2000』, p.256.

89 홍석률, 『분단의 히스테리』, pp.135, 158-162 참조.

90 이종석, 앞의 책, p.256; 최명해, 앞의 책, p.288. 남북대화 과정에서 남북한도 미국과 중국도 힘 관계의 변화를 막기 위해 기존의 동맹관계를 약화시키려고 하지 않았다. 그 때문에 남북관계의 진전과 동맹 강화라는 '불편한 결합' 속에 남북관계 발전은 일정한 한계를 가질 수밖에 없었다.

91 교관화 중국 외교부 부상은 1971년 11월 15일 제26차 UN총회 연설에서 중국 정부와 인민은 북한이 제시한 '8개 통일조항'을 확고하게 지지하며 한국문제에 대한 UN의 불법적인 결의 폐기 및 UNCURK 해체를 요구했다. Yafeng Xia & Zhihua Shen, op.cit., p.1096.

했던 것으로 볼 수 있다. 김일성의 방중 직후인 11월 20일 한적의 정홍진과 북적의 김덕현 간의 별도 단독회담은 이런 맥락에서 읽을 수 있다.[92] 닉슨의 방중 약 한 달 전인 1972년 1월 26일 북한의 박성철 내각 제2부수상이 북경을 방문하여 주은래, 이선념 등과 회담했다. 미중회담에서 다루어질 한반도문제에 대한 양측의 입장 조율 차원이었을 것으로 볼 수 있다. 1972년 2월 23일 주은래는 중국을 방문한 닉슨으로부터 주한미군의 궁극적 철수와 일본군의 한반도 진입 방지에 대한 확답을 듣고자 했다. 닉슨은 이에 즉답하지 않고 미중의 동맹국들이 자제하도록 영향력을 행사하는 것이 중요하다고 말했다. 또한 주은래는 닉슨에게 UNCURK(United Nations Commission for the Unification and Rehabilitation, 국제연합한국통일부흥위원회) 해체[93]를 주문했다. 이에 대해 닉슨과 키신저는 미국도 이 문제를 검토하고 있다고 말했다.[94]

닉슨 방중 결과가 1972년 2월 28일 상하이 공동성명으로 발표된 직후인 3월 7-9일 주은래가 평양을 방문하여 중미회담의 경과와 결과를 김일성에게 설명했다. 주은래는 김일성을 만나 닉슨이 일본군이 대만이나 남한에 진입하는 것을 허용하지 않을 것이라고 했음을 알려 주었다.[95] 중국은 북한의 요청을 받아 UNCURK와 UN사령부(이하 UN사) 해체, 주한미군 철수 문제를 제기했다. 이와 같이 미중회담 기간 동안 중국은 회담과정에 대해 북한과 긴밀하게 협의하는 모습을 보여 주었다. 키신저의 북경 방문 직전인 1973년 2월 11일 허담 외교부장이 북

---

92 최명해, 앞의 책, pp.290-292.
93 이에 대한 자세한 논의는 홍석률, 『1970년대 UN에서의 UNCURK 해체 문제』(파주: 경인문화사, 2020) 참조.
94 홍석률, 『분단의 히스테리』, pp.180-181.
95 이종석, 『북한-중국관계: 1945-2000』, pp.257-258.

경을 방문하여 주은래를 만났다. 허담은 주은래에게 키신저와 회담 시 북미 접촉의 가능성을 타진해 달라고 부탁하였다. 주은래가 키신저 방중 기간에 한반도 문제를 거론하자 키신저는 1973년 하반기 UNCURK 해체, 주한미군의 점진적 감축, 그리고 북미 직접접촉에 대한 고려 등을 시사했다.[96] 다만 주은래는 북미 접촉에 대해 키신저에게 그리 큰 비중을 두지 않고 지나가는 얘기로 했을 가능성이 크다. 사실 미군철수 후 그 공백을 일본이 메우지 않을까 우려하고 있었던 중국으로서는 주한미군 철수를 강하게 압박할만한 이유가 없었다. 북한은 이러한 중국의 입장에 대해 실망하고 있었다.[97] 북한이 1973년 2월 시점에서 미중회담을 거치지 않고 직접 미국과 접촉하겠다는 의사를 표명한 것은 중국의 역할에 대한 큰 기대를 접었다는 반증이다. 그런 만큼 중국 역시 북미 담판을 적극 중재할 유인이 없었다고 할 수 있다.[98]

중국이 미국과 데탕트를 추구하는 과정에서 북한에 대해 가장 기대했던 부분은 남북대화를 통한 가시적인 긴장완화라 할 수 있다. 다만 중국은 한반도 통일보다는 현상유지에 관심을 기울이고 있었다. 중국 지도부가 남북 접촉을 통한 한반도 긴장완화를 기대했던 이유는 남북 간 대치 국면의 지속은 소련의 대북 군사지원의 필요성을 증대시켜 북한의 친소화를 가속화시킬 것이고, 이는 궁극적으로 대미 데탕트 추구의 근본적 목적인 소련 위협 억제에 어긋나기 때문이다. 중국으로서는 남북대화를 통한 가시적 긴장완화만이 북한이 소련 쪽으로 기우는 것을 막을 수 있는 길이라고 생각했다.[99] 중국은 미국과의 화해 과정에서 주한미

96 Yafeng Xia & Zhihua Shen, op.cit., p.1102.

97 Yafeng Xia & Zhihua Shen, op.cit., pp.1098-1099.

98 홍석률, 『분단의 히스테리』, pp.351-353.

99 오진용, 『김일성 시대의 중소와 남북한』(서울: 나남, 2004), pp.178-179; 최명해, 앞의 책, pp.303-308.

군 철수라는 북한의 요구를 미국에 전달했다. 그리고 일본 군사력의 남한 진출 가능성에 대한 우려를 표했다. 그러나 이는 주한미군이나 일본 군사력 자체에 대한 우려에서 나온 입장이라기보다는 북한의 요구사항 전달에 그 방점이 있었다. 사실 당시 중국은 주한미군의 즉각적 철수보다는 남북화해에 더욱 많은 관심을 집중시키고 있었다.[100] 중국은 기본적으로 주한미군 철수문제를 북미 간의 사안으로만 보지 않았다. 중국은 한반도 상황의 급격한 정세 변동이 수반될 수 있는 주한미군의 철수와 같은 문제에 자국이 배제될 수 없다는 입장이었다. 중국이 주한미군 철수 문제에 대해 이와 같은 기본 입장을 견지하고 있었기 때문에 미국과 화해하고 있는 중국을 통해 주한미군을 철수시키고자 했던 북한의 기대는 충족되기 어려웠다. 북한의 남북대화 중단 선언과 북미평화협정 체결 제안은 그와 같은 기대가 난망이며 중국의 속내와 입장을 파악했다는 의미이다.

4) 기타 제3국

소련은 중국과는 달리 남북한 비밀접촉에 대해 북한으로부터 별다른 설명을 듣지 못했다. 김일성은 1972년 4월 9일 주북한 소련대사 수다리코프(N.G. Sudarikov)에게 처음으로 남북 간에 막후에서 모종의 일이 진행되고 있음을 알렸지만 한 달 전에 개설된 이후락과의 비밀채널에 대해서는 일언반구도 하지 않았다. 그 후 김일성은 6월에 수다리코프 대사에게 구체적인 설명 없이 남측과 비밀접촉을 하고 있다고 언급했다. 그리고 마침내 6월 23일 소련 부수상과의 대화에서 이후락에게 비밀리에 제시한 자신의 통일원칙을 설명하고, 박정희가 비록 아직은 공개적으로 말하지는 않았지만 자신의 통일원칙을 수락했다고 말했다. 그

---

100 최명해, 위의 책, p.299.

리고 7월 3일에 가서야 북한은 평양 주재 소련과 동구권 대사들에게 남북 간에 비밀접촉이 진행되어 왔음을 공식적으로 확인했다.[101]

앞서 언급했듯이 미중회담 기간 동안 중국은 회담과정에 대해 북한과 긴밀하게 협의하고 북한의 요구사항을 미국에게 전달하는 모습을 보여주었다. 1972년 2월의 닉슨의 방중 후에도 3월 주은래가 평양으로 가서 닉슨과의 회담 결과를 김일성에게 설명하였다. 그러나 거기까지였다. 중국의 기본 관심은 주한미군 철수와 한반도 통일에 있지 않았다. 앞서 본 것처럼 중국은 주한미군 철수 등 북한의 요구사항을 미국에게 그리 성의 있게 피력하고 전달하지 않았다. 중국에 대한 김일성의 애초의 기대가 점차 실망으로 바뀌었다. 1972년 4월 김일성은 소련대사와의 대화에서 북소 친선을 강조했다. 김일성은 조선혁명이 소련혁명에 빚지고 있고, 김일성 자신이 항시 레닌의 가르침에 영감을 받고 있으며, 조선인민들이 오직 소련군의 도움으로서 해방을 성취할 수 있었다고 강조했다. 김일성은 북소 관계를 '계급적 동지'로 묘사하며 북소 친선은 영원히 지속될 것이라고 다짐했다. 물론 이는 김일성이 중국측에게 '소련은 북한의 이익을 배반했다'고 주장해오던 것과는 전혀 상반되는 수사였다. 김일성의 소련과의 친선 강조는 1972년 5월로 예정된 모스크바에서의 닉슨-브레즈네프 정상회담을 염두에 둔 것이었다.

김일성은 4월초 브레즈네프와의 회담을 위해 박성철 부수상을 모스크바에 파견하여 미소정상회담의 의제에 한반도문제를 북한에게 유리한 방향으로 포함시키기 위해 분투했다. 김일성이 평양에서 북소 간의 영원한 친선을 강조한 바로그 날에 말이다. 박성철은 브레즈네프가 미소정상회담에 거는 북한의 기대가 무엇인지를 바로 알아차리는 것을 목도할 수 있었다. 구체적인 대화의 내용은 알

---

101 Sergey Radchenko & Bernd Schaefer, *op.cit.,* pp.7-8.

수 없지만 김일성이 그 시점에 다른 소련 관리들과 나눈 대화에서 그 자신의 입장을 분명히 드러내었다. 김일성이 가장 강조하고자 한 것은 북은 남측과 전쟁하려고 하지 않는다는 것이었다. 김일성은 수다리코프 대사에게 북의 정책 방향은 평화적 방법으로 조국을 통일하는 것이며 결코 남측을 공격할 의도를 가지고 있지 않다고 했다. 박정희가 우리의 군사적 의도에 대해서 헛소문을 유포하고 있지만 모두 거짓이라고 했다. 북이 전쟁을 하거나 남측을 공격할 의도가 없음에도 불구하고 대규모 군대가 필요한 이유는 남측이 전쟁을 신중하게 생각하도록 하기 위해서라고 했다.[102]

그렇다면 브레즈네프를 통해 미국에 접근하려는 김일성의 노력은 성과를 거두었는가? 6월 23일 소련 부수상 노비코프(Ignatii Novikov)는 김일성과의 대화에서 모스크바를 방문한 박성철의 설명은 브레즈네프 수상이 북한의 입장을 깊이 이해하고 닉슨에게 매우 확고하게 문제를 제기하는 데 도움이 되었다고 확인해 주었다. 노비코프에 따르면, 브레즈네프가 주한미군 철수를 요구하고 미국이 조선인들의 내부 문제에 개입하지 않도록 요청했다는 것이다. 김일성은 브레즈네프의 지지에 기뻐하며 이는 북소 공동의 적에 대해 '한방 먹인 것'이고 모스크바 정상회담은 전 사회주의국가들의 승리라고 치켜세웠다. 그러나 김일성이 소련측에게 이를 공식적으로 밝혀 줄 것을 요청했을 때 소련은 난색을 표했다. 중국과 등을 질 이유는 없었던 것이다. 여하간 미소정상회담에서도 한반도문제는 거의 논의되지 않았다는 사실이다. 단지 5월 29일 지나가는 얘기로 한번 언급했을 뿐이다. 브레즈네프는 김일성이 자신에게 북한은 평화통일을 원하며 미국과 좋은 관계를 가질 준비가 되어 있고, 소련 자신도 걱정하는 주한미군의 문제가 있다고

---

102 Sergey Radchenko & Bernd Schaefer, *op.cit.,* pp.7-8.

말했다. 요컨대 브레즈네프는 닉슨에게 한반도문제에 대해 어떤 조치를 취하라고 전혀 압박하는 투로 말하지 않았다. 말하자면 중국이나 소련이나 자신들의 이익과 관심에 집중했을 뿐 한반도문제 해결에 진정성을 보이지 않았고, 또 그럴 이유도 없었다.[103]

중국과는 달리 중화민국정부는 7.4공동성명에 합의한 북한의 의도에 대해 부정적인 견해를 피력했다. 즉 북한이 취하고 있는 평화회담의 수단과 목적은 군사적 침략으로 달성하지 못한 것을 다른 방식으로 해결하려는 것으로 볼 수 있으며, 중화민국의 경험으로 보아 공산당은 신의가 전혀 없다고 일갈했다. 공산당이 내세우고 있는 소위 담판이란 하나의 책략상의 운용으로서 정부 전복을 달성하는 데 그 목적이 있는바, 자유국가들은 공산당의 이와 같은 음모에 대하여 경각심을 높혀야 한다고 논평했다.[104] 또한 중화민국측은 한국이 남북한 비밀접촉을 일본에게는 4월 하순에 알린 반면, 남북관계 진전이 중화민국에 미칠 수 있는 영향이나 양국 간의 전통적 관계에 비추어 직접이든 간접이든 사전에 알려주지 않은 데 대한 섭섭함을 드러내었다. 중화민국 지도층 인사들은 남북한 비밀접촉에 대하여 놀라움을 나타내며 남북대화의 향후 진행에 관하여 우려를 표명하며 북한과 협상함에 있어서 비상한 경각심을 가져야 한다고 강조했다.[105]

남베트남의 수상 등 정부 고위인사들은 7.4공동성명은 중요한 뉴스이며 한국

---

103 Sergey Radchenko & Bernd Schaefer, *op.cit.,* p.8.
104 "주중대사가 외무부장관에게 보낸 전문," 1972.07.05, 문서번호: CHW-0724, 『1972.7.4.자 남북공동성명, 1972. 전2권(V.2 기타지역 반응)』, 분류번호: 726.21, 등록번호: 5094, 대한민국외교사료관.
105 "주중대사가 외무부장관에게 보낸 전문," 1972.07.05, 문서번호: CHW-0724, 『1972.7.4.자 남북공동성명, 1972. 전2권(V.2 기타지역 반응)』, 분류번호: 726.21, 등록번호: 5094, 대한민국외교사료관.

을 위하여 매우 다행한 일이고 박 대통령의 지도력에 의하여 이루어진 것이고 성공할 것으로 믿는다면서 환영했다. 7.4공동성명은 월남을 위해서도 좋은 교훈이 되기를 바라고 월남에서도 한국과 같은 일이 있기를 바라지만 휴전 후 20년 만에 7.4공동성명이 가능했던 만큼 전쟁 중인 월남에서는 향후 10-20년 내 그와 같은 일을 기대하기는 어려울 것 같다고 했다.[106] 한 미국 관리는 북베트남의 경우 닉슨 대통령의 중국 및 소련 방문 시 중소에 큰 불만을 나타내었던 것과 마찬가지로 7.4공동성명에 응한 북한의 처사에 대해 매우 못마땅해 할 것이라고 논평했다. 그리고 북베트남에 대한 지지와 의용군 파견 용의까지 밝히던 북한이 아직도 4만의 군대를 주둔시키며 남베트남을 돕고 있는 남한과 정치적으로 화해한다는 것은 북베트남으로서는 상상하기 어려운 일일 것이라고 덧붙였다.[107] 북베트남의 시각에서는 미중데탕트에 치중하는 중국은 혁명적 유대를 기할 수 있는 긴밀한 우방과는 상당한 거리가 있었다. 북베트남은 닉슨의 중국 방문 직전까지 미중데탕트에 관한 사실을 보도조차 하지 않았다. 또한 남베트남은 한반도의 예를 따라 북베트남에게 평화적으로 전쟁을 종식하기 위한 협상을 진행할 것을 촉구했으나 북베트남측은 우방인 북한이 남한과 대화하는 자체를 보도하지 않았다.

---

[106] "주월대사가 외무부장관에게 보낸 전문," 1972.07.05, 문서번호: VNW-0719, 『1972.7.4.자 남북공동성명, 1972. 전2권(V.2 기타지역 반응)』, 분류번호: 726.21, 등록번호: 5094, 대한민국외교사료관.

[107] "주미대사가 외무부장관에게 보낸 전문," 1972.07.05, 문서번호: USW-07054, 『1972.7.4.자 남북공동성명, 1972. 전2권(V.1 기본문서 및 미주지역 반응)』, 분류번호: 726.21, 등록번호: 5093, 대한민국외교사료관.

4. 중요 쟁점과 협상의 주체

1) 쟁점과 입장

(1) 인도주의 대 정치문제

적십자회담에 임하는 데서부터 남북은 처음부터 기본 입장과 방법상의 현격한 차이를 드러냈다. 한적측은 회담의 목적을 인도적 차원에서 이산가족을 찾아주고 재결합시키는데 두고자 했다. 이에 대해 북적측은 적십자회담을 정치회담화하고 정치선전장으로 이용하려고 했다. 북적이 남북으로 흩어져 있는 가족과 친척, 친우의 자유로운 왕래와 상호 방문을 실현하는 문제를 제기하여 한적과 북적 쌍방은 친척, 친우 문제를 의제에 포함시키느냐를 두고, 1971년 9월 20일 제1차 예비회담 개막 이후 근 1년 동안 '의제전투'로 공방을 벌이다가 양측이 '친우'는 빼되 '친척'을 포함시키는 것으로 절충했다.

본회의 대표단과 자문위원의 구성 문제에 대해서도 북적은 북의 최고인민회의와 정당·사회단체 대표들을, 남에서는 이에 상응하는 국가기관과 정당·사회단체의 대표들로 구성되는 자문위원단을 대표단에 포함시켜 수행케 하자고 제의했다. 이에 대해 한적 측은 각기 '자기 측의 필요에 따라' 자문위원을 선정하고 자문에 응하게 하자는 선으로 절충했다. 제1차 남북적십자 제1차 본회담(1972.8.29.–9.2)에서도 한적은 적십자회담을 탈정치화하고 인도주의 문제만을 다루려는 데 반하여 북적은 회담을 정치화하려는 의도를 드러냈다. 제5차 본회담(평양, 1973.3.21.–23)에서도 북적은 남한에서의 '법률적·사회적 환경 조건의 개선' 문제를 제기했다. 한적측은 북한에도 사회주의, 공산주의적 법률과 사회적 조건들이 존재하고 있음에도 불구하고 한적측이 굳이 그것을 거론하지 않는 이유는 그런 논의가 적십자 사업에 위배된다는 논리로 반박했다.

(2) 통일 3원칙 해석 문제

7.4공동성명 제1항에 규정된 자주, 평화, 민족대단결이라는 통일 3원칙에 대한 남북 간의 해석상의 근본적 차이는 공동성명 발표 직후부터 노정되었다. 북측은 오래 전부터 남측은 '자주'를 위해 최우선적으로 전 미군을 철수시킬 것, UN과의 관계를 청산할 것, 일본과의 국교를 단절할 것, '평화'를 위해서는 국방력 강화와 군사연습 금지, '민족대단결'을 위해서는 대내적으로 반공법과 국가보안법을 폐기하여 공산주의 정당의 활동을 합법화할 것을 요구해 왔다. 남측이 7.4공동성명 합의 과정에서 위 세 용어가 갖는 의미를 남북 교섭과정에서 철저히 따져보지 않고 합의를 위해 소홀히 한 면이 있었다. 북한은 공동성명 발표 직후부터 제1항의 통일원칙을 강조하면서 주한미군 철수^(자주), 국군의 전력 증강 중지^(평화), 반공정책의 포기^(민족대단결)를 요구했다. 이에 대해 남한은 남북 간의 긴장상태의 완화, 신뢰의 분위기 조성, 상대방에 대한 중상·비방의 중지, 불의의 군사적 충돌 방지, 다방면적인 교류 등을 약속한 제2항에 의거하여 긴장완화와 군사적 위기상황의 우선적 해소를 강조했다.

7.4공동성명은 남북 간의 최초의 통일합의문서이지만 이에 대한 쌍방 간의 인식은 물론 실행 방법에 있어서도 곧 근본적인 차이를 보였다. 남한은 통일을 비교적 장기적인 목표로 설정하고 이에 도달하기 위한 선행조건들의 구비에 중점을 두고 있었다. 따라서 단계적인 선이후난(先易後難)의 방식으로 시간을 두고 단계적으로 해결해 나간다는 기능주의적 접근방법에 입각해 있었다. 또한 그렇게 하는 것이 평화통일을 촉진하는 첩경이라는 입장을 갖고 있었다. 반면 북한은 통일을 당장 우선 목표로 설정하고 모든 문제들을 신속하게 일괄적으로 해결한다는 입장을 고수했다. 북한은 남한에서 우선 미군을 철수시키는 것을 통일의 절대적 명제로 강조하고 주한미군 철수가 실현되면 통일의 최대 장애 요소가 제거

된다고 주장했다. 그러나 남한은 UN을 외세로 생각하지 않으며, UN 안전보장이 사회(이하 안보리)의 결의에 따라 UN군의 일부로서 남한에 주둔하고 있는 미군을 '제국주의 침략군'으로 규정하는 북한의 주장을 반박했다.

(3) 군사·정치 문제 우선 해결 대 비정치적 교류·협력 우선

남한은 이념과 제도의 차이로 인한 마찰요인이 비교적 적은 비정치·비군사 분야에서부터 협력과 교류를 시작하여 실적을 축적시켜 나감으로써 신뢰와 이해를 증진시키고, 그것을 기초로 정치·군사 분야의 협력과 교류로 옮겨가자는 단계적 접근 방식을 견지했다. 그러나 북한은 남한측의 접근을 일축했다. 북한은 남북이 현재 인도적 문제를 해결하기 위하여 적십자회담을 하고 통일문제를 해결하기 위하여 남북조절위원회를 열고 있는 조건에서 경제, 문화, 정치, 군사, 외교 등 모든 분야에서 '합작'을 실현하는 것을 늦춰야 할 근거는 아무것도 없다고 하면서[108] 정치, 군사, 외교, 경제, 문화 5개 분야의 동시 일괄 합작을 주장했다.

남북조절위원회 제2차 회의(평양, 1973.3.15.)에서 박성철 공동위원장은 남북 간의 긴장상태를 완화하고 군사적 대치상태를 해소하는 것이 남북 쌍방이 당면한 제1차적인 절실하고 중요한 문제라고 주장하면서 대치상태 해소를 위한 구체적 대책을 다음과 같이 5개항으로 묶어 제안했다.

1) 무력증강과 군비경쟁을 그만둘 것
2) 북과 남의 군대를 10만 또는 그 이하로 줄이며 군비를 대폭 축소할 것
3) 외국으로부터 일체의 무기와 작전장비 및 군수물자의 반입을 중지할 것
4) 우리나라에서 미국을 포함하는 일체의 군대를 철거시킬 것

---

108 『로동신문』 1972년 12월 5일.

5) 이상의 문제를 해결하며 북과 남 사이에 서로 무력행사를 하지 않을 것을 보장
하는 평화협정을 체결할 것, 이와 함께 남북 간의 군사적 대치상태를 풀기 위하
여 쌍방의 군총참모장을 비롯한 군사인원을 조절위원회에 망라시키든지 군사
분과위원회를 만들든지 하여 이상의 문제들에 대한 집행대책을 협의할 것

박성철의 이상 5개항 군사문제의 공개는 회의에서 논의된 사항 가운데 합의
를 보지 못한 사항은 공개하지 않기로 한 관례를 깬 것이었다. 협상과 선전을 병
행하는 북한의 전형적인 행태를 드러낸 것이다. 북한이 군사문제의 우선 해결을
주장하고 나온 데 대해 이후락 공동위원장은 3월 16일의 기자회견을 통해 이를
거부했다. 이후락은 군사력의 감축을 원칙적으로는 반대하지 않지만 당장 군대
를 줄일 만큼 남북관계가 개선되지 않았다고 지적했다.

남북조절위원회 제3차 회의(서울, 1973.6.12.-13)에서도 박성철은 ① 5개항의 군
사문제를 우선적으로 토의할 것, ② 남북조절위원회 사업은 그대로 추진하면서
이와는 별도로 남북 정당·사회 단체와 각계각층의 인사들이 참가하는 정치협상
회의를 시급한 시일 내에 소집할 것, ③ 남북조절위원회 안에 정치, 군사, 외교,
경제, 문화 등 각 분야의 분과 위원회를 일괄하여 설치할 것을 다시 요구하였다.
이에 대해 남측은 군사·정치 문제도 시급하지만, 먼저 국민대중의 생활에 가장
큰 관계가 있는 분야의 교류부터 먼저 실시하자는 종전의 입장을 재강조하면서
군사·정치 문제의 우선 토의를 거부했다. 북측이 제안한 평화협정에 대해서 남
측은 그 근본적 취지는 부정하지 않지만, 평화협정을 체결하면 다시는 전쟁이 없
을 것이라는 남북 간의 신뢰가 조성되었을 때 평화협정이 이루어지는 것이다. 지
금 이미 합의한 사소한 문제도 이행되지 않고 있는 판국에 국민의 사활에 직결되
는 평화협정을 그처럼 간단하게 체결할 수는 없다고 거부했다.

제3차 회의에서 남측은 남북 사회의 상호 '완전개방'을 제의하면서 파격적인

방안을 내놓았다. 즉 남북조절위원회의 경제분과위원회를 조속히 발족시켜 남북 간의 ① 경제인 교류, ② 물자 교류, ③ 과학기술 교류, ④ 자원 공동개발, ⑤ 상품전시회의 교환 개최, ⑥ 상사의 교환 상주 등을 실천에 옮길 것을 제안했다. 또한 사회·문화분과위원회를 조속히 발족시켜 남북 간에 ① 학술·문화 분야 교류, ② 체육 분야 교류와 국제경기 단일팀 구성, ③ 영화·무대예술 교류, ④ 고고학과 민족사의 공동연구와 개발, ⑤ 고유언어 보존을 위한 연구, ⑥ 각종 사회인사와 단체의 교류, ⑦ 기자의 교류와 상주, ⑧ 서신·전화·전보 등 통신의 교류, ⑨ 관광 분야의 교류 등을 실천에 옮기자는 등이었다. 이후락의 이러한 제안은 박성철이 남한의 방위체제 해체를 노린 5개항의 군사 문제 제안에 대항하기 위한 일종의 '경제평화공세'였다. 이후락은 이 시점에서 남북조절위원회를 진전시키는 것이 사실상 불가능하다고 판단하고 이상과 같은 남북 간의 완전한 문호개방이라는 공세적 제의를 했던 것이다.

(4) 정상회담의 필요성

북한은 정홍진이 1972년 3월 북한을 비밀 방문하여 이후락 – 김영주 회담을 논의할 때부터 김일성과 박정희 간의 정상회담에 대한 기대를 드러냈다. 그리고 이후락 부장이 5월 북한을 비밀 방문하여 김영주와 회담할 때 김영주는 정상회담을 뜻하는 '수뇌자회담'을 제의했다. 김영주는 자신과 이후락 간의 고위급회담이 궁극적으로 김일성 – 박정희 간의 최고위급회담으로 이어져 정치적 문제의 타결을 선행해야 한다는 입장을 표명했다. 김영주의 정상회담 제안에 대해 이후락은 방법론과 시기 문제가 다르다는 입장을 보였다. 통일이 궁극적으로 이루어질 때 정상회담이 필요하며 지금은 적절한 시기가 아니라는 것이다. 5월 4일 오후 김일성과 이후락의 2차 회담 시 김일성은 박정희와 협의할 용의가 있다고 밝힘으로써 정상회담에 대한 기대를 보였다. 5월 말 박성철 일행이 서울을 방문하여 이후락과 회담할 때에도 박성철은 수뇌자회담을 제안했다.

이에 대해 이후락은 수뇌자회담 자체에는 원칙적으로 이견이 없지만 시기와 여건을 고려해야 한다고 선을 그었다. 박성철은 5월 31일 청와대를 방문한 자리에서도 수뇌자회담의 필요성을 다시 한번 강조했다. 박정희는 정상회담에 대해서는 분위기가 조성되고 여건이 성숙되면 김 수상과 만나 툭 털어 놓고 이야기할 것이라며 지금은 아직 그런 여건이 아니라고 말했다. 북한의 집요한 수뇌자회담 요구에 대해서 박정희와 이후락은 시기상조라고 했다. 11월 30일 남북조절위원회 제1차 회의에서도 북측은 최고위급회담을 조속히 마련해야 한다고 주장했다. 김일성-박정희 간에 최고위급회담이 열리면 조절위원회 사업도 빨라지고 통일 문제 해결의 첩경이 된다는 것이다. 이후락은 정상회담에 대해서 원칙적으로는 동의하였지만 시기상조라는 이유로 유보하였다. 박 대통령이 훈령한 단계적 접근 방침이 있었기 때문이다. 1972년 11월, 이후락은 하비브 대사에게 남북정상회담이 가까운 시일 내에 개최되기는 어렵고 5-10년 후 국제적 상황의 호전, 한국 경제의 충분한 성장, 그리고 국제사회에서의 북한 승인 상황 도래의 경우에는 가능할 것이라고 말했다.[109] 말하자면 남한의 국력이 우세해지고 대외환경이 유리하게 될 때 정상회담 개최를 고려할 수 있다는 것이 남측의 입장이었다.

(5) 남북공동성명의 발표 여부

1972년 5월 이후락-박성철 회담에서 가장 큰 논란이 된 사안은 남북대화의 공표 문제였다. 남북은 공개 원칙에 대해서는 동의했으나 남측은 구체적으로 시

---

109 Telegram from Embassy Seoul to Secretary of State, November 22, 1972, Pol Kor N-Kor S, Subject-Numeric Files, RG 59, National Archives.

기를 정하기 어렵다는 입장인 반면 북측은 하루빨리 발표하자고 했다. 특히 박성철은 '인민에게 알리지 않고 어떻게 교양을 한다는 것인가', '군은 직통전화 소통도 모르고 있다', '알리지 않으면 언제 충돌사태가 일어날지 모른다' 하면서 공표를 적극적으로 주장했다.

이후락은 '어느 정도 정지작업이 필요하다', '북에서는 김일성 수상의 한 마디로 인민이 따라가지만 우리는 그렇지 않다', '지금 알리면 현 정부가 북에 속고 있다 하여 군부가 궐기할 것이다'라고 하면서 남한 내부의 상황을 고려하여 조치할 사항이라고 했다. 결국 북측은 일단 남측의 사정을 수긍했다. 박성철은 청와대를 방문한 자리에서도 남북공동성명 발표를 요구했다. 박정희는 남한은 '개방사회'이며 '여론사회'라고 하면서 아직도 반대하는 사람이 있기 때문에 먼저 여건이 조성되어야 발표도 가능하다고 했다.

박정희 정권 내부에서도 공동성명 발표 여부를 둘러싸고 논란이 있었다고 할 수 있다. 사실 이후락 부장은 평양 비밀 방문 준비를 하면서 72년 4월 24일 박 대통령에게 특수출장인허원(特殊出張認許願)을 제출했는데, 거기에는 이후락 자신과 김영주 부장이 공동성명을 발표하는 것이 하나의 안으로 포함되어 있었다. 그러나 박 대통령은 공동성명 발표안에 대해서 반대했다. 1972년 6월 이후락은 하비브 대사를 만나 북이 공동성명 발표를 제안했으나 박 대통령이 이를 거부했다고 밝혔다. 거부한 이유는 미국, 일본 등 제3국이 한반도에서 군사적 긴장이 끝났다고 오판할 수 있으며, 국내 여론이 공동성명을 수용할 수 있는 준비가 필요하기 때문이라고 했다. 그러자 하비브는 공동성명을 가능한 조속히 발표하는 것이 더 나을 것이라고 조언했다. 왜냐하면 남북 상호 비밀방문은 이미 서울 외교가에서는 더 이상 비밀이 아니며, 이후락의 평양 비밀방문 정보는 이미 남한 내에서 유출되어 조만간 다 알게 되는 것은 시간문제이므로 발표를 미루는 것은 의미가

없다는 것이다.[110]

이후 이후락은 박 대통령과 상의하여 남북 간 비밀회담을 공표하기로 방침을 정했다. 북한은 물론이고 미국도 발표를 원하는 상황에서 공표를 계속 미룰 수는 없었던 것으로 보인다. 남한은 논란 끝에 6월 하순 공동성명을 발표하는 방향으로 가닥을 잡았다. 공동성명 발표 직후 이후락은 서울을 방문한 그린 차관보에게 남북대화 공개에 대해 국내의 반대의견도 있었지만 남북이 상호간 무력 불사용에 합의한 점을 대화 초기에 공개하는 것으로 결정했다고 말했다.[111] 72년 6월 21일 정홍진은 북의 김덕현을 판문점에서 만나 이후락 부장이 친필로 작성한 남북 공동성명 초안을 북에 전달하며 검토해 보라고 했다. 정홍진은 공동성명에 대해 남측 수뇌부에서 강한 반대가 있어 자신과 이후락 부장이 어려운 처지가 되었다고 했다. 이후락이 작성한 초안은 이후락과 박성철이 상호 방문과정에서 이미 교환한 바 있는 남북의 주장과 입장이 절충된 것이었다. 당초 이후락은 자신이 공동문안 확정과 공식 서명을 위해 7월 초 평양을 방문하려고 했으나 6월 28일 박 대통령이 불가 방침을 내려 서울과 평양에서 동시 발표하게 되었다.

(6) UN가입의 형식

1972년 11월 2-4일 열린 남북조절위원회 제2차 공동위원장회의에서 김일성은 내각청사를 방문한 이후락 일행과의 대화에서 군사·정치문제의 중요성과 우선성을 강조하면서 군비축소와 연방제 실시 후 단일 호칭으로 UN에 가입하는

---

110 "Telegram from the Embassy in Korea to the Department of State," June 13, 1972, *FRUS 1969-1972(Part 1 Korea, 1969-1972)*, Vol.XIX.

111 Telegram from Embassy Seoul to Secretary of State, "Assistant Secretary Green's Conversation with ROK CIA Director Yi Hu Rak," July 6, 1972, Pol Kor N-Kor S, Subject-Numeric Files, RG 59, National Archives.

것을 고려해야 한다는 취지로 말했다. 김일성은 분단국으로 UN에 가입하는 것은 절대 반대하며 설사 남한이 단독 가입하려고 해도 공산권 국가들이 거부권을 행사할 것이므로 불가능하다고 강조했다. 이어 김일성은 남과 북의 현 제도를 그대로 두고 대외적으로 '고려연방공화국'이라는 호칭을 사용하는 것을 연구해 보자고 제안했다. 원래 이 구상은 박 대통령과 만나서 제의하려고 했었는데 시간이 자꾸 흐르고 해서 이 자리에서 얘기하는 것이라고 설명했다. 이에 대해 이후락은 연방제도 다각도로 연구해 볼 문제지만 쉬운 문제는 아니라고 답했다.[112] 이후락은 1973년 1월 하비브 대사 등 미국 관리들과 회동한 자리에서 남북대화의 목표는 전쟁 방지와 평화공존의 기반 위에서 안정을 유지하는 것이며, UN 동시가입을 희망하고 있다고 밝혔다.[113]

이후락 부장은 미국 관리들에게 한국의 남북대화 목적은 주한미군 주둔의 기반 위에서 남북한의 평화공존을 이루는 것이며, 남북한 평화공존을 통해 남북의 UN가입에 이르게 될 것으로 기대하고 있다고 말했다.[114] 그러나 이후락은 73년 6월 초 하비브 대사가 북한이 '두 개의 한국'을 수용할 것이라고 보느냐고 묻자 그럴 가능성이 없을 것으로 본다고 했다.[115] 외무부는 6.23선언 직전인 1973년 초까지도 남북 UN 동시가입이 남북분단을 항구화시킬 수 있다고 반대하는 입장이었

---

112 국토통일원, 『남북대화 사료집』 제7권, pp.406-407.

113 Telegram from Embassy Seoul to Secretary of State, "Yi Hu-rak's Views on South-North Dialogue," January 30, 1973, Pol 32-4 Kor/UN, Subject-Numeric Files, RG 59, National Archives. .

114 Telegram from Seoul, "Yi Hu-Rak's View on South-North Dialogue," January 30, 1973, Pol 32-4 Kor/UN, Subject-Numeric Files, RG 59, National Archives.

115 Telegram from Embassy Seoul to Secretary of State, "Yi Hu Rak's Comments on South -North Coordinating Committee," June 5, 1973, Pol 32-4Kor/UN, Subject-Numeric Files, RG 59, National Archives.

다. 그러나 1971년 10월 중국이 UN에 가입함으로써 대한민국의 유일대표권 관철이 어려워졌고, 남북대화를 이유로 71년과 72년에 UN에서의 한반도문제 논의가 연기되었지만 1973년 가을로 예정된 제28차 UN총회에서는 재차 연기가 어렵다는 것이 중론이었다. 한반도문제가 토의될 경우 남북한 대표의 동시 출석안을 저지하는 것도 불투명했다. 이에 한국 정부는 남북 UN 동시가입을 전격적으로 제안하면서 북한의 외교공세에 대응하고자 했다. 한국 정부가 UN 동시가입 정책을 밝힌 이상 북한의 UN기구 참여나 북한 대표의 UN초청도 더 이상 쟁점이 되지 않기 때문이다.[116] 남한은 1973년 6.23선언을 통해 북한이 한국과 함께 UN에 가입하는 것을 반대하지 않는다는 입장을 표명했다. 남북한 UN 동시가입을 제의함으로써 북한을 정치적 실체로 인정했다. 같은 날 김일성은 '조국통일5대강령' 발표를 통해 '두 개의 조선' 구상에 반대한다면서 UN에 가입하려면 먼저 연방을 만들어 단일국가로 가입해야 한다고 역설했다. 즉, 단일한 '고려연방공화국' 국호에 의한 UN가입을 주장했다.

(7) 남북조절위원회 구성과 기능

1972년 5월 말 박성철 부수상 일행이 서울을 방문하여 이후락과 회담하면서 조절위원회 구성에 관해 논의하였다. 김영주와 이후락을 위원장으로 하고 각각 3-5명의 위원으로 조절위원회를 구성하자는 안에 남북이 합의했다. 다만 남측은 조절위원회는 남북문제 개선과 해결을 위한 산파적인 역할을 하는 것이지 공식적 역할까지는 할 수 없다는 입장이었다. 그러자 박성철은 집요한 문제 제기 끝에 이후락으로부터 김영주 부장과 합의 본 내용은 비록 공식적 합의는 아니고

---

116 홍석률, 『분단의 히스테리』, pp.330-331.

산파역에 불과하더라도 거의 공식화될 것이 분명하다는 답변을 끌어내었다. 72년 7월 16일부터 시작된 조절위원회 구성을 위한 실무자 접촉은 10월 4일 제3차 실무접촉 때까지 김영주 참석문제로 난항을 겪었다. 남측의 입장은 첫 회의에는 반드시 서명 당사자가 나와야 한다는 것이었다. 북측은 와병중인 김영주 참석이 불가하다고 토로했다. 남측이 김영주 참석을 고집한 것은 왜 김영주는 서울에 오지 않고 이후락은 김영주의 대리인 박성철만을 상대하느냐는 비판과 여론을 의식했기 때문이다.

김일성은 이후락 방북 시 김영주가 사업에서 2-3년 손을 떼었는데 남측에서 김영주 조직부장을 지명했기 때문에 거절되면 남북접촉이 단절되니까 일단 김영주와 연결을 가진 다음 박성철을 만나게 한 것이라고 설명했다. 이렇게 볼 때 김영주는 와병이었든 사업 일선에서 물러나 있었든 대화의 전면에 나서기 어려웠던 것으로 보인다.[117] 조절위원회 구성을 위한 제2차 실무자접촉 시, 김덕현은 남측에서 김영주의 대리인과 회담이 불편하다면 남측 역시 이후락의 대리인을 보내 박성철과 회담해도 무방하다고 했다. 결국 남측은 김영주의 신병관계로 박성철이 대신 참가한다는 사실을 발표해달라고 요청함으로써 대리 참가 문제를 일단락 짓고자 했다. 10월 4일 열린 제3차 실무자접촉에서 북측은 조절위원회 구성에 적극적인 태도를 보였다. 남측은 공동위원장이 신임하는 사람들로 위원을 구성하되 장관 등의 직책을 명시하지 말자는 의견을 제시하였다.

남북조절위원회 구성을 위한 양측 제1차 공동위원장회의는 72년 10월 12일 판문점에서 열렸다. 여기에서 남북조절위원회 구성에 관한 남과 북의 입장 차이가

---

117 이후락이 김영주를 자신의 대화 상대역으로 지명한 이유는 당시 중앙정보부가 김일성의 동생이자 조선로동당 조직지도부장인 김영주를 북한체제의 제2인자임은 물론 김일성의 잠재적 후계자로 오판했기 때문이었다.

뚜렷하게 드러났다. 북측은 공식적으로 장관급과 군부 등이 직접 나와서 논의하자는 입장인 반면 남측은 '속도조절론'의 차원에서 대응하였다. 즉, 공식적인 관계를 추구하기는 하지만 아직 각료급 회담에 대해서는 시기상조라는 입장이었다. 결국 조절위원회 구성 문제는 남과 북의 인식과 접근의 차이로 볼 수 있다. 북측은 민족 내부관계인 만큼 정부 고위급(장관급)으로 바로 시작하여 전면적 정치협상으로 조속히 나아가자는 입장이었다. 반면, 남측은 각계의 전문가로 구성하여 시작하다가 점차 고위급으로 가자는 단계론에 입각해 있었다.

또한 남북은 회의의 장소 문제를 두고도 이견을 보였다. 북측은 2차 회의는 평양에서, 3차 회의는 서울에서 개최하기를 원했다. 그러나 남측은 2, 3차까지는 판문점에서 하고 이후 서울과 평양에서 하자고 제안하였다. 북측은 판문점은 미국과 밤낮 싸우는 장소로 알려져 있어 남북이 만나는 장소로는 부적절하고 인민들 앞에서 평양과 서울을 오가며 개최하는 게 좋다는 입장이었다. 반면 남측은 아직 김영주 부장이 서울에 오지 않았으니 판문점에서 하다가 김부장이 서울에 와야 하니 서울, 평양에서 순차로 하자는 의견이었다. 결국 남북조절위원회 제2차 공동위원장회의는 당초 합의보다 늦은 1972년 11월 2일 평양에서 개최되었다. 제2차 회의를 준비하기 위한 네 차례의 판문점 실무자접촉에서 제1차 공동위원장회의에서 합의하지 못한 장소 문제를 남측의 전격 양보로 합의하였던 것이다. 즉, 2차 회의를 평양에서, 3차 회의를 서울에서 하기로 한 것이다.[118]

남북조절위원회의 구성 및 운영에 대해서 1972년 8월 10일 북측이 제안한 초안에 대해 남측이 8월 24일 수정안을 제출했고, 이에 대해 북측이 9월 29일과 11월 3일에 다시 수정안을 제출했다. 남북의 차이점은 조절위원회의 목적에 대해

---

118 북한은 1970년대 초 남북 실무자 및 고위급 비밀방문에서도 남측 대표가 먼저 평양을 방문할 것을 주장한 이래 줄곧 북측 지역에서 먼저 회담을 개최할 것을 요구해 왔다.

남측은 포괄적인 의미를 부여했는데 비해 북측은 구체적인 분야를 적시하였다. 그 기능 역시 남측은 포괄적인 데 비해 북한은 '합작'이라는 용어를 강조하고 군사문제의 직접 해결을 추구하자는 안이었다. 또한 남측은 각 분야의 전문가로 구성하자는 것이었으나 북측은 부위원장은 현직 부총리(북측은 부수상), 간사위원과 위원은 현직 장관(북측은 상)으로 하자고 주장했다. 북측은 정부 차원의 공식 대화라는 성격을 부각시키고자 했으며 좀 더 빈번한 회의 개최를 원했다. 이처럼 남측이 점진적이고 포괄적인 협상 자세를 보였다면 북측은 조절위원회에 남북문제 해결 단위로서의 의미를 부여하면서 공세적으로 협상에 임했다. 그러나 남측의 조절위원회 구성에 대한 입장은 확고했다. 결국 남북 양측은 남측의 입장이 많이 반영된 합의안을 만들었다.

1972년 11월 30일 남북조절위원회 제1차 회의에서 박성철은 쌍방 군사대표자 회담을 열어 남북 간 군사적 대치상태 해소 방안을 협의케 하고 정치·군사·외교·경제·문화 등 5개 분과위원회를 동시에 일괄 발족시키자고 주장하였다. 이후락은 이튿날 회의에서 조절위원회를 통해 한꺼번에 문제를 해결하려는 방식을 지양하고 하나하나 성과를 축적해 나가는 것이 중요하다고 말했다. 1973년 3월 14–15일 남북조절위원회 제2차 회의가 평양에서 개최되었는데, 박성철은 남측의 단계적 접근론을 일축하고 '근본문제'부터 해결하자는 입장을 분명히 하였다. 남북조절위원회의 실무기능 문제보다는 '통일문제'를 전면적으로 제기한 것이다. 박성철은 남북 간의 현 군사적 대치상태를 해소하지 않고서는 남북관계를 실질적으로 개선하거나 통일과 관련된 여하한 문제도 성과적으로 해결할 수 없다고 주장했다. 박성철은 군사문제의 우선적 해결을 위해 ①무력증강과 군비경쟁 중지, ② 남북 군대 10만 또는 그 이하로 감군 및 군비 대폭 축소, ③ 외국으로부터 일체 무기와 작전장비 및 군수물자의 반입 중지, ④ 미군을 포함한 일체 외국군대 철수, ⑤ 평화협정 체결 등에 대한 토의를 요구했다.

박성철은 이 문제들을 다루기 위해 남북조절위원회를 개편하여 쌍방의 군 간부들을 여기에 참가시키거나 아니면 군사분과위원회를 구성하자고 제안하였다. 또한 남북조절위원회 5개 분과 위원회(정치·군사·외교·경제·문화)의 동시 일괄 설치를 주장하여 남측의 경제와 사회·문화 등 2개 분과위원회 우선 설치 주장과 다른 견해를 드러냈다. 군사문제 우선 해결을 주장하는 북측과는 달리 남측은 군사문제를 논의할 만큼 아직 남북 간의 신뢰가 두텁지 않기 때문에 2개 분과위원회만 먼저 시작하자는 입장이었다. 북측은 남북조절위원회 제2차 회의에서 남북조절위원회와는 별도로 조절위원회보다 더욱 광범위하고 다방면적인 접촉을 가능하게 하는 남북정당·사회단체연석회의를 개최하자고 제의했다. 그러나 남측은 북측의 이러한 주장을 받아들이지 않았다. 결국 남북 양측의 대립으로 남북조절위원회 제2차 회의는 회의내용에 대한 공동발표조차 없이 끝나고 말았다.

1973년 6월 12-14일 서울에서 개최된 남북조절위원회 제3차 회의에서 박성철은 남북 긴장상태 완화와 군사적 대치상태 해소 문제, 남북대화와 협상을 보다 폭넓게 추진하기 위해 남북조절위원회 사업과는 별도로 각 정당·사회단체 대표들과 각계각층 인사들이 참가하는 정치협상회의의 조속한 소집, 그리고 군사·정치·경제·문화·외교 등 다방면적인 합작 실현을 위한 분과위원회 구성 문제에 대하여 토론하자고 하였다. 북측은 남북조절위원회와는 별도로 남북 정당·사회단체연석회의, 남북 정치협상회의, 그리고 남북조절위원회 제3차 회의 직후인 73년 6월 23일에는 정치협상회의를 더욱 구체화시킨 '대민족회의' 소집안을 제기하였다. 요컨대 북측은 남측 정부 당국 외에 각계각층과의 전면적인 접촉을 도모하려고 했던 것이다. 박성철의 이와 같은 제안에 대해 이후락은 평화협정 체결은 시기상조라고 했다. 또한 정치협상회의 소집 제안은 2개 분과위원회가 구성되어

교류가 진행되어 단체연합이 이루어지면 자연 해소될 것이라는 입장을 밝혔다. 5개 분과위원회 동시 발족에 대해서도 우선 2개 분과위원회를 먼저 구성한 후 진척에 따라서 다른 분과위원회도 발족하자는 종래의 주장을 되풀이하였다.

　　이상에서 알 수 있듯이 남북 모두 조절위원회를 정치회담으로 인식했으나 북측은 정치·군사문제를 중시하며 통일협상으로 나아가려는 반면 남측은 선 교류, 후 정치·군사문제 논의의 점진적 접근을 주장했다. 조절위원회 구성 등의 문제 접근에 있어서 북측은 상대적으로 공세적이었고 남측은 수세적 태도를 보였다. 북측의 회담 목적은 '남조선혁명'을 위한 분위기 조성과 '강력한 통일협상 추구'라는 선전공세 인데 비하여 남측은 국력배양을 위한 '시간벌기'를 위해 회담에 임했다고 할 수 있다. 양측의 상이한 태도와 접근에 비추어볼 때 남북조절위원회는 회의 합의는 물론 생산적 결과를 가져오기 힘들었다.

2) 협상의 주체

　　남북적십자회담과 7.4공동성명 채택 관련 정책결정에는 박정희 대통령을 비롯한 청와대 관련인사, 중앙정보부장, 외교·안보 관련 부서의 장 등 극소수의 핵심엘리트들이 참여했다. 박 대통령을 정점으로 한 정책결정구조 속에서 정책결정과 집행의 핵심 역할은 중앙정보부가 맡았다.[119] 분단국가 한국에서 대북정책은 곧 대통령의 몫이다. 따라서 박 대통령의 대북인식, 성향, 의지가 무엇보다 중요했다. 남북회담 운영도 박 대통령으로부터 이후락 중앙정보부장에 이르는 일사불란한 지휘체계와 대부분 비밀유지에 의하여 진행되었다. 중앙정보부가 남북

119　1971년 초 이후락 부장은 중앙정보부 북한과를 북한처로 확대 개편하여 김달술을 처장으로 임명하여 남북대화를 준비하는 실무작업을 맡겼다. 북한처는 1971년 4, 5월경부터 윗선의 지시에 의해 적십자회담을 제의하는 문건을 만들었다.

대화의 핵심 역할을 맡아 진두지휘를 하면서 협상의 주체로 나섰고 여타 정부 부서와 한적이[120] 정책 실행 등에 참여하는 체계였다. 1971년 8월 하순 중앙정보부장 산하에 외무부, 통일원, 국방부, 체신부, 중앙정보부 등 정부 각 부처 파견관들로 구성되는 남북대화협의기구를 운영하게 되었다. 그것이 바로 남북대화협의위원회 사무국이었다. 이 기구의 임무는 남북대화 전략을 수립하고 실질적인 회담을 담당하는 것이었다. 그리고 중앙정보부 산하에 대화 전담기구로 협의조정국(한적 산하에 임시로 설치한 적십자 회담사무국[121]을 7.4공동성명 발표 후 확대 개편)을 설치하여 회담 전략 수립과 발언문 작성 등 회담 업무를 수행했다. 또한 행정부 각 부처와 적십자사 등 관련 기관 간의 협조체계 구축, 대표 및 회담 요원에 대한 교육, 대국민 홍보 등을 맡아 수행했다.

당시 박정희 정부 내에는 남북대화의 폭과 속도 등을 둘러싸고 김종필 국무총리의 '속도조절론'과 이후락 중앙정보부장의 '적극추진론' 간의 이견과 갈등이 있었다.[122] 김종필은 박 대통령에게 남북조절위원회의 격을 낮추고 대화 때마다 성과를 내고자 서두르는 이후락을 교체할 것을 건의하기도 했다. 두 사람 간의 이견과 갈등에는 평양 방문과 남북조절위원회 위원장 자격으로 남북관계를 주도하면서 차기 지도자 이미지를 굳히려는 이후락 부장과 이를 견제하려는 김 총리 간의 파워 게임 양상도 개재되어 있었다. 박정희 대통령과 이후락 부장 간에

---

120 당초에는 북한과 정부 차원의 접촉을 피하기 위해 남북 적십자사의 직접 접촉이 아니라 국제적십자사를 활용하는 간접 접촉방식을 고려하다가 직접 접촉으로 방향을 틀었다.

121 적십자사 차원에서 남북이산가족 문제를 다루는 사무국의 필요성이 제기되어 1971년 9월 1일자로 조직되었고 사무국의 책임자는 주미공사를 역임한 장우주 장군이 맡았다.

122 1972년 4월 초 김동조 주미 한국대사가 마샬 그린 차관보와 얘기하면서 이동원과 최규하를 매파, 이후락과 김용식을 비둘기파, 김종필은 매파에 가까운 중간파라고 규정했다. Outgoing Telegram for Embassy Seoul, "Kim Dong Jo's Meeting with Secretary," April 10, 1972, Pol 7 Kor S, Subject-Numeric Files, RG 59, National Archives.

도 이견이 있었다. 박정희는 전쟁을 막고 경제성장을 위한 시간을 벌기 위한 목적으로 남북대화에 임했던 만큼 이후락 부장의 평양행을 그리 달가워하지 않았다. 더욱이 7.4공동성명 문안에 자유민주주의 원칙에 입각한 통일 주장이 담기지 않는 점에 대해서도 불만을 표시했다.[123] 남북조절위원회 대표였던 강인덕도 이후락 부장이 북한과 합의한 통일 3원칙이 '자주'보다는 '민주' 또는 '평화'의 원칙을 우선적으로 강조해야 했는데 정치적 이유로 그렇지 못했다고 비판했다. 남북조절위원회 간사를 역임한 이동복 역시 이후락 부장이 공동성명을 무리하게 서두르는 바람에 북측의 3원칙을 그대로 수용한 결과가 되었다고 비판했다.[124] 남북대화에 관한 기본입장에서 이후락 부장이 급진적이었다고 하면 김종필 총리는 보수적이었고, 박 대통령은 이 중간에 서서 점진적, 단계적 입장을 취했다. 그러나 박 대통령은 유신체제 수립 이후 11월의 제2차 남북조절위원회 공동위원장회의부터는 보수반공주의자라고 할 수 있는 최규하 특보를 자문위원으로 함께 보내 이후락의 대화 전진속도를 제어하기 시작했다.[125]

7.4공동성명 발표 전까지는 남북대화를 주로 중앙정보부가 주도해 왔기 때문에 외무부의 활동은 별반 두드러지지 않았다. 다만 남북대화 전후 외무부문서에는 외무부 차원의 남북교류 제안, 적십자회담 평가와 대책 등 남북문제에 상당한 관심을 기울이고 있었다. 7.4공동성명 발표 이후에도 남북대화를 중앙정보부가

---

123 김성진, 『박정희를 말하다』(서울: 삶과꿈, 2006), p.129.

124 강인덕, "박정희는 왜 김일성의 정상회담 제의를 거절했나," 『신동아』, 1993년 1월호, p.376; 이동복, "7.4공동성명과 박정희 대통령," 박정희대통령기념재단 편, 『평화와 통일 박정희에게 길을 묻다』(서울: 박정희대통령기념재단, 2019), pp.182-186.

125 이경재, 『유신 쿠데타』(서울: 일월서각, 1986), pp.208-209; "Telegram from the Embassy in Korea to the Department of State," November 24, 1972, *FRUS 1969-1976(Part 1 Korea, 1969-1972)*, Vol.XIX.

주도하는 양상은 크게 달라지지 않았지만 남북대화와 남북관계에 대한 대외 홍보와 지지 확보 국면에서는 외무부의 활동이 보다 두드러졌다고 볼 수 있다. 국토통일원 역시 남북대화 이후까지도 남북대화 관련 업무를 주도하지 못했다.

한편 북한은 김일성을 정점으로 '혁명의 참모부'인 조선로동당이 남북대화와 관련한 정책결정을 하고 주도했다. 북한의 대남사업은 조선로동당 중앙위원회 대남사업 담당비서가 담당하며 그 산하에 통일전선부, 연락부, 조사부 등의 조직이 있다. 실제로 남북대화를 전담하는 기관은 조선로동당 통일전선부 회담과이며, 여기에서 대남공작 담당 각 기관으로부터 전문 인력을 차출 받아 회담전략을 짜고 집행했다. 회담 대표단 구성은 조국평화통일위원회(이하 조평통) 명의로 되어 있지만 대표, 수행원, 기자단의 구성원 대부분은 조선로동당 중앙위원회 통일전선부 소속이거나 국가보위부, 인민무력부 정찰국, 사회안전부에서 파견된 전문인력이었다. 이들 구성원 대부분은 대남사업에 오랫동안 종사하고 회담전술을 익힌 전문가였다. 조선로동당 통일전선부의 외곽 단체 중 가장 핵심은 조평통이다. 통일전선부 부장에서 부원에 이르기까지 모두 소속되어 있어 통일전선부의 대외간판이라고 할 수 있다.

북한의 협상대표들은 남한측과 하는 대화의 성격에 따라 북적 중앙위원회 동포사업부장, 중앙위원회 위원, 조평통 서기국 부국장, 내각직속 책임참사, 최고인민회의 대의원 등의 대외직함을 쓴다. 남북적십자회담에서 북적 대표단은 조선로동당 통일전선부, 외무성, 적십자위원회 요원으로 구성되었다. 남북조절위원회 회의에 참가한 북한의 협상 대표들은 당 조직지도부 소속 간부였다.

Ⅲ. 남북대화의 전개과정과 한국의 대북협상

1. 남북대화의 전개과정과 남북협상

1) 남북적십자회담

분단 후 남북이 공식적으로 대화의 자리를 가진 것은 1971년 8월이 처음이었다. 남북 분단이 외적 요인에 크게 영향을 받았던 것처럼, 남북 간의 첫 대화도 외적 요인이 크게 작용했다고 할 수 있다. 1971년 7월 15일 닉슨 대통령이 중국과의 화해를 전격적으로 발표한 이후 김일성은 8월 6일, 남한의 집권당인 민주공화당을 포함한 모든 정당, 사회단체 및 개별 인사들과 언제라도 만나서 협상할 의사가 있음을 표명하였다. 1971년 8월 12일에 한적의 최두선 총재는 이산가족 상봉을 위한 남북적십자회담을 가질 것을 KBS를 통해 북적에 제안하였다. 이에 대해 8월 14일 북적 중앙위원회 손성필 위원장이 평양방송을 통해 가족찾기운동만으로는 부족하고 남북으로 흩어진 가족들과 친척, 친우들 간의 자유로운 왕래와 상호방문 등을 의제로 하자고 역 제의하였다. 북적의 역 제의가 빨리 나온 것은 그들이 미리부터 상당한 연구와 준비를 해 왔다는 뜻이다.[126] 8월 20일 판문점에서 첫 파견원 접촉이 있은 후 총 5회의 접촉을 거쳐 9월 20일에 역시 판문점에서 제1차 예비회담이 개최되었다. 그러나 본 회담의 의제와 절차 등을 합의하는 데 11개월에 걸쳐 25회의 예비회담과 16회의 실무회의를 해야 했다. 남북적십자회담은 이산가족의 주소와 생사 확인, 서신거래, 방문·상봉·재결합 문제를 비롯한 기타 인도적 문제에 대한 논의가 중심이 되었다.

---

126 김달술, "1천만 이산가족 문제 해결 위한 남북적십자회담: 남북 대화 통로 개척," 박정희대통령기념재단 편, 『평화와 통일, 박정희에게 길을 묻다』, p.123.

1971년 9월 20일부터 1972년 8월 11일까지 열린 남북적십자 예비회담을 통해 남과 북은 적십자 본회담의 의제, 대표단 구성, 회담 장소와 시기 등에 대한 합의를 이끌어냈다. 72년 2월 3일 17차 예비회담에서 남북 양측은 서로 양보하여 각기 자신의 기존 주장을 수정하는 제안을 내놓았다. 이 때 남측은 사업대상으로 '가족' 외에 '친척'까지 포함시키는 양보를 했고, 북측은 '친우'를 포기하는 양보를 했다. 이에 사업범위는 가족과 친척으로 확정되었다. 그러나 72년 2월 10일 18차 회담에서 남북 쌍방은 또다시 이견을 드러내었다. 남측은 이산가족 및 친척 사이의 주소 및 생사 확인, 방문 및 상봉, 서신교환, 재결합, 기타 문제 등으로 구분하여 사업의 진행단계별로 하나하나를 별도의 의제로 설정하려고 했다. 반면 북측은 생사 및 주소 확인부터 상봉까지를 모두 한 의제로 포괄적으로 묶어 놓고 재결합 문제와 기타 안건을 별도의 의제로 제안하였다.

또한 북측은 '자유래왕'[127]을 강조하였고, 남측은 '이산가족 방문을 위한'이라는 전제 조건을 붙여 남북 간 왕래를 한정하고자 했다. 결국 72년 6월 16일 개최된 제20차 예비회담에서 본회담 의제로 ① 남북으로 흩어진 가족과 친척의 주소와 생사를 알아내는 문제, ② 이들의 자유로운 방문과 상봉을 실현하는 문제, ③ 이들의 자유로운 서신거래를 실시하는 문제, ④ 가족의 자유의사에 따른 재결합 문제, ⑤ 기타 인도적으로 해결할 문제 등 5개 항목에 합의하였다. 이는 북측의

---

127 자유왕래는 남한은 물론 북한체제의 폐쇄성과 경직성을 감안할 때 현실화되기 어려운 사안이었다. 단지 통일전선 차원의 일방적인 선전적 제안이었다고 할 수 있다. 곧 북한체제의 우월성과 김일성의 자신감을 대내외적으로 과시하기 위한 선전 목적이 '자유래왕' 주장에 반영되었다. 김일성은 1972년 4월 말 소련 군사대표단을 맞아 환담하면서 "우리는 남한을 방문하고 평양에서 남측 인사들을 맞을 준비가 되어 있지만 박정희는 이를 두려워하고 있다"고 말했다. "박정희는 남북왕래로 남측이 붉게 물드는 것을 두려워하고 있지만 우리는 희게 물드는 것을 두려워하지 않는다. 흰색이 붉은 색 되는 것은 쉽지만 붉은 색이 흰색 되는 것은 쉽지 않다"고 자신했다. Sergey Radchenko & Bernd Schaefer, op.cit., p.12.

포괄적 접근보다는 남측의 진행단계별 별도의 의제 설정 주장이 많이 반영된 합의라고 할 수 있다. 북한은 본회담 대표단 구성문제 및 진행절차 등의 토의를 위한 5회의 추가 예비회담에서 요구를 확대하는 전략으로 나왔다. 예컨대 북한은 제22차 회담(1972.7.14.)에서 수석대표 문제에 합의가 이루어지자 북한의 최고인민회의 및 정당·사회단체대표들과 남한의 상응단체로 구성되는 각 5-7명의 자문위원단을 구성하자고 제의했다. 남측은 북측의 제안을 적십자회담을 정치회담화하려는 의도로 보고 반대하였다. 결국 방문단 규모는 72년 7월 19일 열린 제23차 예비회담에서 적십자 대표 7명, 자문위원 7명, 수행원 20명, 보도진 20명, 도합 54명으로 합의[128]함으로써 타결되었다.

72년 8월 29일부터 9월 2일까지 평양에서 열린 제1차 본회담에서 남북은 인도주의 정신에 입각하여 이산가족의 고통을 덜어줄 것을 다짐하는 합의서를 채택하였고[129] 제2차 회담에서 2개 항의 합의 문서를 교환했다. 제2차 회담 시 북적 단장 김태희가 인도주의란 동포문제를 해결하고 궁극적으로는 민족의 통일문제를 해결하는 것이며, 민족문제를 떠난 인도주의란 있을 수 없다고 주장함으로써 회담의 난항을 예고했다. 남한에서 유신이 선포되고 나서 72년 10월 24-26일 평양에서 열린 제3차 본회담부터 적십자회담은 남북 양측의 분명한 입장 차이로 난

---

128 홍석률, 『분단의 히스테리』, p.213.

129 제1차 본회담 후 북한 외무성은 평양 주재 사회주의권 대사들에게 회담 경과를 설명하면서 평화공세는 남북 간의 대화의 문을 여는 성공적인 모델이라고 자랑했다. 그리고 적십자회담에 남한의 보다 많은 각계의 대표들이 참여할 때 대화를 통해 단지 시간을 벌어보고자 하는 박정희 정권의 기도는 실패로 돌아갈 것이라고 자신했다. 또한 북한 외무성 관리는 적십자회담이 사회주의와 자본주의 간의 치열한 싸움이지만 남측 대표단들의 평양 체류 동안 북한 사회주의의 우월성을 몸소 느꼈을 것이라고 자부했다. "On Information Provided by Head of 1st Department of DPRK Foreign Ministry, Comrade Kim Jaesuk, about 1st Main Negotiation of Red Cross Committees from DPRK and South Korea on 12 September 1972," GDR Embassy to DPRK Pyongyang, September 15, 1972, PolAAA, MfAA, C 951/76.

항을 겪게 되었다. 남측은 인도성, 중립성, 당사자 본위의 원칙을 제시하고 혈육 상봉의 범위를 벗어나지 말자고 제의하였다. 이에 대해 북측은 회담에서 주체적 입장 견지, 자유와 민주주의 원칙 관철, 적십자 요해해설 인원 현지 파견 등을 주장하였고, 특히 남측의 모든 법률적, 사회적 장애의 제거를 요구하고 나섰다. 남북의 대립적 입장이 노정되면서 회담은 교착상태에 빠지게 되었다. 북한의 입장은 '통일이 최고의 인도주의'라는 그들의 주장처럼 적십자회담을 통일문제 해결을 위한 정당·사회단체 회담으로 발전시킨다는 전략에 입각한 것으로 볼 수 있다. 반면 남한은 적십자회담을 비정치적인 인도적 문제에 국한하여 실무적으로 접근하고자 했다.

제4차 본회담(서울, 1972.11.22.-24)에서 남측이 적십자정신과 원칙이라는 테두리에서 회담을 진행할 것을 주장한 반면, 북측은 법률적, 사회적 조건 및 환경 개선의 필요성 등 선결조건을 고수함으로써 회담은 전혀 진전되지 못하였다. 제4차 본회담에서 합의를 본 것은 내신 보도진을 각각 25명으로 늘리고 남북적십자 공동위원회와 남북적십자 판문점 공동사업소를 설치한다는 것뿐이었다. 달리 말하면 구체적 내용이 명시되지 않은 기구의 설치에 합의했다는 것은 실제로는 무의미한 것이었다. 제5차 본회담(평양, 1973.3.20.-23)에서는 흩어진 가족과 친척의 범위를 정하는 문제, 그들의 주소와 생사를 알리는 방법을 놓고 남북이 대립하여 교착상태는 지속되었다. 제3차 본회담 이래 적십자회담에 대한 북측의 '정치적 접근'과 남측의 '실무적 접근'은 접점을 찾기 어려웠다. 6차 본회담(서울, 1973.5.8.-11)에서 남북의 의견 대립은 더욱 첨예화되었다. 북적 대표 김태희는 이산가족찾기라는 인도주의 문제의 해결을 위한 선행조건으로서 ① 남한의 반공법과 국가보안법 폐지, ② 모든 반공단체 해산 및 일체의 반공활동 금지, ③ 이산가족·친척의 주소와 생사를 확인하고자 당사자들의 상대방 지역으로의 자유로운 통행과 직접 확인, ④ 당사자는 물론 그 협조자·관계자들이 상대방 지역으로 갈 때 언론, 출판, 집회, 통행의 자유와 모든 편의 및 그들의 인신과 휴대품의 불가침 보장 등 실현 불가능한 조건을 내거는 강경한 협상전략을 구사함으로써 남북적십자회담은 사실상 파국을 맞고 있었다. 제7차 본회담(평양, 1973.7.10. ‑ 13)에서도 별다른 진전이 없었다. 남북적십자회담 그 자체는 이산가족 상봉 실현 등 가시적인 성과를 거두지 못했지만 남북조절위원회 회의 등 정치적 대화를 여는 데에는 일정하게 기여했다고 할 수 있다. 북한의 대화 중단 선언 이후에도 1973년 11월 28일부터 1974년 5월 29일까지 모두 7차례에 걸쳐 남북적십자 대표회의를 열었으나 성과를 내지는 못했다.

2) 남북한 비밀접촉

남북적십자회담 제3차 예비회담에서 서울 ‑ 평양 본회담이 확정된 이후 회담에 대비 한 국토정비사업이 진행되었지만, 예비회담의 진행 속도가 점차 느려지기 시작했다. 북한은 처음에는 본회담 개최 시기 문제를 두고 회담을 지연시키다가 본회담 의제 문제를 토의하기 시작하면서부터는 친척, 친우와 그들의 자유왕래 문제를 앞세워 4개월 가까이 회담을 지연시켰다. 이와 같은 회담의 교착상태를 타개하기 위해 11월 19일 제9차 예비회담에서 한적측 정홍진 대표는 북적측 김덕현 대표에게 별도로 만나 얘기해보자는 메모를 전달했고 이것이 막후 접촉으로 발전하게 되었다. 11월 20일부터 시작된 막후 접촉에서 두 사람은 보다 실질적인 회담 진전을 위해 본인들의 신분과 직책을 서로 밝혔다. 정홍진은 중앙정보부 국장, 김덕현은 조선로동당 조직위원회 책임지도원임을 서로 확인했다.[130] 비

---

130 김달술, "1천만 이산가족 문제 해결 위한 남북적십자회담: 남북 대화 통로 개척," p.135.

밀접촉을 통해 남측은 정치회담 없이는 적십자 본회담이 열리지 않을 것인바, 정치회담만이 교착상태를 타개할 수 있다는 판단을 하면서 접촉을 이어 나갔다. 남과 북은 1972년 3월 22일까지 모두 11차례에 걸쳐 진행된 이 비밀접촉을 통해 이후락 중앙정보부장과 김영주 노동당 조직지도부장 간의 회담 개최에 합의하게 된다. 남측은 회담장소로 파리, 제네바 등 제3국의 장소를 제의하였고, 북측은 이후락 부장의 평양방문을 고집하였다. 결국 이후락과 김영주가 평양과 서울을 교차 방문하기로 하고, 이후락 부장이 먼저 평양을 방문하기로 합의하였다. 양측 고위인사의 교환방문을 위한 사전 정지작업을 위해 정홍진 대표가 1972년 3월 28-31일 평양을, 김덕현 대표가 4월 19-21일 서울을 비밀리에 방문하였다. 4월 말에는 서울의 중앙정보부장실과 평양의 노동당 조직지도부장실 간에 직통전화가 개설되었다.

　이후락 부장의 평양 방문 직전인 4월 26일 박정희 대통령은 「특수지역 출장에 관한 훈령」을 내리고 "남한 국세가 절대 우위라는 자신으로 대화에 임함으로써 북이 우위라는 환상적 기를 꺾고 평화통일을 위한 제 의견을 교환"하며 "상대방 요로의 사고방식 및 현재 북한의 실정을 파악하는 데" 중점을 둘 것을 지시했다. 이후락 부장은 3명의 수행원과 함께 1972년 5월 2일 판문점을 경유하여 평양에 도착하여 5월 5일까지 3박 4일간 평양에 머물렀다. 이후락은 평양에 체류하는 동안 김일성과 두 차례, 김영주와 두 차례 회동했다. 이후락-김영주 회담에서 이후락 부장은 한반도의 통일은 자주적이며 평화적으로 이루어져야 한다고 천명했다. 또한 남북적십자회담의 조속한 추진과 인적·물적·통신 교류 실현을 위해 노력할 것과 대외선전용의 일방적 통일제안을 지양하자고 제안하였다. 김영주 부장은 정치협상을 잘 이끌어 정상회담을 개최하고, 자주적 통일 입장을 공동성명으로 발표하자고 제의하였다. 그리고 정치협상만 하면 이산가족 문제는 다 해결된다고 강조했다. 또한 주한미군 철수와 남북 쌍방의 군대를 각각 10만 명으로 감축하자고 제안하였다.

이후락 부장은 5월 4일 새벽과 같은 날 오후, 두 차례에 걸쳐 김일성과 회담했다. 김일성은 이 자리에서 자주·민족대단결·평화의 통일원칙을 제시하였으며, 남북교류와 정치회담 등 사업 추진을 위하여 남북조절위원회를 구성해 운영하자고 제의하였다. 김일성은 '적십자회담을 성공시켜 이산가족찾기운동을 성사시키고 남북 간 인적, 물적, 통신 교류를 추진하여 거기서 이루어진 성과를 바탕으로 남북정치회담을 개최하자'는 이후락 부장의 주장에 동조하였다. 이는 김영주 부장이 주장한 '선 정치협상' 진행을 사실상 철회하고 남측의 단계적 통일방안에 접근하는 양보로 볼 수 있다. 그 대신 김일성 자신이 제의한 통일원칙을 관철시키는 성과를 거두었다. 다만 박성철 제2부수상이 서울을 답방했을 때 이후락 부장에게 제의한 내용에서도 나타나듯이 북한의 입장은 이후락 부장이 제시한 단계적 통일접근 방안을 수용하면서도 남북 양 정상 간의 정치협상도 하자는 것이었다.[131] 김일성은 청와대기습기도사건에 대해서는 자신이나 당의 의사와 무관한 일이라며 책임을 회피했다.

김영주를 대신한 박성철의 서울 답방이 5월 29일부터 6월 1일까지 3박 4일 간 있었다. 박성철의 서울 체류 동안 이후락 부장과 두 차례, 박 대통령과 한 차례 회담이 있었다. 남과 북은 남북조절위원회 구성 및 운영, 분야별 분과위원회 설치에 합의하고 다양한 교류와 협력을 다짐하였다. 5월 31일 오전 청와대에서 박 대통령은 박성철 일행에게 남북 사이의 신뢰회복을 당부하였다. 박 대통령은 남북이 평화적으로 통일되어야 한다는 데 공감하고, 남북이 서로 상비군을 줄이고 건

---

131 강인덕·송종환 외, 앞의 책, pp.156-157.

설에 매진한다면 훌륭한 나라를 만들 수 있을 것이라고 강조했다. 박 대통령은 박성철이 요구한 ① 남북조절위원회 설치, ② 남북정상회담 개최, ③ 교차 비밀 방문 공개(남북공동성명 발표) 가운데 남북조절위원회 설치에 대해서는 동의했다. 그러나 정상회담에 대해서는 여건이 되면 김일성 주석과 만나겠지만 현재로서는 아직 그런 여건이 조성되어 있지 않다며 반대했다.[132] 불신의 해소 같이 우선 해결해야 할 과제가 산적해 있는 상태에서 만나는 것은 오히려 만나지 않는 것보다도 못할 것이라고 말했다. 즉 정상회담은 시기상조라는 것이 박 대통령의 생각이었고 정치회담 보다는 적십자회담을 우선시 했다. 박 대통령은 6월 10일 하비브 대사를 만나서도 북한은 정상회담을 원하고 있으나 자신은 필요하다고 보지 않으며 북한에 대한 불신 때문에 일단 적십자회담을 통해 그들의 진정성을 가늠해보고자 한다고 말했다.[133] 박 대통령은 비밀회담 공개에 대해서도 여건 미조성을 이유로 반대했다.

3) 7.4공동성명 발표

남북적십자 예비회담이 판문점에서 진행되고 있을 당시 남북은 막후에서 국내외에 큰 반향을 불러일으킬 비밀교섭을 벌이고 있었다. 그 결과로 1972년 7월 4일 오전 10시 서울과 평양에서 7.4공동성명이 동시에 발표되었다. 남측의 중앙정보부장 이후락, 북측의 노동당 조직지도부장 김영주를 대리하여 제2부수상 박

---

132 그런데 1971년 12월 초 남북 지도자 회담 시 미국의 반응을 묻는 이후락과 주한 미국대사 하비브와의 대화에서도 알 수 있듯이 이후락 부장은 남북 지도자 간의 회담에도 관심을 가지고 있었다. 나아가 남북한 군축, 남북 간 상호 실체 인정, 남북합의에 대한 강대국 보장 문제 등을 다각적으로 검토하고 있었다. "Telegram from the Embassy in Korea to the Department of State," December 2, 1971, *FRUS 1969-1972(Part 1 Korea, 1969-1972)*, Vol.XIX.

133 "Telegram from the Embassy in Korea to the Department of State," June 10, 1972, *FRUS 1969-1972(Part 1 Korea, 1969-1972)*, Vol.XIX.

성철이 각기 공동성명을 발표했다. 공동성명의 내용은 다음과 같다.

1. 쌍방은 다음과 같은 조국통일원칙들에 합의를 보았다.

   첫째, 통일은 외세에 의존하거나 외세의 간섭을 받음이 없이 자주적으로 해결하여야 한다.

   둘째, 통일은 서로 상대방을 반대하는 무력행사에 의거하지 않고 평화적 방법으로 실현하여야 한다.

   셋째, 사상과 이념·제도의 차이를 초월하여 우선 하나의 민족으로서 민족적 대단결을 도모하여야 한다.

2. 쌍방은 남북 사이의 긴장상태를 완화하고 신뢰의 분위기를 조성하기 위하여 서로 상대방을 중상 비방하지 않으며 크고 작은 것을 막론하고 무장도발을 하지 않으며 불의의 군사적 충돌사건을 방지하기 위한 적극적인 조치를 취하기로 합의하였다.

3. 쌍방은 끊어졌던 민족적 연계를 회복하며 서로의 이해를 증진시키고 자주적 평화통일을 촉진시키기 위하여 남북 사이의 다방면적인 제반 교류를 실시하기로 합의하였다.

4. 쌍방은 지금 온 민족의 거대한 기대 속에 진행되고 있는 남북적십자회담이 하루 빨리 성사되도록 적극 협조하는 데 합의하였다.

5. 쌍방은 돌발적 군사사고를 방지하고 남북 사이에 제기되는 문제들을 직접, 신속 정확히 처리하기 위하여 서울과 평양 사이에 상설 직통전화를 놓기로 합의하였다.

6. 쌍방은 이러한 합의사항을 추진시킴과 함께 남북 사이의 제반 문제를 개선 해결하여 또 합의된 조국통일원칙에 기초하여 나라의 통일문제를 해결할 목적으로 이후락 부장과 김영주 부장을 공동위원장으로 하는 남북조절위를 구성·운영하기로 합의하였다.

7. 쌍방은 이상의 합의사항이 조국통일을 일일천추로 갈망하는 온 겨레의 한결같은 염원에 부합된다고 확신하면서 이 합의사항을 성실히 이행할 것을 온 민족

앞에 엄숙히 약속한다.

서로 상부의 뜻을 받들어

1972년 7월 4일

이 후 락   김 영 주

공동성명에서 양측은 외세에 의존하거나 간섭을 받지 않고 자주적으로, 무력 행사에 의거하지 않고 평화적 방법으로, 사상·이념·제도의 차이를 초월하여 민족적 대단결을 도모하는 방향으로 통일을 이룬다는 원칙에 합의하였다. 또한 공동성명에서는 상대방에 대한 비방과 중상을 중지하고 무장도발을 중지한다. 남북 사이의 다방면적인 제반 교류를 실시하고, 남북적십자회담 추진을 위해 적극 협조한다. 서울과 평양 사이에 상설 직통전화를 설치하고 이후락 부장과 김영주 부장을 공동위원장으로 하는 남북조절위원회를 구성, 운영한다는 조항을 담았다.

남측은 당초 평양회담과 서울회담에서 합의사항의 조기 공개를 반대하였다. 그러나 남북 상호 비밀방문에 대한 정보 유출, 북한은 물론 미국도 공표를 원하는 상황에서[134] 6월 하순부터 북측과 비밀접촉과 전화통화를 통하여 이후락 부장의 평양 방문과 박성철 부수상의 서울 답방에서의 합의사항을 공동성명의 형식으로 발표할 것을 제의하였다. 이어 북측과 문안조정에 들어갔다. 7월 초 이후락

---

[134] 미 국무부는 공동성명 발표를 반대했던 남측이 공개에 동의한 것을 다음과 같이 분석했다. 6월 21일 김일성이 미 언론인 해리슨(Selig S. Harrison)과의 인터뷰에서 DMZ의 비무장화, 남북 병력감축, 남북 평화협정 체결, 미군철수 등 4단계 군축안을 제안하는 평화공세를 통해 남북비밀회담을 공개하도록 남측에 압력을 행사한 것으로 분석하면서, 김일성의 평화공세 압력 때문인지 다른 이유가 있었는지는 모르지만 남측이 공동성명 발표로 방침을 바꾸었다고 평가했다. "Memorandum from John H. Holdridge of the National Security Council Staff to the President's Assistant for National Security Affairs(Kissinger)," July 4, 1972, *FRUS 1969-1976(Part 1 Korea, 1969-1972)*, Vol.XIX.

부장은 다시 평양을 방문하여 최종 합의를 하고 공식 서명을 할 계획이었으나 박 대통령은 이 부장이 방북할 필요 없이 서울과 평양에서 동시 발표하도록 했다.

사실 통일 3대원칙 문제는 문안 조정을 위한 판문점 실무 접촉에서 많은 논란이 있었으나 남측의 양보로 합의되었던 것이다. 1972년 5, 6월의 이후락과 박성철의 남북 교환 방문 후 남북공동성명 초안이 남북 간에 직통전화를 통하여 논의되었다. 남북은 공동성명의 초안(남측 1972년 6월 21일, 북측 1972년 6월 23일)과 수정안(남측 6월 25일 및 6월 28일, 북측 6월 27일)을 제시하여 6월 29일 문안 조정을 거친 후, 7월 1일 이후락과 김영주가 최종 합의된 공동성명(안)에 서명을 한 문서를 교환하고 이를 7월 4일에 동시 발표했던 것이다. 당시 남북대화사무국 전략반에서는 북한판 '조국 통일 3대원칙'을 공동발표문에 포함시키는 데 대해 일치된 반대 의견을 표명했음에도 불구하고 이후락은 이를 수용하는 공동성명의 내용에 합의했다.[135]

또 하나의 쟁점은 서명권자 문제였다. 북한은 조선민주주의인민공화국 김일성 주석의 위임에 의해 조선 노동당 조직지도부장 김영주와 대한민국 박정희 대통령의 위임에 의해 대한민국 중앙정보부장 이후락이 서명하고 문서의 제목도 합의서로 하자고 주장했다. 그러나 남한은 북한의 국호는 물론 북한 정부를 인정하는 것은 실정법상 문제가 있을 뿐만 아니라 국민의 반공여론을 고려하여 북한의 주장에 동의할 수 없었다. 그래서 절충한 것이 서로 '상부의 뜻을 받들어' 중앙정보부장 이후락, 노동당 조직지도부장 김영주로 합의한 것이다. 그리고 북한이 남북합의서를 '남북공동성명'으로 변경할 것을 주장하여 타결된 것이다.[136]

---

135 이동복, "7.4공동성명과 박정희 대통령," 박정희대통령기념재단 편, 『평화와 통일 박정희에게 길을 묻다』, pp.182-186.

136 정홍진, "7.4공동성명의 성립과정," 한국정치학회·이정복 편, 『북핵문제의 해법과 전망』(서울: 중앙M&B, 2003), pp.23-24.

7.4공동성명은 남북 간의 통일 원칙에 대한 최초의 합의라는 데 그 의의가 있었다. 그러나 남북한은 남북관계의 개선과 발전을 위해 7.4공동성명에 담은 내용을 하나하나 실현하려는 구체적인 노력을 경주하기보다는 성명 발표 직후부터 주권경쟁, 체제경쟁에 돌입하게 되었다. 통일 3대원칙에 대한 상반된 해석과 주장으로 7.4공동성명은 발표와 동시에 사실상 실천되기 어려운 운명의 합의가 되었다. 즉 북한은 자주, 평화, 민족대단결이라는 명분하에 미군철수를 요구하며 남한 정권의 약화를 노렸고, 남한은 평화공존을 정착시킨 뒤 점진적으로 교류와 협력을 증진시켜 북한체제의 변화를 도모한다는 입장을 견지했기 때문이다.[137] 박성철은 공동성명 합의과정에 있었던 토의 내용을 일체 무시하고 통일 3대원칙은 김일성 수령이 내놓은 제안에 남측이 찬동한 것이라고 주장했다. 또한 남북 간에 공동성명을 발표한 이상 미 제국주의자들은 더 이상 우리나라 내정에 간섭하지 말아야 하며 자기의 침략군대를 걷어가지고 지체 없이 물러가야 한다고 주장했다. 북한은 공동성명 발표를 자신의 통일방안 선전의 계기로 적극 활용하고자 했다. 이후락 부장은 통일 3대원칙이 UN 감시하의 남북한 토착 인구 비례에 따른 총선거라고 하는 대한민국의 기본 통일방안에 변화를 초래하는 것은 아니라고 하면서 북측의 해석을 반박했다.

남측은 남북조절위원회 회의에서 '자주의 원칙'은 민족자결의 취지에서 통일문제를 남북한 당사자들이 협의, 해결하는 것으로서 UN군을 외세로 간주하지 않는다고 천명하고 '평화의 원칙'은 통일을 실현하는 과정에 폭력, 물리적 힘, 전쟁을 배제하는 것이며, '민족대단결의 원칙'은 남북한 간에 있는 사상과 이념의 차이가 있음에도 이를 초월하여 민족이 단결하여 통일을 이룩해 나가자는 뜻으

---

137 배긍찬, "1970년대 전반기의 국제환경 변화와 남북관계," 한국정신문화연구원 편, 『1970년대 전반기의 정치사회변동』(서울: 백산서당, 1999), pp.38-39.

로 양해한 것이라고 주장하였다.

김일성은 1972년 5월 3일 이후락 부장과 면담할 때는 '자주 원칙'을 통일 문제의 민족 당사자 자결 원칙에 비중을 두어 설명하였다. 그러나 1972년 9월 17일, 일본 마이니치신문 기자들이 제기한 질문에 대한 대답에서는 '자주 원칙'이 주한 미군 철수를 의미하며 남한을 미 제국주의에서 해방시켜야 한다는 뜻임을 분명히 했다. 그리고 '평화 원칙'을 실현하는 방법에 있어서는 남북 양 군대의 축소, 군사분계선 제거, 미제 등 외래 침략자에 대한 공동 대처, 남한 당국의 비방·중상과 전후방 군사시설의 보강·장비의 현대화·군사 연습 등 정세를 첨예화시키는 언행 중지를 요구하며 사실상 남한의 안보 태세 제거 또는 악화를 시도하였다. 김일성은 '민족 대단결 원칙'을 실현하기 위하여 남한의 반공 구호 철폐, 남북 간 오해와 불신 제거, 상호 비방·중상 금지, 남북 간 경제적 합작, 대외관계의 공동 진출, 정치적 합작으로서 연방제 실시를 제시하기도 했다. 그러나 핵심은 각당, 각파, 각계 인사들의 공산당 활동의 자유 보장이었다.[138] 김일성은 1972년 10월 초 수다리코프 평양 주재 소련대사를 만난 자리에서 남북대화에서 북의 목표는 남측 사회를 '민주화'시키고 점차로 '혁명화' 시키는 것이며, 이를 위해 진보 성향의 정치인과 남조선 주민들과 광범하게 접촉할 수 있는 기회를 구축하는 데 있다고 말했다.[139] 즉 북한은 남북대화를 통일전선 구축을 위한 기회로 보고 있었다.

4) 남북조절위원회

북한이 제안하고 남한이 동의한 남북조절위원회는 사실상 남북 간의 정치적

---

138 강인덕, "1970년대 남북대화와 교훈," 박정희대통령기념재단 편, 『평화와 통일 박정희에게 길을 묻다』, pp.254-256.

139 Sergey Radchenko & Bernd Schaefer, op.cit., p.13.

대화의 장이었다. 인도적 문제 중심의 남북적십자회담 외 별도의 대화체가 필요하다는 데 남북이 다 같이 공감하고 있었다. 7.4공동성명 실천을 논의하기 위해 1972년 7월 16일부터 10월 6일까지 네 차례에 걸쳐 남북조절위원회 공동위원장회의를 위한 실무자 접촉이 있었고, 10월 12일부터 11월 30일까지 남북조절위원회회의가 세 차례에 걸쳐 열렸다. 제1차 남북조절위원회 공동위원장회의는 10월 12일 판문점 자유의 집에서 개최되었고, 남과 북은 공동성명 1항의 통일 3대원칙 해석과 구현 방법을 두고 격론을 벌였다. 남측은 남북이 서로 체제문제를 간섭하지 말고 교류와 협력을 통해 점진적으로 문제를 해결해 나가자고 제안했다. 반면 북측은 남측의 반공정책 포기, 통일문제에서 UN 배제, 주한미군 즉시 철수, 한국군의 전력 증강 및 군사훈련 중지 요구 등 또다시 강경전략으로 나왔다.

제2차 공동위원장회의는 1972년 11월 2-3일 평양에서 열렸다. 남측에서는 이후락 공동위원장, 장기영 전 부총리 겸 경제기획원장관, 최규하 대통령 외교담당 특보, 강인덕 중앙정보부 북한정보국장, 정홍진 중앙정보부 협의조정국장, 이동복 조절위원회 서울측 대변인이 참가했다. 2일과 3일 양측 간에 두 차례의 회담이 있었는데 박성철은 남북 합작의 전제 조건으로 반공정책의 중단, 주한미군 철수를 내세웠다. 이에 맞서 이후락도 '통일혁명당'을 거론하며 북의 '남조선혁명론'을 문제 삼았다. 남북 대표단의 회담은 각기 자기주장만을 되풀이하여 공전되다가 이후락 부장과 김일성 면담이 이루어지면서 돌파구가 마련되었다. 11월 3일 김일성-이후락 회동에서 김일성은 남북연방제 실시를 주장하며 연방의 전단계인 다방면적인 '합작'을 실시하자고 주장했다. 이후락은 이것이 성급하다며 단계적으로 남북이 협력하여 공동보조를 맞춰 나가자고 주장했다. 특히 이후락은 김일성 수상도 지난번에 남북 간의 문제가 한꺼번에 해결이 되느냐, 차차 연구하여 쉬운 것부터 하나하나 해결해 나가야 한다는 말씀을 했는데 남측의 단계적 접근은 다름 아닌 바로 김 수상의 말씀에 근거해 연구한 것임을 상기시켰다. 김일성도 이후락의 주장을 반박하지 않고 경제, 문화 합작으로부터 정치적 합작으로 하나하나씩 합작하자고 말했다.[140]

이렇게 보면 김일성과의 회담을 통해 남북 간의 '정치·군사 우선'과 '경제교류 우선' 간의 첨예한 격돌이 어느 정도 정리되고 선이후난 식의 남측의 접근법에 북측이 동조해 온 것으로 볼 수 있다. 또한 막바지까지 남북 간에 핵심 논란이 되었던 '합작' 용어도 '서로 힘을 합쳐 사업하는' 표현으로 타결되었다. 물론 남측도 합의서에 정치, 군사, 외교, 경제, 문화 분과위원회를 두되, 각 분과위원회는 남북조절위원회 사업이 진척되는데 따라 설치한다고 함으로써 군사·정치문제 논의를 중시하는 북측의 주장을 일정 정도 수용했다고 할 수 있다. 그리하여 11월 4일 남과 북은 '남북조절위원회 구성 및 운영에 관한 합의서' 채택을 합의했다. 그러나 김일성이 박정희와 정상회담의 필요성을 역설했으나 이후락은 조건이 먼저 성숙되어야 함을 강조했다.[141]

1972년 11월 30 - 12월 1일 제1차 남북조절위원회 본회의가 서울에서 열려 남북조절위원회를 정식으로 발족시켰다. 남측 조절위원회는 이후락 위원장, 장기영 부위원장, 최규하 위원, 강인덕 위원, 정홍진 간사위원으로 구성되었다. 북측 조

---

140 국토통일원, 『남북대화사료집』 제7권, pp.402-403, 408.

141 제2차 공동위원장회의 직후 김용식 외무부장관이 하비브 대사를 만났을 때, 박 대통령이 정치, 외교 분과위원회 설치에 합의한 데 대해 못마땅해 한다고 말했다. 그리고 설치에 합의했다고 해도 그 위원회들은 그저 형식으로만 존재하는 것이고 한국 정부가 그 위원회들을 통해 실제 할 일은 없을 것이라고 했다. 그리고 김일성이 정상회담을 요청했지만 박 대통령은 정상회담에 대해 부정적이라고 밝혔다. Telegram from Embassy Seoul to Secretary of State "Foreign Minister Discusses November 2-4 Coordinating Committee Meeting and Related Matters," November 10, 1972, United States Government Memorandum, Pol Kor 32-4 Kor N-Kor S, Subject-Numeric Files, RG 59, National Archives.

절위원회는 김영주 위원장, 유장식 부위원장, 이완기 위원, 한웅식 위원, 김덕현 간사위원으로 구성되었다. 그러나 제1차 본회의 이전부터 한국 정부 내에서 남북대화 속도조절론이 대두되고 있었다. 예컨대 김종필 총리는 11월 말 하비브 대사를 만나 이후락이 자신의 공명심을 위해 회담을 서둘러 진행하고 있다고 비난했다. 또한 이후락이 조기 정상회담을 추진하고 있는 것 같은 데 박 대통령은 이에 반대한다고 했다. 그리고 내년에도 남북대화는 계속되겠지만 문화, 스포츠 교류 정도에 그칠 것이고 경제교류의 가능성도 낮다고 했다.[142] 이후락 역시 하비브 대사를 만난 자리에서 남북 모두가 대화를 통해 시간을 벌려고 하는 데 남한은 체제정비와 국력배양, 북한은 '남조선혁명' 여건 조성을 위해서라는 것이다.[143] 이 시점에서 이후락은 남북대화의 속도를 우려하는 박 대통령을 포함한 비판세력으로부터 견제를 받고 있었다고 볼 수 있다.

요컨대 박정희 정부는 남북조절위원회나 남북대화를 통해 남북관계의 획기적 진전이 가능하다고도 보지 않았고, 이를 원하지도 않았다. 분단관리와 평화공존이 주관심사였다. 이러한 상황에서 이후락은 제1차 본회의에 참여했던 것이다. 회의에서 남측은 비정치, 비군사 부문에서 정치, 군사 부문으로 발전해 가자는 점진적 접근을 주장했다. 북측은 남북조절위원회의 실무기능을 완비해야 한다는 남측의 주장을 수용하는 양보를 보여주기도 했다. 그러나 북측은 군사대표자회담과 정치, 군사, 외교, 경제, 문화 등 5개 분과위원회의 일괄 발족시키자고 요구를 확대하는 전략을 구사했다. 이후락이 공동위원회에서 먼저 성과를 내 남북화합을 앞당기자고 촉구하였고, 박성철은 남측이 정상회담에 별 관심을 보이지 않

---

142 "Telegram from the Embassy in Korea to the Department of State," November 24, 1972, *FRUS 1969-1972(Part 1 Korea, 1969-1972)*, Vol. XIX.

143 Telegram from the Embassy in Korea to the Department of State, November 22, 1972, Pol Kor N-Kor S, Subject-Numeric Files, RG 59, National Archives.

자 비밀 정상회담을 제안하기도 했다.

제2차 남북조절위원회 본회의는 1973년 3월 15일 평양에서 개최되었다. 남한은 남북조절위원회 운영세칙 마련, 공동사무국 설치규정 제정, 판문점 공동경비구역 내 남북조절위원회 건물 공동 건립 등을 제안했다. 북한은 남북 군비경쟁 중지, 군대 10만명 또는 그 이하 감축, 주한미군 철수, 남북간 평화협정 체결, 군사 분과위원회 우선 구성과 남북의 각 정당과 사회단체가 참석하는 연석회의의 개최 등 또다시 강경전략으로 선회했다. 제2차 본회의 직후 이후락은 하비브 대사를 만나 북한이 선전공세에 치중하고 군사·정치우선론에서 변화가 없다고 평가했다. 그리고 여야가 참여하는 정치 분과위원회 구성은 생각해 볼 수 있지만 군사 분과위원회와 평화협정 체결은 고려 대상이 아니라고 했다.[144] 같은 해 6월 12~13일 서울에서 열린 제3차 본회의에서 북한은 정당 및 사회단체 연석회의 개최, 5개 분과위원회 동시 설치 등 강경 주장을 반복했다. 이에 대해 남측은 공동사무국 설치를 위해 북측이 성의를 보일 것과 경제 및 사회문화 분과위원회를 우선 설치할 것을 제의했다. 제3차 회의에서도 제2차 회의와 마찬가지로 어떠한 합의도 도출하지 못했다. 세 차례에 걸친 본회의에서 남과 북의 주장이 평행선을 달리다가 1973년 8월 28일 북한의 김영주가 대화 중단을 선언함에 따라 회의가 결렬되었다.

요컨대 남북한 당국은 남북조절위원회를 구성하여 서울과 평양을 오가며 몇 차례의 회의를 개최했지만 쌍방의 일방적인 주장 속에 회담 진전을 기대하기는 어려웠고 구체적인 성과도 없었다. 회의 결렬 이후에도 1973년 12월 5일부터

---

144 Telegram from Embassy Seoul to Secretary of State, "Lee Hu-Rak's Comments on Recent South-North Coordinating Committee Meeting," March 28, 1973, Pol 32-4 Kor/UN, Subject-Numeric Files, RG 59, National Archives.

1975년 3월 14일까지 판문점에서 남북조절위원회 부위원장회의가 개최되었다. 그러나 대화의 동력은 이미 상당히 떨어져 있었다.

5) 북한의 남북대화 중단 선언

북한은 1973년 3월 평양에서 열린 제2차 남북조절위원회 회담에서 군사문제의 선결적 해결을 주장하고 나서면서 남한을 강하게 몰아부쳤다. 이를 통해 남한의 통일문제에 대한 진정성을 시험하고, '대화를 말하면서 정작 군사문제에 소극적인 남한의 이중성'을 국제사회에 폭로하고자 했다. 이후 북한은 점차 남북대화를 통한 박정희 정권의 고립 보다는, 대외 선전공세나 UN에서의 남한과의 외교경쟁을 통한 박정희 정권 고립에 더 비중을 둔 것으로 보인다. 북한은 자신들이 제안한 군사문제의 선결을 남한 당국이 수락하지 못하는 이유가 미국과 일본이 남한의 군부집단에게 압력을 가하기 때문이라고 보고 있었다.

그 후 1973년 6월 박정희의 '6.23선언'에 대응하여 김일성도 '조국통일5대강령'을 공표함으로써 남북대화는 사실상의 파산상태를 맞이했다. 당시 북한은 남한의 UN 동시가입 제안이 혹시 제3세계국가들로부터 지지를 받지 않을까 우려하고 있었다. 또한 북한은 남북이 대화를 추진하는 데 새로운 큰 어려움이 가로놓여져 있으며, 통일까지는 당초 예상했던 것보다 많은 시간이 소요될 것으로 판단하기 시작했다. 그리고 북한은 마침내 1973년 8월 28일, 김대중 납치사건과 6.23선언을 비난하며 남북대화 중단을 선언했다. 남북대화의 시작만큼이나 그 냉각 또한 드라마틱했다.

그러나 북한의 남북대화 중단 선언이 남한에 혁명역량을 주입시킬 수 있는 통로로서의 대화의 유용성 자체를 폐기했다는 의미는 아닐 것이다. 북한은 남북조절위원회 북측 공동위원장 김영주 명의의 대화 중단 성명을 통해 김대중 납치사건을 주모하고 6.23선언으로 '두 개의 조선'을 획책한 이후락과는 대화할 수 없다고 주장했다. 아울러 김영주는 남북대화 계속의 필요성을 인정하면서 대화 재개를 위해 이후락의 교체와 6.23선언의 취소, 그리고 남북조절위원회를 당국자들뿐만 아니라 정당, 사회단체, 대표 및 각계각층 인사들이 참가하도록 개편하는 것 등을 제시하였다. 남북조절위원회 개편은 남북정치협상회의의 변형으로서 사실상 남북 당국간 대화를 거부하고 대민족회의로 전환시키려는 의도였다. 북한의 남북대화 중단 선언 이후에도 남북 간에는 1975년 3월까지 모두 10차례의 남북조절위원회 부위원장회의가 판문점에서 개최되었으며, 남북적십자 및 조절위원회 실무자 간의 접촉은 지속되었다. 그러나 북측이 남북조절위원회를 대민족회의 형태로 개편할 것을 주장함으로써 진척을 보지 못했다. 더욱이 북한은 1973년 말부터 남북대화와 미중데탕트를 통한 주한미군 철수 기도라는 북한이 가졌던 애초의 기대가 사라지자 주한미군 철수와 평화협정 체결을 미국과의 직접 협상을 통해 해결한다는 방침을 점차 굳혀갔다고 할 수 있다. 그리하여 북한은 1973년 11월 UNCURK 해체를 전후하여 미국과의 직접 협상을 통해 UN사 철폐와 평화협정 체결 등 한반도의 정치·군사문제를 풀겠다는 조짐을 보였다. 이런 맥락에서 1973년 말부터 NLL지역을 분쟁 수역화하면서 한반도평화 문제를 미국과의 협상으로 풀 수밖에 없다는 분위기를 조성하고자 했다. 북한의 북미평화협정 제안은 1973년 1월 베트남전 종전을 위한 파리평화조약으로부터 일정한 영향을 받았다고 할 수 있다.[145] 그리고 마침내 1974년 3월, 이전의 남북평화협정 제안에서 선회하여 북미평화협정 체결을 주장했다. 이를 계기로 북한이 미국과의 직접 접촉에 주력하면서 남북대화는 침체될 수밖에 없었다.

---

145 Bernd Schaefer, *op.cit.,* pp.23-24; Yafeng Xia & Zhihua Shen, *op.cit.,* pp.1105-1106.

2. 한국의 협상전략

1970년대 초 남북대화에 임했던 한국 정부의 목표는 '선 평화, 후 통일'의 8.15 선언을 기조로 하면서 대화의 목표를 전쟁 방지를 위한 남북 간 긴장완화와 불신 제거에 두었다. 한국 정부의 기본 입장은 남북 간의 기본적인 신뢰관계가 구축되지 않은 상황에서 본격적인 통일논의는 시기상조이며, 중요한 것은 평화정착 노력이라는 것이었다. 남측은 실제 회담에서도 남북 간 불신 제거를 위하여 경제, 사회, 문화 교류를 제안했다. 북측은 연방제 통일, 군사문제 우선 해결 등을 제안했지만 남북의 상호 불신이 여전한 상황에서 협의하고 실현할 수 있는 제안으로 보기 어려웠다. 한국 정부는 남북대화를 통해 전쟁을 방지하는 일방 경제성장, 자주국방, 정치안정을 먼저 이루고 통일은 그 후에 가능한 일로 보았다. 때문에 남북대화를 통해 통일을 달성할 수 있다고 판단하지 않았다. 당시 한국 정부의 대북협상에 임하는 이와 같은 기본 입장과 목표는 이후락 부장의 평양 비밀방문 시, 박 대통령의 다음과 같은 특수지역 출장에 관한 훈령(1972.4.26.)에 잘 나타나 있다.

> 1. 우선 남한 국력이 북한 국력보다 우위에 있다는 자신감으로 대화에 임함으로서 북이 우위라는 환상적 기를 꺾고, 평화통일을 위한 제의견을 교환해 봄.
>
> 2. 상대방 요로의 사고방식 및 현재 북한의 실정을 파악하는 데 중점을 둠.
>
> 3. 의견 교환시 상대방의 태도 등을 감안하여 필요하다면 다음과 같은 내용의 설명을 할 수 있음.
>
> 다 음
> 가. 통일은 궁극적으로 정치적 회담을 통한 평화적 통일이어야 함.

나. 남북은 사반세기 동안 정치, 경제, 사회, 기타 분야에 있어 상호 상이한 제도하에 놓여 있는 실정을 직시하고 통일의 성취는 제반문제의 단계적인 해결을 통하여 궁극적인 평화통일 목표달성을 도모하기로 함.

다. 따라서 우선 현재 진행 중인 남북적십자회담을 촉진시켜, 가족찾기 운동이라는 인도적 문제의 조속한 해결을 보도록 하고 다음 단계로 경제, 문화 등 비정치적 문제를 다루도록 하는 회의를 열기로 하며, 최종단계로 정치적인 문제를 다루는 남북간 정치회담을 갖기로 함.

라. 이를 위하여 남북 간의 분위기를 가능한 한 호전시킴이 긴요함에 감(鑑)하여 남북 간의 대화와 접촉이 진행 또는 계속되고 있는 동안, 1) 비현실적인 일방적 통일방안의 대외선전적 제안을 지양하는 동시에, 2) 남북간 상호 중상 및 비방은 대내외적으로 이를 지양하며, 3) 직접적이거나 간접적임을 막론하고 무력적 행동으로 상대방을 괴롭히는 처사는 일체 안하기로 함.

위 훈령에서 보는 것처럼 박 대통령은 통일의 성취는 남북이 사반세기 동안 상호 상이한 제도 하에 놓여 있는 실정을 직시하여 제반 문제의 단계적 해결을 통하여 이루어져야 한다는 확고한 방침을 갖고 있었다. 따라서 우선 ① 적십자회담을 촉진시켜 인도적 문제를 조속히 해결한 후, 다음 단계로 ② 경제, 문화 등 비정치적 문제를 다루는 회담을 열고, 최종 단계로 ③ 정치적 문제를 다루는 남북간 정치회담을 가질 수 있을 것이라는 3단계 접근방식을 견지하고 있었다. 북측이 주장하는 정치·군사문제의 우선적 논의와 해결은 남북관계의 '적극적 현상변경'이었다. 반면, 인도적 문제 해결, 경제·문화교류를 우선시하는 남측은 '현상유지' 내지 '점진적 현상변경'을 지향하고 있었다. 따라서 남측은 적십자회담을 정치회담으로 변질시키려는 북측의 의도를 좌절시키고 적십자회담을 순수한 적십자회담으로 국한시키기 위해 남북 비밀접촉을 통해 남북 간에 별도의 정치적 대화통로를 마련하고자 했다. 그리하여 정치성을 띤 문제들이 적십자 예비회담에서 토의되지 않도록 하고자 했다.

한편 남측은 국력이 북한보다 우위에 있어 힘의 우위에서 협상할 수 있다는 자신감을 가지려 했고 북한에게 우월한 남한의 실상을 보여주려고 했다. 북한이 대화를 통하여 남한을 '민주화', '혁명화' 시킨다는 목표를 가졌다면 남한은 남북대화를 통해 북한에 '자유의 바람'을 불어넣겠다는 목표를 가지고 있었다. 다만 북한에 자유의 바람을 불어넣는 방식은 정치적, 이념적 선전공세가 아니라 풍요롭게 사는 남한 사회를 보여줌으로써 자연스럽게 남한 사회의 우월성을 심어주는 방식이었다. 남북대화 과정에서 남측은 북보다 풍요롭고 자유로운 남한 사회의 면면을 보여주기 위해 많은 노력을 기울였다.[146] 그리고 북한이 주한미군 철수와 남한 내 혁명세력 지원이라는 목표를 가지고 남북대화에 임했다면 남한은 긴장완화, 주한미군 철수 저지, 정권강화가 그 목표였다. 박정희 정부는 대화를 하면서 국방력 강화, 경제성장을 위한 시간을 벌려고 했기 때문에 대화의 지속을 원했다.[147]

1970년대 초 남북대화는 남북이 서로 일방적인 이익만을 추구하거나 상대방에 대한 불이익을 안기려는 제로섬(zero-sum) 방식이 주를 이루었다. 특히 북한은 합의도출을 통해 협상이익을 추구하는 진의협상(眞意協商)보다는 합의도출에 무관심한 의사협상(疑似協商)의 면이 두드러졌다.[148] 한국 정부의 협상전략은 남

---

146 홍석률, 『분단의 히스테리』, pp.262-267. 그러나 박 대통령은 김달술 중앙정보부 북한처장이 이산가족찾기운동이 성공적으로 이루어지면 북한에 '자유의 바람'을 불어넣을 수 있을 것이라고 자신 있게 말하자 거기에 너무 큰 기대를 갖지 말고 제1차 예비회담이 열리면 연락사무소를 만들어 북측과 전화로 연락할 수 있도록 하라고 지시했다. 박 대통령은 북한이 응하여 연락사무소가 만들어지면 그것만으로도 회담은 80%의 성공이라면서 적십자회담을 통한 남북한 이산가족 문제에 처음부터 큰 기대를 걸지 않았다. 강인덕·송종환 외, 앞의 책, p.477.

147 우승지, 『남북화해론: 박정희와 김일성』, p.287.

148 진의협상과 의사협상에 대해서는 김도태, 「남북한 협상행태 비교연구 (민족통일연구원

북관계 개선을 위한 단계적 접근전략, 기능주의적 접근전략[149], 남북한 당국 간 대화의 제도화 전략, 회담단계별 북한측 태도에 상응한 원칙협상전략(principled negotiation)과 입장협상전략(positional bargaining)의 혼용으로 볼 수 있다.[150] 이에 비해 북한은 정치·군사문제 우선 해결을 강조하는 한편 정치·군사문제와 인도주의·경제·문화 분야의 동시일괄타결을 주장하였다. 동시일괄타결은 이후에도 북한이 지속적으로 주장해 온 협상방식이다. 1970년대 초 남북대화에 임한 한국 정부의 기본전략은 단계적, 점진적 접근 원칙 아래 북한체제 인정 – 긴장완화 – 교류·협력 – 통합을 모색하는 과정이었다고 할 수 있다. 한국 정부는 남북대화 개시 초기부터 남북관계 개선을 단계적으로 추진하여야 한다는 접근 방법을 택하였다. 한국 정부는 통일을 비교적 장기간의 목표로 정하고 이에 도달하기 위하여 점진적으로 쉬운 문제부터 어려운 문제로, 간단한 문제로부터 복잡한 문제로 시간을 두고 단계적으로 해결해 나간다는 입장이었다.[151]

남측은 북측의 정치·군사문제 우선해결 주장에 대항하여 남북 간의 동질성 증대를 위하여 기능주의이론에 입각하여 경제, 사회, 문화 등 비정치 분야의 교

연구보고서 94-29)」(서울: 민족통일연구원, 1994), p.25 참조.

149 그런데 기능주의적 접근이 기본적으로 체제와 이념상의 동질적인 정치단위를 상정한다고 할 때 남북 간에 기능주의적 접근이 적절한가에 대해서는 논의의 여지가 있다. 그리고 이질적 정치단위로 구성된 분단국에서 이산가족 상봉이 과연 순수한 비정치적 문제일 수 있느냐 하는 점이다. 때문에 이산가족 상봉을 인도주의적 사안으로 규정한 한국 정부의 입장 역시 인도주의 문제에 대한 정치적 접근이었다고 할 수 있다.

150 강인덕·송종환 외, 앞의 책, pp.193-199. 원칙협상전략이란 원칙과 객관적 기준을 세워 가급적 원만한 합의를 도출하기 위해 협상하는 것을 말하고, 입장협상전략이란 쌍방이 기본 입장을 주장하며 협상하는 것을 일컫는다. 입장협상전략은 기본 입장의 관철을 위해 장기간에 걸친 시비의 과정을 통해 상대방의 양보를 강요함은 물론 압력을 가하며 일방적 이익을 추구하는 강경한 협상전략이다. 임동원, "남북고위급회담과 북한의 협상전략," 곽태환 외, 『북한의 협상전략과 남북한 관계』(서울: 경남대 극동문제연구소, 1997), p.124.

151 강인덕·송종환 외, 위의 책, p.194.

류·협력부터 먼저 시작할 것을 제안하였다. 남측의 이러한 주장들은 비정치적 분야에서의 협력이 궁극적으로 정치영역의 협력을 증진시키게 된다는 기능주의적 통합이론에 입각하여 경제 분야의 6개 사업과 사회·문화 분야의 10개 사업을 제의한 것이었다. 그러나 북측의 반대로 초보적인 교류·협력도 실현시키지 못하였다.[152] 또한 남측은 남북 상호 간의 신뢰가 구축되기 전에 평화협정 체결 등 군사문제를 거론하는 것은 시기상조라고 규정했다. 따라서 우선 남북조절위원회 운영에 관한 세칙과 판문점 내 공동사무국 건물의 공동 건축 등 대화 운영을 위하여 필요한 실무적 조치를 강구하여 남북 간의 대화를 제도화할 것을 주장하였다.

박정희 정부의 협상전략은 대화단계와 대화 상대방의 태도에 따라 상호 공동이익이 될 수 있는 여러 대안을 제시하여 합의를 도출하는 원칙협상전략과 남측의 입장 관철에 주력하는 입장협상전략을 혼용했다. 기본적 합의를 도출하는 제1단계 기간 중에 남측은 대체로 교착상태에 있는 대화를 전환시키거나 대화의 성공 가능성을 높이기 위하여 원칙협상전략의 측면에서 북측의 경직된 자세를 완화하게 하는 양보전략과 상호 이익이 되는 부분에 대하여는 북측의 동참을 유도하고, 상호 갈등이 있는 부분에 대하여는 타협의 자세로 북한의 부분적인 양보를 요구하는 문제해결전략을 구사하여 합의를 유도하였다.[153] 이에 따라 남측은 제1단계 기간 중에는 북측의 입장과 제안을 고려하면서 합의 유도를 위하여 수정, 보완된 협상안을 지속적으로 제시하였다. 그러나 남측은 남북조절위원회 제2차 공동위원장회의에서 북측이 제의한 '합작' 용어의 의도를 간파하고 '남북조절위원회 구성 및 운영에 관한 합의서' 채택 교섭 시 끝내 남측 입장을 관철시키기도

---

152 강인덕·송종환 외, 위의 책, p.196.
153 강인덕·송종환 외, 위의 책, pp.198-199. 양보전략 및 문제해결전략을 포함한 협상전략의 유형에 대해서는 김도태, 앞의 보고서, pp.22-36 참조.

하였다. 남측은 기본합의를 이행하는 문제를 협의하는 제2단계와 북측이 일방적으로 대화 중단을 선언한 후 대화 정상화를 협의한 제3단계에서는 입장협상전략으로 대응하지 않을 수 없었다.[154] 남측은 남북조절위원회 제2차 회의와 제3차 회의에서 북측이 주한미군을 철수시키기 위하여 군사문제 우선해결을 주장하고 남북조절위원회 부위원장회의에서 남북조절위원회를 남북정치협상회의로 변질시키려고 한 데 대하여 강력히 반대하였다. 결국 북한은 남북대화의 중단을 선언했다.

남측이 남북대화에 임하는 기본 전략은 양보전략과 문제해결 전략[155]이었다. 때문에 실제 대화의 장에서 구사된 전술은 매우 제한되고 수세적이었다. 북측은 회담의 개막단계, 중간단계, 합의단계, 이행단계 별로 다양한 전술을 구사한데 비해서[156] 한국은 비교적 단순한 전술을 취했다. ① 타협과 양보를 통하여 북한을 대화로 유도하는 전술, ② 상호주의 원칙을 주장함으로써 북한의 일방적인 요구를 봉쇄하는 전술, ③ 협상의제에 충실함으로써 북한의 대화 외적 부수효과인 정치선전적 의도를 무산시키는 전술, ④ 논쟁 전술 등을 들 수 있다.[157] 전반적으로 볼 때 남측의 대화전략이 남북적십자 본회담 추진과 남북조절위원회 발족 등 일정 정도 제도화된 남북대화의 틀을 추구한 것은 사실이다. 그러나 남측의 대화전략이 유신체제 수립과 같은 국내정치 일정과 맞물려 있었음도 부인하기 어렵다. 남북대화의 남측 컨트롤타워의 정점에 있었던 박 대통령과 이후락 부장은 유신체제 수립을 전후하여 체제전환의 명분 확보를 위하여 남북대화를 도구화하는

---

154 강인덕·송종환 외, 위의 책, p.199.
155 이에 대해서는 김도태, 앞의 보고서, pp.23-24 참조.
156 북한의 협상행태에 대해서는 곽태환, 앞의 책; 송종환, 앞의 책; 김도태, 앞의 보고서 참조.
157 강인덕·송종환 외, 위의 책, p.200.

경향이 농후했다. 결국 박정희 정부는 1970년대 초 남북대화를 통해 당초 목표였던 남북 간 긴장완화와 불신해소를 이루지는 못했다. 다만 남북대화 과정에서 북한의 의도와 입장을 보다 잘 이해하게 되었다. 또한 그 전까지 정부 당국의 일방적인 반공이데올로기 세례를 받아왔던 국민들도 북한에 대한 인식을 제고하는 계기가 되었다.

3. 북한의 협상전략

북한은 1970년대 초 남한 당국을 '남조선혁명'을 위한 상층통일전선전술의 대상으로 파악하고 있었다. 북한은 당국간 대화를 할 경우에도 하층통일전선 강화 차원에서 비당국 주도 또는 당국을 배제하는 대화 방식인 정치협상회의나 대민족회의를 거론하였다. 주변세력과 연대하여 상대방 핵심세력을 고립, 포위, 타도하는 통일전선전략에 입각할 때 남한 당국과 보수세력은 타도와 전복이 대상이지 대화와 협상의 대상이 될 수 없었다. 북한은 적십자회담도 통일문제 해결을 위한 제정당·사회단체 회담으로 발전시킨다는 전략을 가지고 있었다. 궁극적으로 북한은 남북대화를 남한 내 혁명세력 지원을 통한 남조선혁명 분위기 조성에 두고 있었다.[158] 북한은 7.4공동성명 발표 후 통일문제는 남북적십자회담이나 남북조절위원회와 같은 제한된 범위의 접촉이나 협상만으로는 해결할 수 없다고

---

[158] 북한이 1970년대 초반까지 여전히 '남조선혁명론'적 시각을 구체적인 대남정책에 강하게 반영시키고 있었던 것도 부인할 수 없다. 그러나 동시에 북한의 대남정책의 초점이 점차 당국자 간의 대화나 분단상황 하에서의 공식적인 평화의 문제로 옮겨간 측면이 있는 것도 사실이었다. 1960년대 '남조선혁명론'에 입각한 남한 내의 혁명적 맑스-레닌주의정당의 결성과 남한에서의 혁명적 분위기 고조를 위한 각종 시도들이 실패로 판명되었다. 이에 따라 1970년대 초 남북대화 국면에서 지하당 건설과 지하공작 사업 등과 같은 '남조선혁명론' 분위기 조성은 용이하지 않았다. 이종석, 『분단시대의 통일학』(서울: 한울, 1998), pp.95-96.

하면서 남북한 제정당·사회단체연석회의, 남북한 국회의원들의 연합회의와 같은 정치협상회의를 주장하였다.[159] 북한은 남북조절위원회가 자신들이 목적한대로 운영되지 않자 1973년 6월 23일 '조국통일5대강령'을 통해 통일문제의 협의, 해결을 위하여 남북의 노동자, 농민, 인테리, 청년학생, 군인, 민족자본가, 소자산계급과 각계각층의 인민과 각 정당, 사회단체 대표가 참가하는 대민족회의 소집을 제의하였다. 북한은 기본적으로 남북한 당국간 대화를 남조선혁명 역량 강화 차원에서 접근했기 때문에 남북관계의 진전수준에는 일정한 한계가 있었다.

북한은 협상을 현안 문제의 평화적 해결 수단이라기보다는 또 다른 수단에 의한 전쟁으로 보는 중소의 협상관으로부터 받은 영향과 북한의 특수한 정치문화로 인하여 남북협상에서 상인적(mercantile) 협상행태보다는 전사적(warrior) 협상행태를 취한다. 또한 회담에서 타협과 양보를 통하여 상호 충돌되는 의견과 이익을 조정하는 진의협상보다는 타협과 양보를 기피하는 의사협상을 한다.[160] 북한은 대화 초기 유연함과 양보를 보여주기도 했지만 합의사항의 이행을 위한 실질문제 토의에 이르게 되면 남한이 도저히 수용할 수 없는 요구사항을 단계적으로 확대하거나 새로운 이슈를 제기함으로써 대화는 진척될 수 없었다. 대화에 임한 북한의 목적과 방점이 남북 간의 합의와 실천보다는 남조선혁명과 통일분위기 조성에 있었다고 볼 수 있는 대목이다. 1970년대 초 남북대화에 직접 참여한 바 있는 송종환은 북한의 협상행태를 다음과 같이 정리한 바 있다.[161]

---

159 이동복, 『통일의 숲길을 열어가며 2』(서울: 삶과꿈, 1999), p.223.

160 김도태, 앞의 보고서; 송종환, 앞의 책 참조.

161 Jong-Hwan Song, "How the North Korean Communists Negotiate: A Case Study of the South-North Korean Dialogue of the Early 1979s," *Korea and World Affairs*, Vol.8, No.3(Fall 1984), pp.661-663.

① 북한이 주장한 일정과 장소를 관철하려고 한다.

② 북한은 공식회담이 진행되기 전이나 공식회담 첫 단계에서 의제를 제안하여 협상의 이니셔티브를 쥐고 최대한 선전효과를 거두고자 한다.

③ 북한은 초기 협상과정에서는 협상의 급진전을 추구하지만 구체적 토의 단계에 들어가면 지연전술을 쓴다. 지연전술로 상대방을 지치게 하고 약화시켜 상대방의 사기 저하를 도모한다.

④ 북한은 여러 가지 안건을 동시에 제안하여 그들이 추구하는 실질적인 목적을 은폐하려고 한다. 또한 제안 설명 과정에서 해당 안건과는 무관한 선전선동을 일삼는다.

⑤ 북한은 합의 내용의 토의에 있어서 그들의 목적과 조건을 명백히 하고 그 주장을 비타협적으로 고수하려고 한다. 또한 원칙 합의 내용을 일방적으로 해석하고 상대방이 이에 응하도록 강요한다.

⑥ 북한은 진행 중인 협상이 그들의 목적을 위해 무용하다고 생각되면 언제나 일방적으로 대화를 중단하고 대화 재개의 새로운 조건을 내건다. 이 단계에 이르면 북한은 협상팀 교체를 요구하고 구성 인원들에 대하여 새로운 트집을 잡는다.

위와 같은 북한의 협상행태는 앞에서 살펴본 70년대 초 일련의 남북대화 전개 과정에서 그대로 나타났다. 당시 남북대화에 관여했던 강인덕 전 중앙정보부 북한국장에 의하면 남북대화에서 북측이 사용한 전형적인 회담전술의 하나는 '먼저 회담에 적용할 일반원칙들(agreements in principle)에 대해 합의를 보고 부차적인 문제는 뒤로 돌리자'는 이른바 '원칙적 문제의 우선 토의' 주장이었다. 사실 공산주의자들과의 일반원칙 합의의 위험성에 대한 경고는 결코 새로운 것은 아니다.[162] 북한이 전개하는 논리는 '이 회담이 해결해야 할 궁극적인 목표가 무엇인지를 명백히 알고 이를 위해 쌍방이 합의해야 할 기본적이고 원칙적인 문제가 무엇인지를 먼저 토의하고 합의한 후 다음 문제로 넘어가자'는 것이었다. 예컨대

---

162 이동복, "7.4남북공동성명과 박정희 대통령," pp.182-183 참조.

북측 대표는 적십자회담에서는 '이산가족의 고통을 덜어주는 데 있어서 가장 중요한 문제는 이산가족이 자유롭게 만날 수 있도록 하는 것이며, 이를 위해 '자유왕래의 원직'에 합의하고 그 실현을 위해 자유 왕래를 저해하는 남한의 반공법, 반공 교육, 반공 매스컴 등 법률적·사회적 조건과 환경을 개선하기 위해 문제를 먼저 토의해야 한다'고 주장하였다.[163] 북측이 협상의 개막 단계에서 일반원칙들을 채택하고자 하는 이유는 후속회담에서 이 원칙들을 일방적으로 해석하여 남측의 대내외 정책을 비난, 간섭하고 대화의 조건으로 남측의 정책변경을 요구하기 위한 것이다.[164] 일반원칙 합의의 대표적인 예가 바로 발표 직후부터 해석을 둘러싸고 남북이 논란을 벌인 7.4공동성명의 통일 3대원칙이다. 북측은 남북조절위원회 회의를 비롯한 각종 남북대화에서 김일성의 통일 3대원칙 해석을 기준으로 하여 주한미군 철수, 군축, 외래 침략에 효과적 대처, 반공법·국가보안법 철폐 및 남북적십자회담의 순조로운 진행을 위한 법률적 조건과 사회적 환경 개선을 노골적으로 요구함에 따라 남북대화의 진전을 가로 막았다.[165]

1970년대 초 남북대화 당시 북한은 박정희 정부와 연방제 및 군사문제 우선 해결을 합의하여 반공법을 폐지하고 주한미군을 철수시키기만 하면 북한식 통일이 가능할것으로 보고 있었다고 할 수 있다. 북한은 유신체제 수립에 대한 부정적 태도와 북한 지도부 내에서의 비판에도 불구하고 통일전선 차원에서 남북

---

163 강인덕, "1970년대 남북대화와 교훈," p.254.

164 송종환, 앞의 책, p.187.

165 강인덕은 남북한이 7.4공동성명에서 서로 해석을 달리하는 항목에 합의를 한 것은 이러한 합의가 이행될 수 없을 것임을 사전에 인지하지 못한 비합리적 결정이라기보다는 합의를 유도하기 위하여 전략적으로 모호하게 처리한 데 기인한다고 지적했다. 따라서 남북회담에서는 반드시 구체적이고 실천적인 합의를 이루고 난 후 서명해야만 한다고 강조한다. 강인덕, "1970년대 남북대화와 교훈," pp.256-257.

대화의 통로를 열어놓기 위해 한동안 남한에 대한 비난을 자제하기도 했다. 그러나 북한은 남북대화 진행 과정에서 남한 당국과 상층통일전선을 구축하기 어렵다는 사실을 깨달았고 회담을 할수록 실익이 없고 자신들이 수세에 몰린다는 사실을 알아차렸다. 남과 북의 대표단이 상호 왕래하는 과정이 오히려 남한의 반공 및 안보체제에 강화에 기여할 뿐만 아니라 남한의 경제 발전상을 목도하는 기회가 되었다. 때문에 북한은 대화 지속에 흥미를 잃고 북측이 대화를 먼저 깼다는 비난을 받지 않으면서 회담을 중단할 기회를 엿보고 있었던 것으로 보인다.[166] 북한은 마침내 1973년 8월 28일, 김대중 납치사건과 6.23선언을 비난하며 남북대화 중단을 선언했다. 이후 북한은 남북대화의 통로를 완전히 폐쇄한 것은 아니지만 대외 선전공세나 남한과의 외교경쟁, 그리고 북미평화협정 체결 등 미국과의 직접 협상에 비중을 두었다.

---

166 강인덕·송종환 외, 앞의 책, pp.498-499.

IV. 7.4공동성명 및 남북대화와 한국외교

1. 7.4공동성명 전후 외교 활동

1) 미중데탕트와 한국외교

1971년 3월 25일 발표된 닉슨의 외교백서에서 미국 정부는 처음으로 '중화인민공화국(People's Republic of China, PRC)'이라는 정식 호칭을 사용했다. 그리고 1971년 4월에는 미국 탁구 선수단이 북경을 방문하여 중국 대표팀과 친선경기를 가졌다. 또한 71년 4월 27일 파키스탄 채널을 통해 대통령 특사 또는 닉슨 대통령의 북경 방문을 환영한다는 중국의 비망록이 백악관에 전달되었다. 닉슨 대통령은 5월 10일 그의 특별보좌관 키신저를 파키스탄을 통해 보내겠다는 회신을 중국에 보냈다. 키신저의 북경 비밀방문이 성사되는 순간이었다. 이렇게 미중데탕트 조짐이 숨 가쁘게 전개되고 있던 시점인 1971년 5월 말, 주미 한국대사관도 닉슨 행정부의 대중국 접근정책의 배경 및 추이, 중국 대표권 문제, 미국의 대중국 무역 문제 등에 대하여 본국에 보고했다.[167]

당시 외무부에서 작성한 자료에는 미국의 대중 긴장완화 정책에 대한 외교적 대책을 제시하고 있다. 우선 대미외교 강화를 통한 상호방위체제의 유지, 한국군의 현대화, 적정 수준의 군원 확보 등의 중요성을 강조했다. 둘째, 중국의 UN가입에 대비하여 UN군의 계속 주둔과 UNCURK의 유지에 영향이 없도록 대UN 외교노력이 필요하다고 지적했다. 셋째, 일본 및 동남아 국가들과의 지역협력을

---

167 "주미대사가 외무부장관에게 보낸 전문: '미국의 대중공정책'," 1971.05.24, 문서번호: 미상 772, 『미국·중국(구 중공)관계, 1971』, 분류번호: 727.4CP/US 1971, 등록번호: 4298, 대한민국외교사료관.

강화하여 아시아에 있어서 한국의 국제적 위치를 더욱 확고히 한다. 넷째, 중립
국 외교의 강화를 위하여 외교관계에 있는 모든 나라들에 상주공관 설치 및 외
교승인 문제에 있어서 실리에 기초한 신축성 있는 정책을 사안별로 적용하여 중
국 침투에 편승한 사회주의권 국가들의 진출을 최대한 봉쇄하도록 한다. 특히 아
프리카 신생국에 대하여는 경제 및 기술협력을 강화하여 실리적인 관계를 구축
함으로써 북한이 뚫고 들어올 가능성을 봉쇄하는 것이 필요하다. 다섯째, 동구권
국가들과의 관계개선을 통해 유고슬라비아 등 비적성 동구 국가와 과감한 접촉
접근을 기도함으로써 통상관계의 설정 및 공식관계로 진전시켜 한국 외교활동
의 폭을 넓히는 동시에 북한의 배후를 찌르는 활동을 전개하도록 한다는 것 등이
다.[168]

위 외무부 자료는 미국의 대한정책 전환을 시사하는 미 정부 및 의회 고위인
사들의 발언에 대한 분석과 그에 대한 대책도 제시하고 있다. 즉, 미국의 대한정
책이 한국의 중요도를 경시하거나 한국으로부터 궁극적으로 후퇴하려는 저의가
있는 것으로 보이지는 않는다고 분석했다. 한미 간의 안보유대관계는 계속 유지
될 것으로 보지만 한국의 정치, 경제 발전상을 감안한 자위능력 향상을 통해 닉
슨독트린을 용이하게 추진하고자 하는데 목적이 있는 것으로 보인다고 분석했
다. 박 대통령의 8.15선언에 대해서 공식적으로 환영의 태도를 보인 미국은 최근
미중데탕트 무드에 따라 남북대화가 한반도의 긴장완화에 기여할 것이라는 견
해를 갖고 있는 것으로 보인다고 평가했다. 따라서 이에 대한 대책으로는 ① 한
반도에 있어서 북한이 아직 무력에 의한 대남 적화통일정책에 광분하고 있음을
강조하여 한국의 자체방위 능력이 과대, 과소 평가되어서는 안된다는 점을 점을

168 "참고자료," 1971.06.23, 문서번호: 미상, 『미국·중국(구 중공)관계, 1971』, 분류번호: 727.4CP/US
1971, 등록번호: 4298, 대한민국외교사료관.

인식시키고, 가능한 한 미국의 대한 방위공약을 최대한 준수토록 촉구하여 국군 현대화 계획의 성공적인 추진과 경제발전을 위한 미국의 계속적인 지원을 유지 하도록 대미교섭 전개, ② 북한의 허위적 평화공세와 허위선전의 기만성을 폭로 하고 인식시키는 데 만전을 기하고, 박 대통령의 8.15선언의 실현을 위한 정세 유 도와 UN결의에 의한 통한정책을 실현하기 위한 노력의 계속, ③ 미국은 아시아 에서의 닉슨독트린의 적용, 중국과의 관계 개선 등을 모색함에 있어서 이 지역의 세력균형상의 변동을 초래하거나 한국안보에 영향을 주지 않도록 신중을 기해 야 할 것이며, 특히 미국은 태평양 국가로서 이 지역의 평화와 안보를 위하여 계 속 중추적 역할을 담당하도록 외교적 노력 경주, ④ 아주 안보를 위한 일본의 역 할 과대평가 및 일본의 적극적 개입의 비현실성을 감안하여 한미방위체제의 계 속적인 유지 강화 등을 강조하고 있다.[169]

닉슨은 1971년 7월 15일 특별담화를 통해 72년 5월 이전에 중국을 방문할 계획 이라고 밝혔다. 당일 주미대사는 박 대통령에게 전문을 보내 미국이 중국과의 새 로운 관계를 모색하더라도 오랜 우방국을 희생시키지 않을 것이라고 보고했다. 닉슨 대통령이 방송 30분 전 주미대사에게 전화로 직접 연락하고 중국 방문 수 락 사실을 박 대통령에게 전달해줄 것을 당부했으나, 워싱턴 DC의 전화 파업으 로 전화 연락이 안되었다고 첨언했다.[170] 미중 접근에 대한 한국 정부의 입장을 정리한 외무부 문건에서는 중국의 지리적 인접, 북중 간의 밀착 상태, 그리고 북 한의 무력적화통일정책을 중국이 적극 지원하고 있는 사실에 비추어 한국은 미

---

169 "참고자료," 1971.06.23, 문서번호: 미상, 『미국·중국(구 중공)관계, 1971』, 분류번호: 727.4CP/US 1971, 등록번호: 4298, 대한민국외교사료관.

170 "주미대사가 대통령 앞으로 보낸 전문" 1971.07.16, 문서번호: 미상, 『미국·중국(구 중공)관계, 1971』, 분류번호: 727.4CP/US 1971, 등록번호: 4298, 대한민국외교사료관.

중 간의 해빙 무드에 대해 깊은 우려와 관심을 표명했다. 외무부 북미 1과가 작성한 이 문건은 아시아에서 미국의 탈관여(disengagement)가 급격히 이루어진다면 이는 필경 힘의 공백상태를 초래할 것인바, 한국을 비롯한 자유 아시아 국가들의 안전에 큰 위협을 던지는 결과가 될 것이라고 분석했다. 따라서 미국 정부는 한국을 포함한 자유 아시아 국가들의 이익을 보장하도록 해야 할 것이며, 이 지역의 약소국의 장래가 강대국 정치의 흥정 대상이 되어서는 안된다고 강조했다.[171]

2) 남북대화와 외교경쟁 고조

1970년대 초 남북한은 분단정권 수립 이후 최초의 남북 당국 간 회담과 7.4공동성명을 통해 큰 전환의 계기를 마련했지만 남북대화 과정에서 체제경쟁을 하면서 대외적으로는 외교경쟁을 벌였다. 오히려 남북대화와 7.4공동성명으로 인해 남북 간 체제경쟁과 외교경쟁이 더욱 격화되고 치열해지는 양상을 보였다. 왜 이러한 역설적 양상이 벌어졌을까? 그리고 남북관계 진전과 체제경쟁 및 외교경쟁이 병진할 수 있는 관계인가? 그 답은 분단체제가 지속되는 한 남북한이 기본적으로 체제경쟁에서의 우위를 도모하는 목표를 폐기하기 어렵다는 것이다. 때문에 남북대화가 진전되고 관계의 개선이 있어도, (비록 시기별로 정도의 차이는 있겠으나) 남북관계에서 체제경쟁 요소를 배제할 수 없다. 체제경쟁에서의 우위 확보를 위해 내부적 결속, 인적·물적 자원의 효율적 동원, 그리고 체제의 공고화가 요구되고 또한 정당화되었다. 더욱이 남북간 체제경쟁은 이질적인 이념과 체제 간의 경쟁이다. 이런 상황에서 체제경쟁과 남북화해의 병진을 상정하기는 어렵다. 그리고 남북한 체제경쟁의 국제화가 다름 아닌 남북 간의 외교경쟁이다. 한마디

---

171 "미국·중공 관계에 대한 한국 정부의 입장 〈북미 제1과〉," 날짜 미상, 문서번호: 미상, 『미국·중국(구중공)관계, 1971』, 분류번호: 727.4CP/US 1971, 등록번호: 4298, 대한민국외교사료관.

로 남북관계 진전과 체제경쟁 및 외교경쟁은 논리적으로나 경험적으로 어울리지 않는 조합이다. 따라서 체제경쟁과 외교경쟁이 격화되는 속에서 남북관계는 진전되기 어렵다. 1970년대 초 남북대화 과정에서의 남북 간 외교경쟁은 이 점을 잘 보여준다.

1970년대 초 세계적인 데탕트가 시작되면서 1971년 제26차 UN총회에서 중국이 대만을 축출하고 UN에 가입하여 UN 안보리 상임이사국 지위를 획득했다. 북한은 중국이 UN 안보리의 상임이사국이 된 1971년부터 UN에 대한 적극적인 참여 자세를 보이기 시작했다. 북한은 UN과 비동맹 운동을 자신들의 국제연합전선을 강화하는 식으로 대외전략을 수정했다. 북한은 주한미군 철수, 일본의 남한 침입 방지, 그리고 국제적 승인을 얻기 위해 1971년부터 남한에 대한 평화공세에 나섰던 것이다.[172] 한국 외무부도 북한이 중국의 UN 가입 등으로 인한 국제정세의 변동에 편승하여 1972년에 UN 전문기구를 포함한 각종 정부 간 국제기구에의 가입을 활발히 시도할 것을 예상하고 가입 저지 방법에 대해 고심하고 있었다. 이에 대해 주 제네바 대표부는 북한의 국제기구 가입을 반대하는 한국 정부의 입장을 회원국에 주지시켜 가입 신청을 부결시키는 한편, 북한의 가입 기도를 사전에 탐지하는 정보 수집 등 대책을 본국에 보고했다. 한편 북한은 공산주의국가들과 비동맹국가들을 동원하여 남한에서의 외국 군대 철수와 UNCURK 해체를 제26차 UN총회의 의제로 제안함으로써 외교공세에 나섰다.

이와 같은 북한의 공세에 대해 한국은 UN에서의 한반도 문제 논의를 연기시키는 수세적인 전략을 채택하지 않을 수 없게 되었다. 1960년대 들어 제3세계 국가들이 대거 UN에 가입함에 따라 북한 지지표의 수가 매년 늘어난 데다 중국의

---

172 Yafeng Xia & Zhihua Shen, *op.cit.,* p.1099.

UN 가입으로 이전까지 서방측이 누려 왔던 UN에서의 지위가 약화되었기 때문이다. 두 가지 배경에 힘입어 UN에서 북한의 외교적 입지는 확대된 반면, 한국의 외교적 입지는 급격하게 침식되고 있었다. 이러한 곤혹스러운 상황을 감안하여 한국과 미국은 1971년 제26차 UN에서의 한반도 문제 토의를 연기함으로써 재량 상정 방식에서 더욱 후퇴한 '불상정 방식'을 채택했다. 한국과 미국은 당시 진행 중이던 남북적십자회담에 따른 남북한 화해의 분위기에서 한반도 문제가 UN에서 토의되는 것이 바람직하지 않다는 논리를 펴 한반도문제의 토의를 연기했다. 1960년대 중반까지 외교무대에서 한국이 구가했던 대북 비교우위가 급격하게 침식되는 상황에서 1970년대 초 남북대화 개시, 특히 7.4공동성명과 더불어 서방 국가들이 북한을 승인하거나 수교하려는 움직임을 보였다.[173] 이에 따라 남북한 외교경쟁이 격화될 조짐이었다. 말하자면 남북관계의 진전과 남북 간 외교경쟁이 모순적으로 맞물리는 구도가 형성되었다.

1971년 8월 12일 한적의 최두선 총재가 이산가족 상봉을 위한 남북적십자회담을 북적에 제안하고 14일 북적이 이를 수용하기 전날인 13일 한국 외무부는 외무부장관명의로 전 재외공관에 전문을 발송하였다. 즉 재외공관이 한적의 제의에 관하여 다음 사항을 참고하여 주재국과 관할국 및 겸임국에서의 활동에 적절하게 대처하도록 했다. 참고사항으로는 ① 금번 한적의 제의는 순수한 인도적 견지

---

[173] 한국 정부는 일부 국가들이 북한 승인 또는 북한과의 수교가 한반도의 긴장완화에 도움이 될 것으로 판단하는 것은 큰 오류라고 강조했다. 북한 승인 내지 수교는 결과적으로 남북대화와 긴장완화 노력을 실패로 돌아가게 할 것이라고 했다. 왜냐하면 남북대화로 북한이 한국과 동일한 국제적 지위를 달성한다면 북한은 더 이상 남북대화를 계속할 필요성을 느끼지 않을 것이며, 이는 분단의 항구화와 긴장조성으로 이어질 가능성이 높기 때문이라는 것이다. "북한과의 수교 반대 이유," 일자 미상(7.4공동성명 이후 작성 추정)(외무부), 『유엔총회, 제28차. New York, 1973. 9.18-12.18. 전23권(V.3 기본대책 III: 1973.7)』, 분류번호: 731.21, 등록번호: 6144, 대한민국외교사료관.

에서 적십자 정신에 입각하여 한적이 이니셔티브를 취한 것이며, 대한민국 정부는 순수한 인도적 목적에 관한 일이라면 필요한 협조를 한다는 입장임, ② 따라서 정부가 이에 공식적으로 관여하거나 표면에 나서는 인상을 주는 것은 피하는 입장이니 이 점 참고할 것, ③ 한적이 그와 같은 제의를 했다는 사실을 정보 회람 등을 통해 널리 유포되도록 할 것, ④ 71년 4월 북한 외상 허담이 제시한 소위 '8개 조항 통일방안' 및 8월 6일 시아누크 환영 군중대회에서 김일성이 언급한 민주공화당을 포함한 모든 정당 사회단체 및 개별적 인사들과 아무 때나 접촉할 용의가 있다고 한 것은 정치적 선전 효과만을 노린 것이다. 반면, 한적의 제안은 일체의 정치성을 떠난 인도적 견지에서 행한 현실적인 안이라는 점이 널리 인식되도록 할 것 등이었다.[174]

한편 외무부가 대통령 앞으로 보내는 보고 전문에서는 북적이 이산가족찾기 제의에 응한 것은 무엇보다 중국의 위세를 빌어 집중적인 평화공세를 전개함으로써 71년 가을에 열릴 제26차 UN총회에서 유리한 고지를 점유해 보겠다는 의도가 분명하다고 분석했다. 또한 남북대화를 빙자하여 적화통일의 초점을 남한 내 정치적 혼란 조성에 두고 간접침략의 가능성을 타진해 보려는 속셈이 개재되어 있다고 경계했다. 이어 제26차 UN총회에서 남북한 동시초청안의 부결이 매우 힘들 것이라는 전망이 있는 만큼 이번 한적의 제의는 정치적 포석으로서 중요한 의미를 지닌다고 보았다.[175] 또한 한국 내 학자들 간에도 장차 남북 통일문제

---

174 "외무부장관이 전 재외공관장에게 보낸 전문," 1971.08.13, 문서번호: AM-0809, 『남북 적십자회담 예비회담, 제1-10차. 판문점, 1971.9.20.-11.24. 전2권(V.1 기본문서철)』, 분류번호: 726.33.1971 V.1, 등록번호: 4290, 대한민국외교사료관.

175 "외무부가 대통령에게 보낸 전문, '대한적십자사의 가족찾기운동 제의에 대한 국내외 반향(1차 보고)'," 1971.08.16, 문서번호: 미상, 『남북 적십자 예비회담, 제1-10차. 판문점, 1971.9.20.-11.24. 전2권(V.1 기본문서철)』, 분류번호: 726.33 1971 V.1, 등록번호: 4290, 대한민국외교사료관.

와 관련하여 대화의 통로를 UN으로 한정하는 것은 UN에서의 미국의 영향력 감소, UN 운영방법의 무책임성, 선전공세 장소화 등으로 인해 현명한 방책이 되지 못한다는 지적이 있었음을 상기시켰다. 따라서 이번 한적의 제의를 통하여 대화의 채널을 UN 이외의 장소, 즉 제네바나 판문점으로 옮겨 놓는 것은 매우 시의적절한 조치라는 것이다. 그리고 북한의 UN 참석은 국제정세로 보아 불가피할 뿐만 아니라 군이 반대할 필요도 없다. 오히려 빠른 시일 내에 북한을 UN에 참석시키면서 한국의 능동성과 자신감을 대내외에 알리는 선전효과를 최대한 거두는 것이 좋을 것 같다고 건의했다. 예컨대 10월 1일 국군의 날 대통령 치사를 통해 북한의 UN총회 참석을 기정사실화시키는 방향을 건의했다.[176] 그러나 이러한 건의는 반영되지 않았고 정작 대통령의 국군의 날 치사에는 북한에 대한 경계를 환기시키는 내용이 주를 이루었다.

7.4공동성명 발표 직후 외무부는 대미외교의 문제점을 점검하고 대책안을 마련했다. 외무부가 꼽은 7.4공동성명을 계기로 발생할 수 있는 대미외교상의 문제점으로는 ① 미국 정부가 북한과의 관계개선 의도를 대외에 공표함으로써 여타 국들도 마치 미국이 '두 개의 한국' 정책을 추구하는 것으로 오해를 하고 두 개의 한국정책을 추구할 우려가 있다는 것, ② 미국 정부가 북한에 대한 태도나 발언에 있어서 한국의 입장을 앞지름으로써 남북대화 추진 과정에서 예상되는 한국의 입장을 곤경에 처하게 할 경우, ③ 7.4공동성명 발표 내용 중 특히 "외세 간섭 없는 자주 통일노력…" 구절은 북한의 주한미군 철수 주장에 명분 부여와 미국 의회 내 비둘기파 인사들에게는 주한미군 추가 철수 및 대한 군원 삭감 주장의 구

---

176 "외무부가 대통령에게 보낸 전문, '대한적십자사의 가족찾기운동 제의에 대한 국내외 반향(1차 보고)'" 1971.08.16, 문서번호: 미상, 『남북 적십자 예비회담, 제1-10차. 판문점, 1971.9.20.-11.24. 전2권(V.1 기본문서철)』, 분류번호: 726.33 1971 V.1, 등록번호: 4290, 대한민국외교사료관.

실을 줄 수 있음, ④ 결론적으로 한반도에서 긴장완화 조짐이 나타나고 남북 간 협상이 구체적으로 결실을 맺게 됨에 따라 닉슨독트린에 의한 한국에서의 점차적인 탈관여(disengagement)는 필연적인 것으로 보임, ⑤ 따라서 한국 정부가 향후 통일을 위한 대북 협상을 한국의 페이스에 따라 추진시키기 위해서는 힘에 입각한 대북 우위를 확보해야 함은 재론을 요하지 않는바, 이를 위해 기존 한미 유대 관계의 가일층 심화 발전이 절대 긴요하다고 지적하고 있다.[177] 그리고 대미외교 강화의 구체적인 방책으로는 ① 미국 조야에 남북공동성명의 배경 및 취지 설명과 이해를 구하기 위한 고위사절단 파견, ② 한미 양국 각계 인사의 활발한 교류 추진, ③ 미국 언론계와 접촉 강화, ④ 재미 교포에 대한 선도 활동, ⑤ 미 의회 내 진보인사들에 대한 활발한 접근, ⑥ 주미공관 강화 등이 제시되었다.[178]

7.4공동성명이 발표된 지 보름이 지난 시점에 외무부 아주국은 대일본기본정책을 수립했다. 그 주요 내용은 다음과 같다. ① 남북한 간 세력균형에 있어서 한국의 우위 유지를 위한 일본의 적극적인 협력 자세 요청, ② 한일협력의 계속 적극화가 한일 상호간 국가이익에 기여한다는 점을 일본 측에 강조함, ③ '한국의 우위'를 무너뜨릴 위험성이 있는 대북 정치적, 경제적 교류 확대는 강력 저지하고 기타 문화, 스포츠 방면의 접촉은 묵인한다는 방향을 설정했다. 그리고 ① 일본 자민당 내 각파와의 접촉 확대, ② 민사, 공명, 사회당과의 접촉 강화, ③ 한일

177 "남북 공동성명 발표 이후의 대미외교의 문제점과 대책(안)," 날짜 미상, 관리번호: 72-598, 『1972.7.4.자 남북공동성명, 1972. 전2권(V.1 기본문서 및 미주지역 반응)』, 분류번호: 726.21, 등록번호: 5093, 대한민국외교사료관.

178 "남북 공동성명 발표 이후의 대미외교의 문제점과 대책(안)," 날짜 미상, 관리번호: 72-598, 『1972.7.4.자 남북공동성명, 1972. 전2권(V.1 기본문서 및 미주지역 반응)』, 분류번호: 726.21, 등록번호: 5093, 대한민국외교사료관; "7.4 공동성명 전후의 대미 외교상의 주요 기본 방향," 1972.09.25?, 관리번호: 72-600, 『1972.7.4.자 남북공동성명, 1972. 전2권(V.1 기본문서 및 미주지역 반응)』, 분류번호: 726.21, 등록번호: 5093, 대한민국외교사료관.

간 제협력기구의 재정비 및 창구 일원화, ④ 대한 경제협력 적극 촉진, ⑤ 일본 언론기관에 대한 홍보활동 강화, ⑥ 민단의 강화와 조총련 활동의 견제 등이 대책으로 제시되었다.[179] 이와 같은 대책 수립에 앞서 주일 한국대사관에서는 7.4공동성명 발표 직후 공동성명에 대한 일본의 반응과 일본의 대 한반도정책에 대해 외무부장관에게 보고했다. 즉, 일본 외무성은 7.4공동성명에 대하여 현 단계 남북 간의 긴장완화는 어디까지나 양자 간의 세력균형을 전제로 하고 있다고 판단하고 있다. 일본과 북한의 급격한 접근은 한국의 입장을 상대적으로 약화시켜 세력균형을 깨뜨리는 결과가 될 것이므로 국교를 맺고 있는 한국에 대해서는 종래와 같은 기본자세를 유지할 것이다. 반면 북한에 대해서는 전술한 세력균형을 깨뜨리지 않는 범위 내에서 문화, 학술, 경제 방면에서의 교류확대를 추진하고 남북대화 및 통일에의 움직임을 예의주시하면서 상황 진전에 따라 대책을 검토할 것으로 보인다고 보고했다. 아울러 7.4공동성명으로 일본 조야에서 한반도에 사실상 두 개의 국가가 존재한다는 인식이 더욱 촉진될 것이고, 일본의 대북 교류도 촉진될 것이므로 이러한 틈을 타서 북한은 종래보다 강화된 위치에서 일본 정부, 국회, 경제계, 언론계, 체육계, 문화계 등 각 분야에 대한 활동을 강화할 것이다. 따라서 정부는 이에 대비하여 특히 ① 일본 국회에 대한 로비활동 강화, ② 경제분야의 관계 긴밀화, ③ 홍보활동의 강화, ④ 체육, 예술 교류의 촉진 등 각 분야에 대한 대일외교 강화를 건의했다.[180]

한편 7.4공동성명 직후 외무부 동남아 1과가 생산한 문건에서는 남북공동성명

179 "대일본기본정책〈외무부 아주국〉," 1971.07.19, 문서번호: 미상, 『한국의 대일정책, 1972』, 분류번호: 721.1JA 1972, 등록번호: 4847, 대한민국외교사료관.

180 "주일대사관이 외무부장관에게 보낸 전문, '남북 공동성명과 일본의 대 한반도 정책," 1971.07.07, 문서번호: 일정 700-91, 『일본의 대한 정책, 1972』, 분류번호: 721.2JA 1972, 등록번호: 4852, 대한민국외교사료관.

이 가져올 여러 변화와 입장 수립에 대해 다각적으로 검토했다. 북한에 대한 호칭 문제와 동남아 국가들이 북한을 DPRK라고 호칭할 때 반대할 것인지 여부, 그리고 동남아 중립국 중 파키스탄과 같은 친북 성향의 국가가 이 기회에 북한을 외교적으로 승인할 움직임 등을 예의 관찰할 필요가 있다고 지적했다. 동 문건에서는 네팔, 버마 등 중립국이 남북한에 대하여 다 같이 외교관계 승격을 시사할 때 정부는 어떻게 대처할 것인지, 차제에 세일론, 인도네시아 등 북한과 외교관계를 가진 나라와 대사관 교환 교섭 여부, 중립국에서 북한이 남한에 대한 비방을 계속하거나 미군 잔류 등을 들어 남한이 남북공동성명을 준수하지 않는다고 비난할 경우 어떻게 대처할 것인지 등에 대해 거론하고 있다.[181] 이와 같이 7.4공동성명은 UN에서 한국문제 토의 연기, 국제사회에서의 한국의 이미지 고양 등 여러 기회요인을 제공했지만 외교정책상 도전과 과제를 동시에 안겨주었다.

결론적으로 한국 정부는 7.4공동성명 직후부터 남북관계의 진로에 대해 그리 큰 기대를 걸지 않았고, 7.4공동성명이 수반하는 여러 문제와 이에 대한 대책을 다각적으로 강구하고 있었다. 또한 동 검토 문건에서 '중공'을 PRC로 호칭하는 것이 좋을 것으로 사료된다고 본 점도 주목된다. 중국은 7.4공동성명 이후 한국의 대중 태도 변화를 주시하고 있을 것인바, 향후 대중관계 개선을 위하여 한국 측이 이니셔티브를 취할 것이 요망된다는 것이다. 그리고 문건에는 미국과 일본의 대북 접근에 대한 한국 정부의 입장 수립과 관련한 한국의 미묘한 입장이 담겨 있다. 한국은 미일의 대북 접근을 무조건 봉쇄할 수도 없고, 그렇다고 그들의 접근을 묵인할 수도 없기에 한국이 일정한 원칙을 적용할 필요가 있다고 상신했다. 그 원칙이란 곧, 한반도와 아시아 전반의 평화와 안정을 위해서는 한반도 주

---

181 "남북 공동성명에 대한 검토(동남아 1과)," 날짜 미상, 문서번호: 미상, 『1972.7.4.자 남북공동성명, 1972. 전2권(V.1 기본문서 및 미주지역 반응)』, 분류번호: 726.21, 등록번호: 5093, 대한민국외교사료관.

변 강대국의 한반도에 대한 태도와 지원에는 균형이 필요하다. 소련과 중국의 대북 지원 내지 대남 적대관계가 계속되는 한 미일의 대북 접촉은 이러한 균형을 파괴하여 한반도의 안정에 유해한 효과를 가져올 것이다. 따라서 미국과 일본은 한국의 대중, 대소 관계개선의 속도에 상응하는 범위 내에서 북한과 교류를 진행하여야 한다는 것이다.[182]

　7.4공동성명 발표 직후 외무부 내 각 부서 차원의 검토 및 대책 뿐만 아니라 부서 간에도 관련 대외정책 추진 방향을 정립하고자 상호 협의해 나갔다. 외무부 아주국은 남북공동성명의 배경이 남북한 간 세력균형에 있어서의 한국의 우위성이 가져온 결과라고 진단했다. 그리고 공동성명이 북한의 전쟁준비 태세를 견제함은 물론 평화적 방법에 의한 통일 추구 방향의 설정이라고 의미를 부여했다. 또한 남북 간의 다방면에 걸친 교류를 통한 분단 상태의 점진적 완화와 북한 주민에 대한 자유민주주의의 점진적 침투 계기를 마련했다고 보았다. 이어 한국의 향후 외교정책 방향으로는 국력, 특히 경제력의 충실화를 통해 '7.4 detente' 유지를 위한 한국의 우위 유지와 발전이 제시되었다. 그와 같은 목표 달성을 위해서는 미국, 일본 등 우방과의 외교 강화와 '미국의존' 인상의 탈피, 그리고 명분 보다 실리에 기초한 중립국과의 관계 개선 등 경제외교 활동의 강화가 필요하다고 지적했다. 또한 공산권국가와의 관계 개척을 제시하면서 우선 동구 제국부터 시작하여 북한과 미국 및 일본과의 관계 추이를 연동시켜 소련, 중국과의 관계 개척을 고려해야 한다는 것이다. 또한 한국문제의 UN 불상정을 추진할 필요가 있으며, 대외선전활동을 적극화하여 '한국이야말로 실행 위주의 진정한 평화주의 추구자'라는 이미지 고양과 함께 북한연구를 적극적으로 추진할 필요가 있다고

---

[182]　"남북 공동성명에 대한 검토(동남아 1과)," 날짜 미상, 문서번호: 미상, 『1972.7.4.자 남북공동성명, 1972 전2권(V.1 기본문서 및 미주지역 반응)』, 분류번호: 726.21, 등록번호: 5093, 대한민국외교사료관.

지적했다.[183]

　외무부 구미국에서는 7.4공동성명이 구주지역에 미칠 영향에 대한 견해를 아주국 앞으로 협조전을 보내 전달했다. 구미국은 구주 제국이 동서 긴장완화를 모색하면서 동서독관계 정상화 노력을 전폭적으로 지지하고 있기 때문에 남북공동성명을 지지할 것이라고 예상했다. 특히 비상사태선언, 월남파병 등으로 인한 한국 정부의 외교상의 경직성 이미지를 벗어나 한반도에서 긴장완화를 추구하는 한국 정부의 주도적 노력에 대한 이해와 지원을 받을 수 있는 이점이 있다고 언급했다.[184] 또한 구미국은 동서 간 긴장완화 추세와 연동하여 대두되는 유럽 국가들의 북한 승인 문제에 대해 7.4공동성명이 외교 방면에서 양면적 영향을 미칠 수 있다고 분석했다. 즉 한편으로는 7.4공동성명이 남북교섭 진행 중이라는 명분으로 유럽 국가들의 북한 승인 문제 결정을 보류케 할 수 있을 것이라고 기대하였다. 그러나 다른 한편으로는 7.4공동성명이 동서 긴장완화 추세에 비추어 서구 국가들이 통상 및 경제교류, 인사왕래, 북한의 통상사무소 허가 등 북한과의 실질적인 관계개선을 더욱 확장해나갈 수 있는 근거가 될 수 있다고도 판단했다. 또한 이러한 추세를 이용한 북한의 외교적 노력도 배가될 것이라고 예상했다.[185] 그리고 뒤에서 다시 논의하겠지만 이러한 예상은 적중했다.

---

183 "7.4 공동성명 이후에 있어서의 한국의 외교정책 추진방향," 1972.07.07, 문서번호: 아북700-102, 『1972.7.4.자 남북공동성명, 1972. 전2권(V.1 기본문서 및 미주지역 반응)』, 분류번호: 726.21, 등록번호: 5093, 대한민국외교사료관.

184 "구미국장이 아주국장에게 보낸 협조전문," 1972. 7.10, 문서번호: 구주700-457, 『1972. 7.4자 남북공동성명, 1972. 전2권(V.1 기본문서 및 미주지역 반응)』, 분류번호: 726.21, 등록번호: 5093, 대한민국외교사료관.

185 "구미국장이 아주국장에게 보낸 협조전문," 1972. 7.10, 문서번호: 구주700-457, 『1972. 7.4자 남북공동성명, 1972. 전2권(V.1 기본문서 및 미주지역 반응)』, 분류번호: 726.21, 등록번호: 5093, 대한민국외교사료관.

외무부는 7.4공동성명 발표와 더불어 즉각 전 재외공관에 긴급전문을 보내 동 성명은 남북대화의 시작에 불과하고, 그것이 곧 평화를 의미하는 것은 아니라고 주의를 환기시켰다. 따라서 긴장완화나 평화적 통일이 구체적으로 실현되기 까지는 정부가 제시한 단계적 해결방안에 따라 우선 비정치적 문제 해결을 위한 단계적 노력이 선행되어야 할 것이라고 강조했다. 또한 그간의 '대화 없는 대결'에서 이제 '대화 있는 남북대결'의 시대로 접어들었다고 전제하고, 한국 정부의 입장에 대한 우방들의 지지와 협조를 구하는 데 만전을 기하라고 지시했다. 특히 남북대화를 계기로 우방들이 북한과의 관계개선 내지 접근을 시도하는 것은 모처럼 마련된 남북 간의 대화를 저해할 뿐만 아니라 대화에 임하는 한국 정부의 입장을 상대적으로 약화시키는 결과를 초래할 것이라고 강조했다.[186] 요컨대 7.4 공동성명에서 합의된 통일원칙은 실질적으로 한국 정부의 기존 통일방안과 별개의 것이 아니며, 오히려 그 달성을 위한 기반 조성을 촉진하는 것과 다르지 않다고 설명했다. 즉, 7.4공동성명은 '남북한 토착인구 비례에 따른 UN감시하의 자유선거에 의한 민주 대의정부 수립'이라는 정부의 통일원칙에 대한 재확인이라고 말했다. 특히 UN(UNCURK 및 UN군)은 외세로 간주할 수 없으며 진정한 긴장완화가 달성되고 평화적 여건이 조성되기 전까지는 그 존속이 절대적으로 필요하다는 것이 정부의 입장이라고 못 박았다.[187]

1972년 8월 31일 호놀룰루에서의 미일정상회담 개최와 관련하여 외무부는 한

---

186 "외무부장관이 전 재외공관장에게 보내는 전문," 1972.7.5, 문서번호: AM-0754, 『1972. 7.4자 남북공동성명, 1972. 전2권(V.1 기본문서 및 미주지역 반응』, 분류번호: 726.21, 등록번호: 5093, 대한민국외교사료관.

187 "외무부장관이 전 재외공관장에게 보내는 전문," 1972.7.5, 문서번호: AM-0754, 『1972. 7.4자 남북공동성명, 1972. 전2권(V.1 기본문서 및 미주지역 반응』, 분류번호: 726.21, 등록번호: 5093, 대한민국외교사료관.

국 정부의 입장을 전달하기 위해 윤석헌 외무부 차관이 하비브 주한 미 대사를 초치하여 면담하였다. 한국 정부가 미국에게 전달하고자 한 요지는 ① 일본 정부의 너무 성급하고 앞지른 대북 접촉은 남북회담과 평화통일을 위한 한국 정부의 노력을 저해함, ② 중국은 UN 안보이사국인 관계도 있어 일본의 대중 접근을 이해할 수도 있으나 일본의 대북관계는 전혀 경우가 다른 것임, ③ 일본의 대북 경제원조는 북한의 전쟁능력을 증대시키는 것임, ④ 한국 정부는 이러한 점을 일본 측에 정식으로 이야기할 것이나 우선 미일정상회담에 앞서 미국의 이해와 일본에 대한 영향력 행사 등을 요청하고 협조를 구했다.[188] 윤 차관은 미일정상회담 이후인 9월 15일, 하비브 대사를 외무부로 초치하여 UN문제, 미일 정상회담, 군원 문제, 남북적십자 본회담에 관해 의견을 나누었다. 하비브 대사는 UN문제와 관련 한국문제에 대한 미국의 지지를 관철시키기 위해 노력하고 있다고 말했다. 윤 차관은 일본의 대북 태도에 대해 일본이 남북대화를 앞지르거나 남북대화를 대북 접근의 구실로 삼아서는 안 될 것이라고 강조했다. 이에 대해 하비브는 한국 정부가 계속 일본을 설득해 나가기 바란다고 했다. 하비브 대사는 미일정상회담 중 한국 관련 논의는 ① 남북회담에 대한 일반적 지지, ② 한반도 안보를 위태롭게 하지 않을 것, ③ 한국문제 불상정안에 대한 지지 표명, ④ 한국 경제발전에 대한 지원 등이었고, 미일안보조약상의 '한국조항'에 대해서는 언급이 없었다고 말했다. 이어 하비브 대사는 미국의 언론, 의회, 국무성, CIA 등에서 남북적십자 회담에 깊은 관심을 갖고 있으며 금번 회담에서 원칙문제 및 3, 4차 회담 일시가

---

[188] "외무부장관이 대통령 및 국무총리에게 보내는 전문, '하비브대사와의 면담내용 보고'," 1972.8.22, 문서번호: 외 미일 700-525, 『한·미 정무일반, 1972』, 분류번호: 722.1US 1972, 등록번호: 4878, 대한민국외교사료관.

확정된 것은 큰 성과라고 말했다.[189]

　　그런데 7.4공동성명 이후 북한의 외교성과는 상승세를 탔다. 1972년 말 북유럽의 노르웨이, 덴마크, 스웨덴 등은 외무성의 고위관리를 단장으로 하는 정부대표단을 북한에 파견하여 양국 간 외교관계 수립을 협의하였다.[190] 1973년에 접어들면서 북한은 아시아, 아프리카의 신생국가 또는 비동맹국가 뿐만 아니라 북유럽국가들과도 외교관계를 맺는 괄목할만한 성과를 거두었다. 김용식 외무부장관은 1973년 2월 로저스 미 국무장관 및 그린 차관보와 만나 스웨덴, 덴마크 등이 조만간 북한을 승인할 것 같은 바, 미국이 가능하면 이를 저지시켜 달라고 부탁했다. 또한 호주도 북한을 승인하는 방향으로 움직이고 있다고 우려를 표명하며 도움을 요청했다.[191] 그러나 1973년 3월 29-30일 오슬로에서 개최된 스웨덴, 핀란드, 덴마크, 아이슬란드, 노르웨이 등 5개국 외상회의는 '남북한 양국 정부의 관계정상화는 화해와 긴장완화에 기여할 것'이라는 요지의 공동성명을 발표하고 남북한 동시승인정책을 시사했다.[192] 5개국 외상회의 개최 직후인 1973년 4월 스웨덴과 핀란드, 5월에는 덴마크와 아이슬란드, 그리고 6월에는 노르웨이가 북한을 승인했다. 비록 수교국가의 절대수치는 북한이 한국보다 낮았지만 수교국가 증가수치는 한국을 앞지르고 있었다. 한국외교의 위기지수는 가파르게 상승하고 있었다.

---

189 "외무부차관이 외무부장관(주 유엔대사 경유)에게 보낸 전문," 1972.9.16, 문서번호: WUN-09102, 『한·미 정무일반, 1972』, 분류번호: 722.1US 1972, 등록번호: 4878, 대한민국외교사료관.

190 박재규, "북한의 대서구정책," 고병철 외, 『북한외교론』(서울: 경남대 극동문제연구소, 1978), pp.108-109.

191 "ROK Foreign Minister's Meeting with the Secretary, February 22," 1973.02.23, POL 7 KOR S, Subject-Numeric Files, RG 59, National Archives.

192 박재규, 앞의 글, p.109.

2. 북한의 외교입지 강화와 6.23선언

한국외교의 입지는 북한과 비교할 때 1960년대 말부터 상대적으로 축소되어 왔다고 할 수 있다. 특히 남북대화 국면 및 7.4공동성명과 더불어 북한외교의 약진이 두드러졌다. 6.23선언 직전 한국외교의 현주소를 살펴보자.

우선, 한국 정부는 1972년 제27차 UN총회에서도 7.4공동성명 채택과 남북 간 대화 진행 상황이라는 동일한 논리를 전개했고, 이러한 논리가 수용되어 한반도 문제의 토의는 연기될 수 있었다. 그러나 1973년 가을에 개최될 제28차 UN총회에서는 재차 연기가 거의 불가능하다는 것이 당시 일반적 관측이었다. 둘째, 한반도문제가 토의될 경우 남북한 대표의 동시 출석안을 저지할 수 있을지도 불투명했고 UN총회에 북한대표가 참석할 가능성이 높았다.[193] 셋째, 1970년대 초반 북한은 한국외교의 중요한 기반인 북유럽국가들에게 접근하여 국교수립을 이루었다. 만약 할슈타인 원칙을 견지한다면, 한국은 이들 북유럽국가들과 단교를 해

---

193 때문에 미국은 6.23선언의 UN 동시가입 불반대를 통해 북한대표 UN초청 및 한반도문제 상정 저지 등 곤혹스런 상황을 피할 수 있었다. 미국은 6.23선언을 '건설적 이니셔티브(constructive foreign policy initiative)'라며 환영했다. "US Views on ROK Foreign Policy Changes," 1973.06.12, POL 32-4 KOR-UN, Subject-Numeric Files, RG 59, National Archives; "U.S. Policy Toward the Korean Peninsula," 1973.07.18, Christian F. Ostermann & James F. Person eds., *After Detente: The Korean Peninsula 1973-1976*(Document Reader)(Washington D.C.: NKIDP, Woodrow Wilson International Center for Scholars, 2011); "ROK Foreign Policy Changes: UN Membership for the 'Two Koreas'," 1973.07.23, POL 32-4 KOR-UN, Subject-Numeric Files, RG 59, National Archives. 한편 1973년 루마니아를 방문한 김동규 노동당 비서는 한반도문제의 UN 상정과 북한대표의 참석을 위해 사회주의 국가뿐만 아니라 아시아, 아프리카, 라틴아메리카에 많은 대표단을 파견했다고 말하고 세계 여러 나라들과 관계를 맺고 있는 루마니아의 적극적인 협조를 당부했다. "Minutes of Conversation taken on the Occasion of the Audience granted by Comrade Nicolae Ceausescu to the Delegation of the Central Committee of the Worker's Party of Korea," 1973.03.08., NKIDP & UNKS eds., *New Documents on Inter-Korean Relations 1954-1988*(Document Reader)(Washington D.C.: NKIDP, Woodrow Wilson International Center for Scholars, 2012).

야만 하는 상황에 직면해 있었다. 넷째, UN총회의 회원국 구성이 더 이상 한국측에 유리하지 않은 만큼 제28차 UN총회에서 UNCURK가 해체될 가능성이 컸다. 다섯째, 북한은 1973년 4월 IPU(Inter-Parliamentary Union, 국제의회연맹)에, 5월 UN 산하 WHO(World Health Organization, 세계보건기구)에 가입하는 등 국제기구 진출에 있어서 큰 성과를 거두었다. 지금까지 언급한 이와 같은 사항은 당시 한국외교가 총체적 위기 상황을 맞고 있었음을 극명하게 보여준다. 환언하면 6.23선언 직전 한국 정부가 처한 외교적 현실이 기존의 정책기조로는 도저히 감당할 수 없는 임계점을 넘어서고 있었다. 또한 곤혹스러운 상황이 불원간 닥칠 것이 명약관화했다. 한국 정부의 6.23선언은 바로 이와 같은 상황의 한복판에서 천명되었다.

6.23선언이 천명되는 하나의 중요한 계기로 작용했다고 볼 수 있는 북한의 WHO 가입 문제와 이에 대한 한국 정부의 상황 판단 및 대처 과정에 대해서는 보다 자세한 논의가 필요하다. 한국은 1973년까지 UN 전문기구와 산하기관, 그리고 각종 정부 간·비정부 간 국제기구의 가입에 최선을 다함과 동시에 북한의 가입을 저지하는 봉쇄전략을 구사해왔다. 그러나 북한은 1973년 4월 28일 한국과 한국을 지지하는 국가들의 완강한 반대와 유보에도 불구하고 필사적인 외교공세와 온갖 노력 끝에 비정부 간 국제기구인 IPU에 가입할 수 있었다. 북한의 IPU 가입을 1주일쯤 앞둔 시점에서 한국 외무부는 북한의 남북대화에 관한 선전공세에 대한 대책안을 마련했다.[194] 동 대책에서는 남북대화와 관련한 북한의 당면 주요 목표가 미군 철수 및 UNCURK 해체이며, 한국을 외교적·군사적으로 약화시키기 위해 평화협정 체결과 군축 운운하며 유리한 국제여론 조성을 위한 선전공세를 강화하고 있는 것으로 분석했다. 또한 북한이 내세우는 일괄해결안이

---

194 "북한의 남북대화에 관한 선전공세에 대한 대책(안)," 1973.04.21(외무부), 문서철명: 남북대화, 1973, 분류번호: 726.3, 등록번호: 6054, 대한민국외교사료관.

선전 효과 면에서 공세적 위치에 있는 반면 한국은 피동적 입장 내지 수세에 몰리고 있다고 진단했다. 북한이 앞으로 남북대화의 진전을 막고 주로 국제사회에 대한 선전공세에 치중할 것인 바, 한국이 현재의 수세에서 벗어나 적극적인 선전공세를 전개해야 한다고 강조했다. 이를 통해 국제여론의 악화 내지 불리화를 막고 북한 선전공세의 예봉을 꺾어 한국에 유리한 여론조성에 힘써야 한다고 건의했다. 국제여론이 공감할 수 있는 제의를 대담하게 행하고,[195] 이를 널리 홍보, 선전함으로써 수세에서 공세로 전환할 수 있다고 전망했다. 이처럼 한국외교의 위기인식은 예상보다 심각한 수준이었으며, 기왕의 대외정책 기조를 이어갈 수 없는 상황이었다.

마침내 북한은 5월 18일 WHO 가입에 성공함으로써,[196] UN의 옵서버 자격을 인정받아 처음으로 UN체계에 편입되었다.[197] 또한 옵서버 대표부를 제네바와 뉴욕에 상주시킬 수 있었다. 한마디로 1973년은 북한외교에 있어서 '승리의 해'였다. 1950년대 이래 남한만이 특권적으로 누려온 UN 옵서버의 지위를 획득하여

---

195 그러나 동 대책에서 논의하는 "대담하게 제의한다"는 것을 6.23선언 작업과 연결 짓기는 어려울 것으로 판단된다. 여기서의 대담한 제의는 남북 수준의 인적 교류, 스포츠 교류, 학술문화 교류, 언론인 교류, 경제 교류 등에 초점을 맞추고 있기 때문이다.

196 당시 한국 정부는 득표 계산 결과 근소하게나마 부결될 것으로 예상했는데, 예상과 달리 북한의 WHO 가입이 결정되었던 것이다. 국립외교원, 『한국 외교와 외교관: 이시영 전 UN대사』(서울: 국립외교원, 2015), pp.73-75; 지주선, "「8.12」 남북적십자회담 개최 제의의 배경과 입안과정," 국토통일원, 『70년대 남북대화 성립 비사 (I)』(서울: 국토통일원, 1989), pp.34-35 참조.

197 1973년 3월 차우세스쿠(Nicolae Ceausecu) 루마니아 국가평의회 의장은 김동규 노동당 비서를 접견한 자리에서, "UN회원국이 되는 것과는 별개로 UN 산하 국제기구에 가입하여 옵서버 자격을 획득하는 것은 매우 중요하다"고 권고했다. 김동규는 "그 문제에 대해 고려해보겠으며 김일성에게 보고 하겠다"고 말했다. "Minutes of Conversation taken on the Occasion of the Audience granted by Comrade Nicolae Ceausescu to the Delegation of the Central Committee of the Worker's Party of Korea," 1973.03.08., NKIDP & UNKS eds., *New Documents on Inter-Korean Relations 1954-1988*(Document Reader).

한반도문제 토의에 남한과 대등한 위치에서 참가할 수 있게 되었다.[198] 요컨대 6.23선언은 위에서 지적한대로 1970년대의 국제상황 하에 남한이 더 이상 북한의 국제사회 진출을 봉쇄할 수 없고, UN 등 국제기구에서 대북한 우위 확보를 향유하기 어려웠던 현실을 감안하여 취한 '수세적 정책 전환 조치'였다는 것이 다름 아닌 외무부 자체의 평가이다.[199] 미중데탕트와 7.4공동성명은 한반도의 평화와 남북관계의 획기적 진전을 가져오는 모멘텀이 되지 못하고 남북 간 체제경쟁 및 외교경쟁 양면에서 오히려 한국에게 위기로 작용하는 측면이 있었다. 양면에서 위기를 느낀 박정희 정부가 전자에 대해서는 유신체제로[200] 후자에 대해서는 6.23선언으로 대응한 것으로도 볼 수 있다. 그런데 북한은 같은 날 북한의 통일기본방침이 되는 '조국통일5대강령'을 발표했다. 그 내용은 '남북한 간의 군사문제 우선 해결', '남북한 간의 다방면적 합작교류 실시', '통일문제 논의를 위한 대민족회의 소집', "'고려연방공화국'이라는 국호를 가진 연방제의 실시', '남북한 유엔 동시가입 반대, 단일국가로의 가입' 등이었다. 북한은 이 강령을 통해 남한의 남북한 UN 동시가입안을 정면으로 반대했다.

그렇다면 박정희 정부는 6.23선언을 통해 어떠한 정책효과를 기대했던가를 검토해보도록 하자. 6.23선언은 평화통일을 위한 노력과 남북대화의 지속, 남북한 상호 내정불간섭과 침략 포기, 우방국들과의 기존 유대 공고화 등의 내용을 담고 있지만 주목할 부분은 다음과 같다:

---

198 박재영, "북한의 대유엔 및 국제기구정책," 양성철·강성학 편, 『북한외교정책』(서울: 도서출판 서울프레스, 1995), p.282.

199 "6·23 평화통일정책 선언과 한국의 외교정책," 1982.05.03(외무부), 문서철명: 6.23 평화통일 외교선언의 평가와 정책전환 검토, 1982-83, 분류번호: 726.11, 등록번호 2011005212, 대한민국외교사료관.

200 신종대, "유신체제 수립원인에 관한 재조명," 참조.

① 우리는 긴장완화와 국제협조에 도움이 된다면 북한이 우리와 같이 국제기구에 참여하는 것을 반대하지 않는다.

② 국제연합의 다수회원국의 뜻이라면 통일에 장애가 되지 않는다는 전제하에 우리는 북한과 함께 국제연합에 가입하는 것을 반대하지 않는다. 우리는 국제연합 가입 전이라도 대한민국 대표가 참여하는 국련총회에서의 한국문제 토의에 북측이 같이 초청되는 것을 반대하지 않는다.

③ 대한민국은 호혜평등의 원칙하에 모든 국가에게 문호를 개방할 것이며, 우리와 이념과 체제를 달리하는 국가들도 우리에게 문호를 개방할 것을 촉진한다.

그런데 ①의 국제기구 참여 불반대는 이미 한국의 반대에도 불구하고 북한이 국제기구에 가입한 상황에서 나온 것이다. 또한 향후 한국의 반대표 결집으로도 북한의 국제기구 가입을 막을 수 없는 현실을 고백하는 다른 표현에 지나지 않는다. ②의 UN 동시가입은 실현 가능성이 낮았고, 더욱이 북한측과의 조율 없는 상태에서 일방적으로 나온 수사적 수준 이상이 아니었다고 할 수 있다. 북한대표의 UN총회 초청 불반대도 UN의 분위기나 남한의 지지세가 이를 저지할 수 없었다는 점에서 사전적 자기합리화에 지나지 않는다.[201] ③의 공산권과의 교류확대 역시 북한의 서방진출에 대한 대응 차원이었을 뿐 그야말로 선제적이고 전향적인 조치라고 보기는 어렵다. 그리고 할슈타인 원칙을 고수할 경우 북한과 수교하는 북유럽국가들과 단교를 해야만 하는 곤란한 상황[202]을 피할 필요가 있었다.[203] 이

---

[201] 실제 1973년 제28차 UN총회에 북한이 남한과 함께 처음으로 초청을 받았고, 북한의 입장이 반영된 '결의안'이 제출되면서 UN총회와 UN에서 남한의 위상은 상대적으로 약화되고 있었다. 결국 1974년 UN총회에서 북한의 안이 상당히 많은 지지를 확보했고, 1975년 제30차 UN총회에서는 남북한의 안이 동시에 통과되는 상황에 이르렀다.

[202] 정종욱, "공산권외교의 등장과 전개: 북방외교의 과제와 전략," 구영록 외 편저, 『남북한의 평화구조』(서울: 법문사, 1990), p.243.

[203] 이미 1973년 2월 10일 김용식 외무부장관이 할슈타인 원칙의 수정을 표명했다. 김 장관은 북한이 대사관을 설치하고 있는 국가라고 하더라도 한국의 국가이익에 부합된다고 판단되면 영사관을

에 한국 정부는 남북한 UN 동시가입을 전격적으로 제안하면서 과감한 정책 제안으로 북한의 외교공세를 무색하게 만들고자 했다. 한국 정부가 UN 동시가입을 제안한 이상 북한이 국제기구에 참여하는 것도 북한대표가 UN에 초청되는 것도 더 이상 쟁점이 될 이유가 없어진 것이다.[204] 6.23선언은 북한을 UN과 국제사회에서 고립시킨다는 현실과 괴리된 종래의 외교정책 목표를 전환하여 '정책의 현실화'를 기한 것이라는 당시 외무부의 솔직한 평가도 눈길을 끈다. 그동안 한국 정부가 국제적 데탕트 및 UN 내 세력판도의 변화와 무관하게 비현실적인 북한 고립화정책을 고수함으로써 북한 동조세력의 주장과 입장을 강화하는 결과를 가져왔다. 반면, 한국에 대한 우방들의 지지와 협조를 곤란케 했다. 때문에 정책의 현실화를 통해 이를 시정(是正)하고자 했던 것이다.[205]

그러면 6.23선언은 언제, 어떻게, 누가 주도하여 만들었는가? 당시 외무부장관을 지낸 김용식의 회고에 의하면, 당시 외무부는 독자적으로 남북 간의 평화정착 방안을 구상하고 있었고, 이 외무부 안이 '6·23선언'으로 알려진 새 외교방침이 되었다는 것이다.[206] 그러나 당시 중앙정보부 국제국에서 일했던 지주선 과장의 주장은 다르다. 또한 김용식의 이 부분에 대한 회고가 대단히 짤막한 반면 지주선의 증언은 구체적이다. 지주선에 의하면, 당초 6·23선언은 북한의 WHO 가입에 대한 대응방안 마련이 그 출발점이었다는 것이다.[207] 외무부의 평가도 동일

대사관으로 승격시키겠다고 했다. 국사편찬위원회, 『대한민국사 연표 2』(과천: 국사편찬위원회, 2008), p.253; "ROK Hallstein Doctrine," 1973.02.15, POL 7 KOR S, Subject-Numeric Files, RG 59, National Archives.

204 홍석률, 『분단의 히스테리』, p.331.

205 "6·23 특별성명에 따른 신외교 추진 특별대책," 1973.07.19(외무부), 『6.23 평화통일 외교선언, 1973-74. 전3권(V.1 기본문서집)』, 분류번호: 726.11, 등록번호: 6051, 대한민국외교사료관.

206 김용식, 『희망과 도전: 김용식 외교회고록』(서울: 동아일보사, 1987), p.283.

207 지주선, "「8.12」 남북적십자회담 개최 제의의 배경과 입안과정," p.33.

하다.[208]

지주선은 중앙정보부 국제국 권영백 국장의 지휘하에 정재렬, 권병택, 지주선 자신 등 3명의 과장이 청량리역 앞 브라운호텔에서 1973년 4월 하순부터 5월 초에 걸쳐 작업을 했다고 술회한다. 당시 국제조류를 감안할 때 북한의 국제기구 가입을 한국이 저지하기 어려우므로 차제에 한국 정부가 이를 반대하지 않으며, 남북한 UN 동시가입과 공산권국가와의 교류 확대를 선제적으로 선언한다는 정책방향을 기획했다는 것이다. 다만 동년 5월 19일 북한의 WHO 가입을 좌절시킨 직후 승자의 입장에서 아량을 베푸는 형식으로 발표하고자 했으나, 예상과 달리 표결 결과가 북한의 WHO 가입으로 귀결되자 약 1개월을 늦추어 6월 23일 발표하게 되었다는 것이다.[209] 그보다 더 늦은 시점에 발표하는 것도 고려했으나,[210] 북한이 선수를 칠 가능성이 있다는 박 대통령의 판단에 따라 23일 발표하게 되었다는 것이다.[211] 한편, 당시 외무부 유엔과장이었던 이시영은 6.23선언은 박 대통령과 김용식 장관 등 극소수의 그룹이 비밀리에 작성 작업을 했던 것으로 나중에야 들었고, 당시 자신을 포함한 외무부의 실무자들은 전혀 모르고 있었다고 회

---

208 "6·23 외교정책 선언의 평가와 정책발전 방향," 1983.06(외무부), 문서철명: 6.23 평화통일 외교선언의 평가와 정책전환 검토, 1982-83, 분류번호: 726.11, 등록번호: 2011005212, 대한민국외교사료관.

209 지주선, 앞의 글, pp.34-35.

210 "ROK Foreign Policy Changes," 1973.06.09, POL 1 KOR S, Subject-Numeric Files, RG 59, National Archives.

211 이 부분은 미국의 자료를 통해서도 확인이 된다. 1973년 6월 15일 열린 Senior Review Group Meeting에서 당시 국무부 장관이었던 키신저를 포함한 참가자들은 새로운 외교노선(6.23선언)에 대하여 급히 의견을 요구하는 주미 한국대사에게 불만을 내비치며, 북한 쪽에 주도권을 뺏길 것을 우려한 한국 정부가 서둘러 발표하려는 것으로 보았다. Senior Review Group Meeting, June 15, 1973, DDRS online, http://tinyurl.gale.com/tinyurl/CWM5mX.

고했다.[212] 이렇게 보면 6.23선언은 북한의 WHO 가입 시도 등 북한의 외교공세와 한국이 수세로 몰리던 시점에 마련된 것임이 비교적 분명해 보인다. 중앙정보부와 외무부가 각기 따로따로 방안 마련 작업을 하여 박 대통령에게 보고했거나, 아니면 중앙정보부, 외무부, 통일원 등에서 차출된 극소수그룹이 보고서 작업에 참여했을 수 있다. 그리고 박 대통령은 제출된 보고서를 대통령 특별보좌관실을 비롯한 관계부처의 검토를 거쳐 수정·보완케 한 것으로 보인다.[213]

6월 초 김용식 외무부장관은 하비브 대사를 만나 북한이 UN 동시가입에 동의하면 UN사 유지가 어려워질 수 있겠지만, 북한이 이를 거부하는 경우 UN사는 계속 유지되어야 한다고 강조했다. 김 장관은 주한미군 존재가 UN사 유지 여부에 달려 있는지 우려 섞인 질문을 했는데, 하비브는 주한미군 주둔은 UN사 존재 여부에 딸린 것이 아니라 한미 상호방위조약에 의거한 것이라고 말했다.[214] 미 국무부는 6.23선언 발표 직전 초안의 주요 내용에 대한 미국의 입장을 피력했다. 한국 정부가 제안할 남북 UN 동시가입을 지지하며, 미국은 주요 공산주의 국가들이 한국을 승인한 이후 미국이 북한을 외교적 승인하는 것을 고려해야 한다는 한국의 주장에 동조한다고 했다.[215] 6.23선언과 관련 미 국무부의 훈령을 받은 하비브 대사는 김 장관과 6.23선언 초안 내용을 토론하면서 UN총회 토론 관련 한국의 입장, UNCURK와 UN사에 관한 언급이 누락되었다는 점을 지적했다. 김 장관은 UN총회 토론에 남북한이 함께 참여하는 것을 반대하지 않으며, UNCURK 해

국립외교원, 『한국 외교와 외교관: 이시영 전 UN대사』, p.75.

213 지주선, 앞의 글, p.35.

214 Telegram from Embassy Seoul to Secretary of State, "ROK Foreign Policy Changes," June 9, 1973, Pol 1 Kor S, Subject-Numeric Files, RG 59, National Archives.

215 Telegram from Secretary of State to Embassy Seoul, "US Views on ROK Foreign Policy Changes," June 19, 1973, Pol Kor S, Subject-Numeric Files, RG 59, National Archives.

체에도 동의할 수 있지만 UN사와 관련해서는 미국과 충분한 사전 논의가 필요하다고 강조했다. 또한 김 장관은 공산권 국가들의 구체적인 반응이 있을 때까지 UN사 문제를 거론하지 않는 것이 좋겠다는 박 대통령의 의중을 전했다. 미 국무부도 UN사는 확실한 안전보장 없이는 해체하지 않을 것이며, UNCURK와 UN사를 분리해서 순차적으로 처리한다는 입장이었다.[216] 미국 입장에서도 UN사는 한반도의 큰 현상변경이 있기 전까지는 북한에 대한 심리적 억제는 물론 휴전협정을 유지함으로써 남한이 북한을 공격하는 사태를 막을 수 있는 유용한 기제였다.

발표 당시 한국 정부는 6.23선언이 북한 고립화정책을 지양하여 UN에 북한을 참여시켜 한반도의 긴장완화와 평화유지를 모색하는 조치라고 설명했다.[217] 그러나 "외교면에서의 남북전쟁에서 대북 우위를 확보해야 한다"[218]는 표현에서 보듯 대북 외교전쟁에서 우세 또는 승리한다는 목표는 결국 북한 고립으로 귀결될 수밖에 없다. 따라서 6.23선언은 언표상 북한의 탈고립화를 내걸지만 애초부터 재고립화를 초래할 수밖에 없는 모순된 정책목표를 내포하고 있었다. 박 대통령도 6.23선언 발표 당일자로 재외공관에 친서를 보내 "한국과 북한과의 외교전은 이제부터 시작이며, 지금까지는 북한과 절차문제를 놓고 외교전을 벌였으나, 앞으로는 본질문제로 외교전을 해야 하기 때문에 몇 갑절 더 치열한 외교전을 각오해야 할 것"이라고 당부했다.[219]

---

216 우승지, 『남북화해론: 박정희와 김일성』, p.119; 홍석률, 『분단의 히스테리』, pp.332-333.

217 "6·23 특별성명에 따른 신외교 추진 특별대책," 1973.07.19(외무부), 『6.23 평화통일 외교선언, 1973-74. 전3권(V.1 기본문서집)』, 분류번호: 726.11, 등록번호: 6051, 대한민국외교사료관.

218 "대통령 각하의 '평화통일 외교선언'에 따른 제반대책 및 조치사항에 관한 지침," 1973.07.05(외무부), 『6.23 평화통일 외교선언, 1973-74. 전3권(V.1 기본문서집)』, 분류번호: 726.11, 등록번호: 6051, 대한민국외교사료관.

219 『6.23 평화통일 외교선언, 1973-74. 전3권(V.1 기본문서집)』, 분류번호: 726.11, 등록번호: 5093, 대한민국외교사료관.

당시 한국 정부의 대공산주의권 접근과 UN 동시가입 등이 성과를 가져오기 위해서는 무엇보다 남북관계의 발전과 북한의 반응에 대한 고려와 배려가 필수적이었다.[220] 그러나 당시 한국 정부는 대공산주의권 접근과 남북 UN 동시가입 등을 남북한 외교경쟁과 이를 통한 북한에 대한 고립 및 대결 차원에서 접근했다.[221] 북한도 이 점에서는 다르지 않았다.[222] 남북한 모두 평양과 서울을 거쳐 모스크바와 북경, 또는 워싱턴과 동경으로 가는 길을 택하지 않았다. 남북한 모두 평양과 서울을 우회 내지 소외시키려고 했다. 때문에 대공산주의권 외교의 활성화를 내걸었던 6.23선언이 역설적으로 대공산주의권 접근의 무산과 남북관계 파탄의 계기로 작용했다.

6.23선언 10주년을 맞아 외무부가 내놓은 자체평가에 따르면, 6.23선언은 미중데탕트와 7.4공동성명, 그리고 10월유신 등이 그 배경이 되었고, 1973년 5월 북한의 WHO 가입이 직접적인 계기가 되었다는 것이다. 결국 6.23선언은 남북관계의 정상화에 기여하지 못함은 물론 남북 간의 외교전 가열화와 북한의 외교적 진

---

220 1980년대 초반 노재원 외교안보연구원장도 '모스크바와 북경으로 가기 위해서는 평양을 통하는 것이 첩경이기 때문에 북한과의 타협·양해가 중요하다'고 강조했다. 다만 '당시 남북관계의 현실에 비추어 볼 때 북한과의 직접 교섭은 비현실적이므로 미국이 주도적으로 나서 한반도에 밀접한 이해관계를 가진 주변 강대국들 간의 협상을 통하여 남북한 교차승인을 획득하도록 하는 우회적 접근이 필요하다'고 했다("대공산권 외교개선방안: 6.23선언에 대한 보완책," 1982.04(외무부), 문서철명: 6.23 평화통일 외교선언의 평가와 정책전환 검토, 1982-83, 분류번호: 726.11, 등록번호: 2011005212, 대한민국외교사료관.

221 실제로 박정희 대통령은 6.23선언 발표 1년 뒤인 1974년 미국 대통령에 보내는 친서에서 남북의 UN 동시가입이 어려운 상황에서 남한이라도 먼저 가입하는 것이 한반도 평화에 기여할 수 있음을 강조한다. White House, 22 July 1975. U.S. Declassified Documents Online, http://tinyurl.gale.com/tinyurl/CWNXh5.

222 북한은 6.23선언 발표를 전후하여 사회주의 국가들과 남한과의 접근 가능성에 신경을 곤두세우고 이를 차단하려고 노력했고, 여러 국가들로부터 이에 대해 다짐받고자 했다. "Telegram from Pyongyang to Bucharest, Secret, No.61.530," 1973.11.26., NKIDP & UNKS ed., *New Documents on Inter-Korean Relations 1954-1988*(Document Reader).

출을 용인하는 것 이상의 의미 있는 성과를 가져오지는 못했다는 것이다.[223] 외무부는 6.23선언에 대한 평가와 관련하여 한국의 대공산권 관계 수립 시도는 북한을 소외시킨다는 의미를 내포할 수밖에 없었고, 결국 북한의 극심한 방해공작에 봉착하여 성과를 낼 수 없었다고 자인하고 있다.[224] 사회주의권 국가들도 북한의 반발을 감수하면서까지 한국과의 관계를 진전시킬만한 유인이 없었고 여건도 조성되지 않았다.

---

[223] "6·23 외교정책 선언의 평가와 정책발전 방향," 1983.06(외무부), 문서철명: 6.23 평화통일 외교선언의 평가와 정책전환 검토, 1982-83, 분류번호: 726.11, 등록번호: 2011005212, 대한민국외교사료관.

[224] "대공산권 외교개선방안: 6.23선언에 대한 보완책," 1982.04(외무부), 문서철명: 6.23 평화통일 외교선언의 평가와 정책전환 검토, 1982-83, 분류번호: 726.11, 등록번호: 2011005212, 대한민국외교사료관.

V. 남북대화의 결과, 후속조치, 평가

1. 남북대화와 유신체제 수립

1) 남북대화와 유신체제

박정희가 남북대화를 추진한 것은 안보위협 완화와 미국의 권고 때문이기는 했지만, 다른 한편으로는 통일담론이 분단국가의 정치체제에 민족적 정당성을 부여할 수 있는 유용한 자원이었기 때문이다.[225] 따라서 당시까지도 '선건설 후통일론'을 확고하게 견지하고 있던 박정희로서는 통일은 관심사가 아니었지만 국민들의 지지를 끌어내기 위해 통일담론을 구사할 수밖에 없었다.[226] 남북대화는 한편으로는 통일의 환상을 심어주어 국민들의 지지와 정권의 정통성을 고양하는 측면이 있었기 때문에 박정희는 이를 최대한 활용했다. 그러나 다른 한편으로 남북대화는 분단질서의 재생산을 통한 지배체제의 유지를 어렵게 하는 '양날의 칼'이었다.[227] 남북대화의 진행으로 활성화된 통일논의는 북한에 대한 경계를 늦추어 반공이데올로기와 안보이데올로기를 희석화 시킬 수 있는 것이었다. 각계의 통일논의가 활성화됨에 따라 박정희가 1960년대를 통해 일관되게 주장해 온

---

225 최장집, 『한국민주주의의 이론』(서울: 한길사, 1993), p.232.

226 김형욱의 지적처럼 박정희는 "통일이라는 묘약을 풀어 한국민과 북한당국을 동시에 이용"했는지도 모른다. 김형욱은 박정희가 자신의 "영구적인 독재체제를 완전히 구축할 때까지는 김일성의 간접적인 도움이 필요하였고" 국민들을 통일열망에 부풀게 할 남북대화를 요긴하게 이용할 필요가 있었다고 진술한다. 남북대화가 "국민을 조작하고 탄압하는 데 더없이 좋은 무기요 구실이 되었기 때문"에 통일지향적 태도를 보여줄 필요가 있었다는 것이다. 김형욱·박사월, 『김형욱회고록 III』(서울: 아침, 1985), pp.126-127.

227 임혁백, "유신의 역사적 기원: 박정희의 마키아벨리적인 순간," 한국정치학회 주최 「한국정치사」 기획학술회의 발표논문(2000년 4월7-8일, 고려대 인촌기념관), p.29.

선거설 후통일론은 그 설득력을 상실하게 되었다. 또한 안보이데올로기에 기반하여 효력을 발휘해왔던 정권유지의 수단인 국가보안법·반공법 및 정보정치의 폐기 요구가 가열되었던 것이다.[228] 더욱이 북한은 남북대화가 진행되는 과정에서 반공법과 국가보안법 철폐 문제를 거론함으로써 이에 가세하고 있었다. 이는 반공과 안보를 정권유지의 근간으로 삼아왔던 박정희 정권의 기반을 침식시킬 수 있는 것으로서 박정희가 원하는 사태 발전이 아니었다.

때문에 박정희는 남북 간에 7·4공동성명이 발표되어 전 국민이 통일열기에 부풀어 있을 때, 역으로 분단질서의 이완을 우려하며 제일 먼저 반공교육 지속, 사상범 처형 등 체제단속에 착수했다. 박정희는 7.4공동성명이 발표되자 즉각 김성진 대변인에게 각계의 책임 있는 인사들의 솔직한 반응을 파악하여 보고할 것을 지시했다. 또한 동일한 지시를 강창성 보안사령관에게도 내렸다. 박정희는 공동성명이 발표된 바로 그 날 저녁에 몇몇 청와대 비서진을 불러 "공동성명이 발표되니까 통일이 눈앞에 다가온 것처럼 착각하고 기뻐하는 사람들이 많은 것 같은데 공산당과의 대화에 성공한 예는 없"다고 강조했다. "김일성은 지금 무력에 의해서가 아닌 대화로도 적화통일을 이룰 수 있다고 생각하여 공동성명에 응"했을 뿐이라고 주의를 환기시켰다.[229]

사실 남북대화가 시작된 후 북한의 평화공세는 더욱 강화되고 있었다. 김일성은 1972년 1월 10일 일본 요미우리신문과의 인터뷰에서 남북이 평화협정을 체결하고 미군을 철수시킨 조건에서 남북의 군사력을 감축하기 위해 정치협상회의

228 김영순, "유신체제 수립원인에 대한 연구," 한국산업사회연구회 편, 『오늘의 한국자본주의와 국가』(서울: 한길사, 1988), pp.55-56.
229 이경재, 『유신쿠데타』(서울: 일월서각, 1986), p.210.

를 소집하자고 제안했다.[230] 미 국무부는 이러한 김일성의 평화협정 제안을 박정희가 선포한 국가비상사태 선언의 정당성의 근거를 약화시키기 위한 잘 계산된 행동이라고 평가했다. 김일성은 통일문제와 관련한 남한의 비탄력성을 부각시킴으로써 내부분열과 한미갈등을 조장하고자 했다. 그리고 이러한 김일성의 전술은 어느 정도 성과를 거두고 있었다.[231] 박정희가 대북비밀접촉에 응한 것도 적극적인 남북대화 그 자체보다는 북한의 평화공세를 잠재우기 위한 측면이 더 강했다. 그렇지 않을 경우 북한의 일방적인 평화공세에 밀려 남한이 통일문제와 남북대화의 주도권을 장악하기 어려웠다.[232] 박정희는 1972년 3월 30일 육사 졸업식에서 북한이 "최근에 와서 거짓에 가득찬 위장평화선전을 하"고 있으나 4대군사노선에 따라 "군사력을 계속 증강하고 있는 것은... 그들이 평화보다는 무력으로 한반도를 적화통일하겠다는"것을 "스스로 증명하는 것"이라고 강조하면서, 4대군사노선에 입각한 적화통일 야욕을 즉각 포기하라고 촉구했다.[233] 이처럼 박정희는 북한의 평화공세에 대해 극도의 불신감을 나타내었다. 김일성은 이후락이 비밀리에 평양을 다녀온 얼마 후인 1972년 5월 26일에도 미국 뉴욕타임즈와의 인터뷰를 통해 연방제 실시와 정치협상회의를 열어 통일문제를 논의하자고 대남평화공세를 폈다.[234] 북한은 이후에도 계속해서 반공법과 국가보안법 폐지를 거론하는 등 직간접적으로 한국의 국내정치에 개입했다. 이와 같은 북한의 평화공세에 효율적으로 대응하고 남북대화 과정에서 대화의 주도권을 장악하기 위

---

230 『김일성저작집』 27(평양: 조선로동당출판사, 1984), pp.45-47.

231 마상윤, "안보와 민주주의, 그리고 박정희의 길: 유신체제 수립원인 재고," 『국제정치논총』, 제43집 4호(2003), pp.188-189.

232 박건영·박선원·우승지, 앞의 글, pp.82-83.

233 『박정희대통령연설문집: 제7대편』(1973), pp.185-186.

234 양호민, "남북대화의 원점과 원형: 7.4공동성명 전후 20년의 상황을 중심으로," pp.257-258.

해 체제전환이 필요하다는 주장이 집권세력 내에서 제기되었다. 실제로 박정희는 유신을 통한 체제전환을 남북대화를 효율적으로 추진하기 위한 조치라고 정당화하였다.

남북대화가 체제전환의 필요성 내지 명분으로 활용되었다는 점은 유신작업이 본격화되기 시작한 것이 1972년 5월 중순, 곧 이후락이 평양을 다녀온 10여일 뒤였다는 사실에서도 짐작할 수 있다. 이후락은 박정희에게 자신이 본 일사분란하고 질서정연한 북한체제를 설명하면서 우리도 남북대화에 대비하여 강력한 체제정비가 필요함을 역설했다.[235] 7·4공동성명 발표직후 박정희는 이동원 전 외무부장관에게 "이 부장 얘기론 이북의 김일성을 모시는 그곳 사람들 자세가 남달라 우리도 배울게 있다는 구면. 물론 거긴 공산국가라서 그렇겠지만 우리완 비교도 안된다는 거야.... 이 부장은 앞으로 통일까지 일구려면 김일성의 파트너인 나도 그만큼 권위와 격을 갖춰야 한다는 거야. 그래야 정상회담도 가능하다나..." 라고 말했다.[236] 박정희 자신도 1972년 5월 31일 청와대를 방문한 북한의 박성철 부수상이 남북접촉에 대한 북한의 기본입장이 깨알같이 적혀있는 것을 그대로 낭독하는 것을 보고 북한의 체제통제가 얼마나 강한지 직접 체험했다고 한다.[237] 또한 중앙정보부는 만장일치의 절대적 찬성으로 대통령에 당선되어야만 북한에 대해 남한의 통일된 의지를 강력하게 표시할 수 있다는 주장을 굽히지 않았다.[238] 말하자면 결과를 확실히 예측할 수 없는 기존의 민주적인 방식을 기각하고 정권재생산을 확실하게 제도화할 수 있어야 한다는 것이다. 그래야만 북한의

---

235 이경재, 앞의 책, p.211.

236 이동원, 『대통령을 그리며』(서울: 고려원, 1993), p.324.

237 김정렴, 『아, 박정희』(서울: 중앙M&B, 1997), pp.166-168.

238 김성진, 『한국정치 100년을 말한다』(서울: 두산동아, 1999), p.355.

위협에 대처해 나가고 통일을 이룰 수 있다는 논리였다. 김일성을 중심으로 한 목소리를 내는 북한에 대처하기 위해서는 민주주의체제보다는 김일성 유일체제와 견줄 수 있는 강력한 체제정비가 불가피하다는 것이다.

한편 유신 선포 직전 남한 당국은 북측과 비밀접촉을 갖고 유신을 위한 비상계엄 선포의 배경과 목적에 대해 북측에게 설명하고, 유신 선포에 대한 북측의 양해를 구하고자 부심했다는 사실이다.[239] 또한 남한 당국은 북측에게 유신 선포의 근본 동기가 남북대화의 포기가 아니라 남북대화의 강화를 위한 법·제도적 정비에 있음을 거듭 강조하였다. 이는 남한 당국이 유신 선포로 인해 북측이 대화 중단을 선언하고 나올 가능성에 대해 노심초사하고 있었다는 의미이다. 이처럼 남한 당국은 유신 선포에 대한 북한의 반응에 촉각을 곤두세우며, 유신 선포가 대화 중단으로 이어질 가능성을 우려하며 북한의 양해를 구하기 위해 상당한 공을 들였다. 그런데 이와 달리 미국의 양해를 구하는 데는 상대적으로 소홀했다. 물론 1971년 12월 6일 국가비상사태 선포 시에 비해서는 남한 당국이 미국의 사전 양해를 구하는 데 보다 신경을 썼다. 유신 선포 하루 전인 10월 16일 김종필 총리가 하비브 대사를 만나 익일 오후 7시 계엄령 선포와 헌법 개정 및 통일주체국민회의 구성 등을 알리며 미국의 이해를 구했다.[240] 그러나 대북 설득 노력과 비견될 수준은 아니었다. 남한 당국이 유신 선포에 즈음하여 북한과 미국에 대해 다소 대비되는 태도를 취한 근본 이유는, 북한은 유신 선포에 대한 불만으로 대화를 중단할 가능성이 있지만, 유신 선포에 대한 미국의 불만이 미국의 대한방위

---

239 이에 대한 자세한 논의는 신종대, "유신체제 수립을 보는 북한과 미국의 시각과 대응," 『아세아연구』 제55권 3호(2012) 참조.

240 Telegram from Embassy Seoul to Secretary of State, "ROK Declaration of Martial Law and Plans for Fundamental Government Reform," October 16, 1972 Pol 23-9 Kor S, Subject-Numeric Files, RG 59, National Archives.

공약 약화나 철회로 이어지지는 않을 것이라는 판단 때문이었다. 미국은 박정희의 위와 같은 계산을 간파하고 있었다. 그러나 그와 같은 박정희의 계산이 오산임을 일깨워 주기 위한 미국의 대한방위공약 약화가 초래할 안보 공백을 북한이 이용할 가능성을 우려했다. 때문에 유신선포에 대해 강경 대응을 할 수 없었고 침묵 모드를 유지했던 것이다.

남한 당국은 유신 선포 직전 남북 접촉과 메시지 전달 내용에 대해서 미국측에 제대로 설명하지 않고 비밀에 붙였다. 그러므로 남북 간의 대화 진행으로 관련 정보를 한국측에 의존해야 하는 미국으로서는 제한된 정보 상황 하에서 남북 접촉 내용을 추론할 수밖에 없었다. 그럼에도 불구하고 미국은 남한 당국의 대북 접촉 목적을 비교적 정확히 간파하고 있었다.[241] 남한 당국이 미국측에게 남북접촉의 구체적 내용을 비밀에 붙인 이유는 아마도 미국의 입장에서 볼 때 껄끄러운 대목이 있었기 때문일 것이다. 남한 당국이 북측에 설명한 유신 선포의 주요 배경 중의 하나가 미국, 일본 등 강대국에 의존하지 않고 민족문제나 남한의 국가적 과제를 해결하기 위한 자주적 체제를 만드는데 있다는 미국으로서는 유쾌하지 않는 내용이었다.

미국은 유신체제 수립에 대한 자신의 강경대응이 초래할 한반도의 안보 공백 발생에 대한 우려에서 침묵을 지키기로 결정했다. 유신체제에 대한 미국의 강경 대응이 결코 긍정적 결과를 가져온다는 보장이 없다는 정세인식에서, 미국은 한국에서 진행된 유신 선포라는 정치변동에 대해 '그것은 한국 내의 문제이며 미국과는 무관한 일'이라는 입장을 취하고 침묵했다. 더욱이 미국으로서도 유신체제의 수립 명분이 다름 아닌 당시 미국의 양대 대한정책이었던 주한미군 철수와

---

241 신종대, "유신체제 수립을 보는 북한과 미국의 시각과 대응," pp.203-212 참조.

남북대화 종용으로 인한 안보위기 대처와 체제정비에 있다는 박정희 정권의 논리를 강하게 부인하거나 비판하기 어려운 점이 있었다. 미국은 유신 선포의 동기 가운데 박정희의 안보에 대한 위협인식이 일정하게 작용한 점은 인정했지만, 기본적으로 국내적 통제를 강화하고, 남북대화에서 박정희가 최대한의 재량권과 주도권을 확보하기 위한 시도라고 보았다. 다만 미국은 북한이 유신 선포에 대해 침묵한 것을 1972년 겨울로 예정되어 있던 남북조절위원회 제1차 회의에서 (북측이 남측에 제기한 대화의 장애요소를 포함하여 남북대화의 진전을 위해) 중요한 조치를 취하기 위한 예비단계로 받아들였기 때문이라고 다소 빗나간 추측을 하고 있었다.

2) 북한의 유신체제 인식과 대화전략

북한은 남한 당국의 유신 선포 배경에 대한 설명을 접한 이후 나름대로 사태를 분석하면서, 이에 대한 대응 방향을 둘러싸고 내부적으로 한동안 상당한 논란과 고심을 거듭했다. 북한이 유신 선포에 대해 상대적으로 침묵했던 이유는 북한의 민감한 반응과 비판이 남측의 남북대화 중단의 구실로 활용될 가능성을 우려했기 때문이었다. 10월 17일 밤 노동당 정치위에서 유신 선포에 대한 논의 결과 김일성은 박정희가 유신을 통해 목적하는 바는 야당을 약화시키고 남한 내 특정 세력이 북측과 협력하는 사태를 피하고 장기 집권을 위해서라고 분석했다. 김일성은 당초 유신 선포에 대해 비난하기로 결정하고 로동신문에 관련 내용이 준비되어 있었으나 최종적으로 이를 번복했다. 로동신문에 유신 비판 내용이 실리면 남북조절위원회 제2차 공동위원장회의 참석차 평양 방문 예정이던 이후락이 오지 않을 것이고, 남북대화의 문 역시 닫힐 것을 우려했기 때문이었다.[242] 말하자

---

242 Sergey Radchenko & Bernd Schaefer, *op.cit.,* p.15.

면 유신 선포를 계기로 남한이 대화 중단을 우려했던 것처럼 북한도 똑 같은 우려를 갖고 있었다는 점은 주목할 만하다. 이처럼 당시 남북이 다 같이 유신 선포에 대한 작용-반작용으로 남북대화가 중단될 가능성을 우려하며 상호 불신 속에서 대화를 유지하고자 했다.

북한이 유신 선포에 대한 불신과 내부에서의 격렬한 비난에도 불구하고 대남 비난 자제로 남북대화의 동력을 이어가기로 결정한 것은 무엇보다 남측이 대화의 문을 닫아걸지 못하도록 하는 데 있었다. 대화 통로를 통해 박정희 정권을 궁지로 몰아넣고, 남한에 야당이 집권하도록 하며, 나아가 '남조선혁명'을 전개할 수 있는 입지와 공간을 보존한다는 전술적 고려에서 비롯되었다. 북한은 박정희 정권 고립과 남한 내 혁명역량 강화 목적으로 대화 통로를 계속 열어 두기 위해 남한의 유신 수립에 대해 침묵을 지키기로 결정했던 것이다. 북한은 남한의 유신 수립의 동기에 대해서도 비교적 정확하게 분석하고 있었다. 북한은 박정희가 유신이라는 강력한 체제정비를 통해 야당의 남북대화 동참 요구와 북한의 야당 견인 시도 가능성을 차단하여 남북대화를 독점하고 북한과 1:1의 대등한 대화 구도를 구축하고자 하는 것으로 보았다. 만약 야당이 남북대화에 참여하면 북측에 유리한 2:1 구도로 바뀔 수 있기 때문이라는 것이다. 김일성 역시 북측의 행동이나 조치에 의해 남북대화가 중단될 가능성을 우려하고 있었던 사실에 비추어 볼 때, 유신체제 수립 없는 주석제 신설을 상정하기 어렵고, 이 점에서 유신체제와 유일체제 간의 일정한 연관성을 설정할 수 있을지 모른다. 남한에서 유신헌법이 정식으로 공포된 1972년 12월 27일, 북한에서도 최고인민회의 제5기 1차 회의가 열려 권력구조의 재편을 포함한 새로운 헌법이 제정되었다. 권력구조 면에서 새로운 헌법의 핵심은 주석제를 신설하여 주석에게 국가 운영의 절대적 권한과 임무를 부여한 것이다. 북한은 새로운 헌법 제정과 이에 따른 국가기관의 선출을 위해 1972년 12월 25일 최고인민회의 제5기 1차 회의를 소집했다. 그런데 이 회의에서의 김일성의 연설에서도 유신체제 수립에 대해서는 일언반구의 언급도 가하지 않았다.[243] 이는 1971년 12월 국가비상사태 선포나 그 이전까지의 전례에 비추어 매우 이례적인 일이 아닐 수 없었다.[244] 이에 대해 김일성은 훗날, 즉 1974년 8월 9-10일 일본 중의원 의원 우츠노미야 토쿠마와 나눈 대담에서 "우리는 '10월 유신'을 비판하지 않았다. 왜냐하면 그와 같은 비판이 내정간섭이 될 수 있었기 때문이다"라고 토로했다.[245] 김일성은 "남북대화가 이제 막 시작되었기 때문에 남한에 대한 비판이 남북대화 중단으로 이어질 우려가 있었다. 그래서 우리는 큰 인내심을 발휘하여 남북대화를 계속하기로 결정했다"[246]고 회고했다. 이처럼 남북한 쌍방 모두 대화 중단의 책임과 비난이 자신에게 가해지는 사태를 피하고자 했던 것이다. 그러나 그것이 이유의 전부는 아니었다. 보다 중요한 것은 당시 남북한 모두가 자신들의 정책적 목표를 달성하는 데 요긴한 수단으로서 남북대화의 동력이 유지되기를 희망하고 있었던 것이다. 남한에서 비상계엄 선포가 있은 바로 다음 날인 1972년 10월 18일, 평양 주재 동독대사관에서 동독과 소련의 대사관원들이 나눈 대화에서도 북한이 남한의 비상계엄 선포에 대해 대응을 자제하

243 서대숙 편, 『북한문헌연구: 문헌과 해제』 제II권 〈최고인민회의〉(서울: 경남대 극동문제연구소, 2004), pp.267-302 참조.

244 물론 이것은 7.4공동성명에서 남북이 서로 상대방을 중상·비방하지 않기로 합의했기 때문이라고 볼 수도 있다. 그러나 북한이 1973년 중반부터 박정희 대통령과 남한의 내정에 대한 비난을 다시 재개한 점을 볼 때, 이를 단순히 공동성명 합의 사항 준수 차원에서만 설명하기는 어렵다.

245 "The Afro-Asian Problems Study Group of The Liberal Democratic Party," John K. Emmerson Collection, Box. 27, folder.8(1974), pp.7-8. 참고로 김일성과 우츠노미야 토쿠마의 대담 내용은 일본 마이니찌신문에 1974년 8월 21, 22, 23일에 걸쳐 연재된 바 있다.

246 *Ibid.*, p.8. 이어 김일성은 남북대화를 한다고 하여 박정희와 어떤 합의점에 이를 수 있다고 믿지는 않지만, 궁극적으로 통일전선 형성 차원에서 남한의 야당 등 다양한 민족대표들이 대화에 참여할 가능성이 있기 때문에 대화를 계속하는 것이라고 말했다. *Ibid.*, pp.9-10.

는 것은 남북대화가 지속되기를 원하기 때문이라고 지적했다.[247] 그리고 대화의 지속을 원하는 북한의 의도는 7.4공동성명의 원칙을 강조함으로써 박정희를 궁지로 몰고, 반공법 폐지를 요구하며 남한에 (야당이 집권할 수 있는) 민주화 상황을 조성하는 것이라고 평가했다.[248]

남한에서 유신을 위한 비상계엄이 선포된 이래 북한은 이를 정면으로 비판하고 나서느냐, 아니면 지켜봐야 하느냐에 대해 노동당 중앙위원회에서 수차에 걸쳐 토론했다. 1972년 11월 8일 북한 외교부 부부장 이만석이 평양 주재 동독, 체코슬로바키아, 폴란드 대사 등에게 제2차 남북조절위원회 회의 결과에 대해서 설명하면서 이 점을 밝히고 있다.[249] 이만석의 설명에 따르면 수차례에 걸친 토의 결과 북한은 "자신들이 남한의 유신 선포에 대해서 비난하면 현재 남북 간에 그나마 열려 있는 문이 다시 꽉 닫혀버리고, 그렇게 되면 분단 상태가 계속될 것이다. 따라서 남한을 자극해서 그들이 문을 닫아걸도록 해서는 안 된다는 최종 결론에 도달했다. 북한이 남한의 비상조치를 비판하면 야당이 더 탄압받는 결과를 초래할 것이고, 이렇게 되면 평화통일과 남조선혁명을 전개할 수 있는 입지와 공간을 잃게 될 것이다. 현재 남한은 할 수 없이 북측에게만 문을 열어 놓고 있으며, 7.4공동성명의 합의 원칙을 철회하고 문을 닫아 걸 수 있는 명분을 찾고 있는 바, 북측이 그들에게 여하한 빌미도 주어서는 안 된다"는 점이 강조되었다. "만약 남

---

247 "On a Conversation with the 1st Secretary of the USSR Embassy, Comrade Kurbatov, on 18 October 1972 in the GDR Embassy," GDR Embassy to DPRK Political Department Pyongyang, October 24, 1972, PolAAA, MfAA, C 1080/78.

248 *Ibid.*

249 "On an Information by DPRK Deputy Foreign Minister Comrade, Lee Manseok on 8 November 1972 for the Ambassadors and Acting Ambassadors of Poland, Czechoslovakia and the GDR between 12:00 and 13:30 hours in the GDR Foreign Ministry," GDR Embassy to DPRK Political Department Pyongyang, November 9, 1972, PolAAA, MfAA, C 951/76.

북 간의 문이 닫히면 야당과 여타 반정부단체의 활동을 전개할 수 있는 모든 기회를 상실하게 될 것이다. 북측은 이러한 점을 감안해서 남측의 비상계엄 조치를 비난하는 논설을 발표하는 당초의 계획을 바꾸게 된 것"이라고 밝히고 있다. 물론 북한은 내부적으로는 남한의 비상조치에 대해서 격렬하게 비난하면서도 이러한 사실이 외부에 알려지지 않도록 했다. 그리하여 북한은 인내를 가지고 기존 노선을 유지하기로 하는 동시에 대남 평화공세를 더욱 강화해 나가기로 했던 것이다.[250]

또한 당시 북한 외교부 이진목 부부장이 평양 주재 동구 사회주의권 대사관원들에게 한 설명에 따르면, 북한은 박정희가 남북대화에 임하고 있지만 통일에는 전혀 관심이 없고, 단지 국력을 축적하고 공존을 위해 북측과의 협상을 원하며, 책략적 차원에서 북측을 이용하려 한다고 판단했다. 또한 박정희 정권은 북측으로부터 사회주의의 영향력이 남한 주민들에게 미칠 영향을 두려워하고 있다고 보았다. 북측은 사회주의의 영향력을 남측으로 확산하는 것이 자신들이 추구하는 목표는 아니라고 했다. 다만 (남북대화를 남조선혁명을 위한 분위기 조성의 기회로 활용한다는 차원에서) 남조선 사회를 민주화시켜서 박정희 정권의 이중적 책략을 무색케 하려는 의도를 가지고 있다고 밝혔다. 이런 차원에서 북측은 남측이 문을 닫아걸지 못하도록 할 것이며 지속적인 압력을 통해 문을 열어놓도

---

250 *Ibid.* 한편 이만석 부부장은 사회주의 형제국가들이 (사회주의국가들과 외교관계를 수립하여 남한을 하나의 국가로서 인정받고, 분단을 현실로 승인받으려는) '남조선괴뢰도당'을 국제무대에서 계속 고립시켜야만 한다고 강조했다. 그래야만 남북대화가 지속될 수 있는 유리한 환경이 조성될 수 있다고 말했다. Ibid.; "On an Information by DPRK Deputy Foreign Minister Comrade, Lee Manseok on 28 November 1972 for the Ambassadors of Czechoslovakia and Poland and the Acting Ambassodors of the GDR in the Foreign Ministry," GDR Embassy to DPRK Political Department Pyongyang, December 1, 1972, PolAAA, MfAA, C 951/76.

록 할 것이고 말했다.[251] 여기에서 우리는 남한은 '정권 연장' 내지 체제경쟁을 위한 '시간 벌기', 그리고 북한은 박정희 '정권 타도' 내지 '남조선혁명'을 위한 분위기 조성이라는 각기 상이한 목적을 지닌 채 대화에 임하고 있음을 알 수 있다. 이는 남북한이 각기 상반된 목적을 위해 남북대화의 지속을 필요로 하는 적대적 의존관계의 일단을 여실히 보여주는 것이다. 이처럼 당시 남북한 모두가 남북대화 자체가 목적이 아니라 이를 자신들의 목적을 달성하는 하나의 수단 내지 도구로 설정하고 있었다. 때문에 7.4공동성명 발표 직후부터 이미 남북대화의 파탄은 예고된 것이나 다름없었음을 재삼 확인할 수 있다.

1972년 11월 초 평양에서 열렸던 제2차 공동위원장회의 직후 북한은 박정희 정권의 주된 목표는 박정희의 권력유지와 한반도의 현상유지에 있다고 결론 내렸다.[252] 북한 외무성 부부장 이진목은 1972년 11월 말-12월초 서울에서 열렸던 남북조절위원회 3차 공동위원장회의 및 남북조절위원회 제1차 회의에 대해 사회주의권 대사들에게 설명하면서 '적들(enemies)'이 이중 술책을 쓰고 있음을 극명하게 보여 준 회의라고 규정했다. 남측은 통일 문제에는 여하한 관심도 없고 단지 힘의 배양과 공존 목적으로 북과 협상을 원하고 있고 우리를 이용하려고 할 따름이다. 남측은 북으로부터의 사회주의의 바람이 남조선 인민들에게 미칠 영향을 두려워하고 있으나 우리는 남조선 사회가 민주화되기를 원하고 있다고 설명했다.[253]

---

251 "On an Information by DPRK Deputy Foreign Minister Comrade, Lee Jin Mok on 9 December 1972 for the Ambassadors and Acting Ambassadors of Poland, Bulgaria, Hungary, Czechoslovakia, Romania, and the GDR between 10:00 and 11:25 hours," GDR Embassy to DPRK Political Department Pyongyang, December 12, 1972, PolAAA, MfAA, C 951/76.

252 Bernd Schaefer, *op.cit.,* p.18.

253 "On Information by DPRK Deputy Foreign Minister Comrade Lee Jinmok on 9 December

위에서 살펴 본 바와 같이 유신체제 수립에 대한 부정적 태도와 비판에도 불구하고 남북대화의 통로를 열어놓기 위해 남한에 대한 비난을 자제한다는 것이 당시 북한의 전술적 고려였다. 이러한 고려는 적어도 1973년 3월 평양에서 열린 제2차 남북조절위원회 회담에서 북한이 군사문제의 선결적 해결을 주장하고 나서기 이전까지는 유지된 것으로 보인다. 그러나 1973년 4월 20일 김동규 노동당 정치위원 겸 비서는 7.4공동성명이 박정희의 방해로 인해 그 이행이 현실적으로 어려워졌고, 유일한 방법은 남측 야당들에게 기대를 거는 것이다. 그래서 북측은 통일을 반대하는 쪽이 바로 남측임을 전 세계 앞에 폭로하는 것 외에는 달리 선택이 없다고 말했다.[254] 그리고 1973년 6월 박정희의 6.23선언에 대응하여 김일성도 조국통일5대강령을 공표함으로써 남북대화는 사실상의 파산상태를 맞이했다.

2. 6.23선언 이후의 한국외교

6.23선언이 발표되었으나, 그것이 곧 박정희 정부의 공산권 전체에 대한 관계개선의 적극적 의지를 의미하지는 않았다. 당시 정부는 공산권을 북한, 적성국가 및 적성집단, 비적대공산국가로 3분하고, 이데올로기와 체제의 차이를 넘어 외교관계의 수립이 시도될 수 있는 대상을 비적대공산국가에 한정하였다.[255] 6.23선언 이후 외무부는 대공산권 관계개선은 소련 등 동구권에 우선순위를 둔다고 했다. 물론 북한과 외교관계를 가진 중립국에 대해서도 관계개선을 추진해나간다

1972 for the Ambassadors and Acting Ambassadors of Poland, Bulgaria, Hungary, Czechoslovakia, Romania, and the GDR between 10:00 and 11:25 hours," GDR Embassy to DPRK Pyongyang, December 12, 1972, PolAAA, MfAA, C 951/76.

254 Sergey Radchenko & Bernd Schaefer, *op.cit.,* p.17.

255 정종욱, 앞의 글, p.244.

는 방침이었다. 그리고 주요 우방들의 대북 관계개선은 한국과 공산국 간의 관계 개선 정도를 고려하여 형평을 유지해야 한다는 것이었다.[256]

　비록 정부가 대공산권 관계개선의 경우 소련 등 동구권에 우선순위를 두는 것을 고려했지만, 6.23선언으로 인한 할슈타인 원칙의 포기는 주로 비동맹중립 국외교에 적용되는 것이었다.[257] 왜냐하면 공산권국가들이 남한과의 관계개선 을 검토할 만큼 한반도정책을 수정하지도 않았을 뿐만 아니라, 남한 내에서도 공산권국가들과의 관계개선을 적극적으로 고려할 정도의 의식 변화나 정책 의지 가 없었기 때문이다. 따라서 6.23선언은 공산권외교의 활성화를 위해 제기된 것 으로 보기 어렵다. 그 보다는 오히려 당시 데탕트와 더불어 변화하는 주변 정세 의 흐름에 대응하여 반공우선의 경직된 외교정책 기조의 수정과 전략적 유연성 의 필요,[258] 한국의 의사와 무관하게 또는 반대에도 불구하고 벌어지고 있는 기 정사실에 대한 정당화, 그리고 한국 정부의 이미지 제고 차원에서 비롯되었다고 볼 수 있다. 한국 정부가 주요 우방국들에게 공산국가들이 남한을 인정하지 않는 한, 북한을 인정해서는 안 된다고 요청한 것도 공산권국가들과의 관계 개선 주 선 요망보다는 방점은 후자에 있었다고 할 것이다. 더욱이 남북한 UN 동시가입 을 표방하면서 북한을 국가로 승인하지 않겠다는 것은 모순이었다. 또한 남북한

---

256 "6·23 특별성명에 따른 신외교 추진 특별대책," 1973.07.19(외무부), 『6.23 평화통일 외교선언, 1973-74. 전3권(V.1 기본문서집)』, 분류번호: 726.11, 등록번호: 6051, 대한민국외교사료관.

257 미국은 UN회원들이 6.23선언을 원칙적으로 환영할 것이나 아시아-아프리카의 비동맹들은 북한이 반대하는 상황에서는 지지하기를 꺼려할 것이라고 전망했다. "ROK Foreign Policy Changes: UN Membership for the 'Two Koreas'," 1973.07.23, POL 32-4 KOR-UN, Subject-Numeric Files, RG 59, National Archives. 6.23선언 직후 북한 노동당 국제국 안장일 부장은 평양 주재 루마니아 대리대사를 만나 남한의 제안이 제3세계 국가들로부터 지지받을 것에 대해 우려했다. "Telegram from Pyongyang, No. 061.253, Urgent, Secret," 1973.06.29., NKIDP & UNKS eds., New Documents on Inter-Korean Relations 1954-1988 (Document Reader).

258 정종욱, 앞의 글, pp.243-244.

UN 동시가입과 같은 중요 사안을 북한과 아무런 사전 논의나 조율 없이 일방적으로 제안한 그 자체가 이미 북한으로서는 받아들이기 어려운 것이었다. 북한은 6.23선언을 거세게 비난하면서 남한의 UN 가입은 중국과 소련의 거부권 행사로 저지될 것이라며, 여타 사회주의권 국가들이 남한과 외교관계를 수립하는 배신 행위를 저지하고자 했다.[259]

6.23선언 이후에도 한국 정부는 UN과 관련 기구에서 북한의 위법성과 적대성을 부각시키고 북한의 활동을 차단하는 데 활동의 초점을 맞추었다.[260] 6.23선언 이후 한국 정부는 공산주의권 국가들과의 교류 및 접촉, 경제교류의 가능성에 대비하여 1973년 8월 교통부의 훈령으로 공산주의권 국가 선박의 한국 입항과 한국 선박들의 공산주의권 국가 항구 입항 및 기항을 허용하였다. 1974년 4월 재무부의 훈령 개정으로 사회주의권 국가 민간상사들의 한국에서 진행되는 입찰 참여 허용 등의 조치가 취해졌다. 그러나 1970년대 말까지 6.23선언의 유의미한 성과를 적시하기는 어렵다. 요컨대, 한국 정부가 공산주의권 국가들과 공식적·비공식적으로 접촉은 했지만 그들과의 관계개선을 적극적으로 추진하거나 성과를 얻지는 못했다.[261] 더욱이 북한이 1973년 8월 김대중 납치사건과 6.23선언을 비난

---

259 Bernd Schaefer, *op.cit.,* p.22.

260 "김일성의 '단일UN가입' 주장과 복수대표권에 관한 사례비교," 1973.07(중앙정보부), 문서철명: 한국의 유엔가입, 1972-73, 분류번호: 731.12, 등록번호: 6140, 대한민국외교사료관.

261 공산권 국가와의 비공식적 접촉과 관련하여 1974년 중국의 접근이 눈여겨볼만하다. 홍콩에서 발간되는 Far East Economic Review의 특파원(Chief Correspondent)였던 Russell Spurr는 호주 대사관을 통해 중국이 남한과의 접촉을 희망한다는 메시지를 외교부에 전해왔다. 당시 외무부 유엔 과장이었던 이시영은 호주 대사관 인사(Goggin)에게 진위 여부를 확인하였다. Department of State, 17 Oct. 1974. U.S. Declassified Documents Online, http://tinyurl.gale.com/tinyurl/CWMqs8. 한 달 뒤 주한 미대사였던 스나이더(Richard L. Sneider)는 호주 대사관과 면담 결과 한국 정부가 중국의 접근에 분명한 관심을 갖고 있으면서도 대만과의 관계를 고려하여 소극적으로 대응하고 있다고 평가한다. Department of State, 15 Nov. 1974. U.S. Declassified Documents Online, http://tinyurl.gale.com/tinyurl/CWMqs8.

하며 남북대화 중단을 선언하고, 1974년 3월 북미평화협정을 제안함으로써 한반도의 데탕트는 급속도로 냉각되었다.[262]

1982년 외무부의 6.23선언 평가 및 발전적 전개 방향 검토 관련 문건에서는 6.23선언 결과 아프리카, 중남미, 서구 등지에서 북한의 외교적 진출은 양적으로 확대된 반면, 한국의 대공산권 관계개선은 간접교역을 제외하고는 크게 신장되지 못하였다고 토로하고 있다. 나아가 공산권 및 북한 단독 수교국에 대한 문호 개방 촉구에 있어서도 6.23선언은 그 설득력과 논리성이 부족하다고 평가했다. 이러한 상황에서 남한이 한반도 안보를 위해 추구해온 교차승인은 미소 간 타협이 없는 한 실현될 전망이 없으며, UN 가입 또한 중소의 동의 없이는 실현될 수 없는 실정이므로 한국이 6.23선언을 바탕으로 추구하고 있는 정책목표 실현은 어려운 것으로 분석하였다.[263]

6.23선언의 보완책에 대한 외무부 문건에서도, 6.23선언 이후 북한은 남한의 우방국인 태국, 말레이시아, 스위스, 오스트리아, 포르투갈 등과 수교하였으며 다수의 국제기구에 가입하는 데도 성공한 반면, 남한은 애초 기대하였던 공산권과의 관계수립을 1건도 성공하지 못하였다고 지적했다. 남한은 북한의 대서구공세에 수세를 면치 못하고 있는 바, 남한의 독자적인 대공산권 접촉·교류 확대 방안

---

262 이러한 북한의 제안에 대해 미국은 남한 정부를 배제하고 북한과 관계 개선을 시도하지 않을 것이며, 소련과 중국이 남한과 대화를 하는 조건 하에서만 북한과의 접촉이 가능함을 밝혔다. White House, 20 Nov. 1974. U.S. Declassified Documents Online, http://tinyurl.gale.com/tinyurl/CWNAW4.

263 "6·23 평화통일정책 선언과 한국의 외교정책," 1982.05.03(외무부), 문서철명: 6.23 평화통일 외교선언의 평가와 정책전환 검토, 1982-83, 분류번호: 726.11, 등록번호: 2011005212, 대한민국외교사료관. 당시 한국 정부는 6.23선언이 1970년대의 수세적 외교상황을 반영한 정책 전환이었기 때문에, 1980년대 한국의 대북 우위 상황을 반영한 공세적 정책 전환의 필요성을 제기했던 것이다.

은 소기의 성과를 얻지 못했다고 평가했다. 그리고 그 이유로는 우선 직접적인 이해당사자인 북한과의 타협이 없었다는 점, 그리고 공산·비공산권을 막론하고 영향력을 발휘할 수 있는 미국과의 전폭적인 협력·공동보조가 이루어지지 못하였다는 점 때문인 것으로 분석하였다.[264]

　　남북한 모두 남북관계의 개선 없이, 그것도 외교경쟁 차원에서 북방 또는 남방과 관계개선을 하겠다는 것은 어불성설이자 소기의 성과를 거두기 어려웠다. 그럼에도 불구하고 외교무대에서의 북한의 약진은 미중데탕트와 7.4공동성명으로 인한 국제사회의 분위기 변화에 힘입은 바 크다. 이 점에서 미중데탕트와 7.4공동성명의 상대적 수혜자는 북한이었다고 할 수 있다. 다만 6.23선언 이후 한국도 인도(1973.12), 방글라데시(1973.12), 아프가니스탄(1973.12), 네팔(1974.5), 버마(1975.5) 등 비동맹국가들과 국교를 수립하는 일정한 성과를 거두었다. 또한 친공산권 외교노선을 걷고 있던 핀란드, 인도네시아 등과 국교를 수립하는 등 6.23선언 이전과는 한국의 외교행보가 달라졌다. 그러나 1975년 이후 제3세계 국가들이 공산화되면서 한국과 국교를 단절하는 사태(베트남, 라오스, 캄보디아, 아프가니스탄) 등이 발생함으로써 한국의 수교국 수는 감소하였다. 특히 1975년 8월 페루 리마에서 열린 비동맹회의에서 북한은 회원국으로 정식 가입한 반면, 한국은 가입이 거부됨으로써 1973년 북한의 WHO 가입에 이어 다시 한번 외교적 고배를 마셔야 했다. 그런데 역설적이게도 이 같은 일련의 외교적 실패를 겪으면서 한국외교는 심기일전하여 상대적으로 우세한 체제역량을 바탕으로 체계적인 비동맹외교를 구사함으로써[265] 비동맹권에서의 외교적 열세를 만회하고 역전시킬 수 있었다.

---

264 "대공산권 외교개선방안: 6.23선언에 대한 보완책," 1982.04(외무부), 문서철명: 6.23 평화통일 외교선언의 평가와 정책전환 검토, 1982-83, 분류번호: 726.11, 등록번호: 2011005212.

265 이에 대해서는 국립외교원, 『한국 외교와 외교관: 이시영 전 UN대사』, pp.133-143; Charles

한국 정부는 두 번의 큰 외교적 실패를 반면교사 삼아 비동맹외교를 포함한 제3세계외교를 본격적, 체계적으로 추진하기 시작했다. 한국 정부는 비동맹회의 가입 실패 후 비동맹 가입 시도 대신 비동맹을 중심으로 한 제3세계 국가를 대상으로 한국 입장에 대한 지지 확보와 북한 입장의 부당함을 알리는 데 주력했다. 곧 '남북당사자 원칙'과 남북한에 '두 국가'가 존재하는 현실 등을 들어 비동맹회의에서의 한반도문제 논의, '하나의 조선', 그리고 북미 직접 협상을 고집하는 북한 주장의 모순과 비현실성을 비동맹 등 제3세계 국가에 체계적으로 알리고 설득하여 한국 입장에 대한 공감대를 넓힐 수 있었다.

3. 1970년대 초반 남북관계의 범위와 관련 주체들의 인식 및 역할

1) 남북관계의 한계선

남북관계나 남북대화가 국제환경, 국내요인, 최고정책결정자의 의지와 정책 성향 등과 같은 세 수준으로부터 영향을 받는다는 점은 재론을 요하지 않는다. 좀 더 세분해서 말한다면 국제환경은 남북관계나 남북대화의 가능 범위와 큰 방향성을 설정하지만 구체적인 남북관계나 남북대화는 남북한 국내정치와 최고정책결정자의 몫이다. 이 점에서는 남북관계도 국제관계 일반과 크게 다르지 않다. 그런데 이 세 수준의 기계적 적용만으로는 남북관계를 제대로 설명하기 어렵다. 국제환경과 같은 국제체계변수의 영향은 지역별로 상이할 수밖에 없다. 더욱이 남북한은 분단국가이다. 그렇다면 체제와 이념을 달리하는 분단체제하의 남북관계는 과연 어느 정도까지 발전할 수 있을 것인가?

Armstrong, *Tyranny of the Weak*(Ithaca & London: Cornell University Press, 2013), pp.143-144, 178-192 참조.

결론부터 말한다면 분단체제하 남북관계의 발전은 기본적으로 무한히 확대·심화될 수 있는 것이 아닐 것이다. '남북관계의 한계선(boundary of inter-Korean relations)'이라고도 칭할 수 있는 일종의 구조적 제약에 놓여 있다. 즉 남북관계는 화해·협력이 상대방 체제로의 통합이 되지 않도록 하는 상한선과 대립과 경쟁이 전쟁 발발로 이어지지 않도록 하는 하한선 사이의 공간에서 전개되고 있다고 보아야 할 것이다. 다시 말해 남북관계가 발전하더라도 어느 일방의 상대방 체제로의 자발적 통합은 상정하기 어렵다는 것이다. 또한 남북관계가 악화되더라도 남북 간의 전쟁 상황은 쌍방이 가급적 피하고자 한다는 것이다. 따라서 1970년대 초는 물론이고 한국전쟁 후부터 지금까지의 남북관계는-앞으로 큰 변화가 없는 한-이와 같은 한계선 내에서 전개되고 있다고 할 수 있다.

그렇다면 남북관계는 왜 이와 같은 한계선을 가지고 있는가?

첫째는 남북 간의 체제경쟁이다. 분단국가인 남북한은 각기 상대 체제의 정당성 부재를 드러내고, 자기 체제의 정당성 유지·제고를 통해 체제경쟁에서 우위를 도모하는 목표를 완전히 폐기하기 어렵다. 그렇기 때문에 남북대화와 교류가 이루어져도 체제와 이념이 다른 상대방을 정치적·군사적으로 용인하기는 어렵다. 남북관계가 갖는 이와 같은 체제경쟁의 속성 때문에 정치적·군사적으로 민감한 이슈는 비단 1970년대 초뿐만 아니라 탈냉전과 2000년 남북정상회담 이후에도 여전히 남북관계에서 풀기 힘든 문제이다.[266]

둘째는 체제경쟁과 같은 동전의 다른 면을 이루고 있는 남북 간의 통일의 주도권 다툼이다. 남북은 시기에 따라 다소 차이는 있지만 기본적으로 체제경쟁에

---

266 예컨대 노무현 정부 시기 북한이 제기했던 ① 한미합동군사훈련 중단, ② 국가보안법 폐지, ③ NLL 폐기, ④ 김일성의 시신이 안치된 금수산기념궁전과 혁명열사능과 같은 참관지 제한 철폐와 같은 4대 근본문제 등이 그 예이다.

서의 우위를 바탕으로 통일의 주도권을 쥐고 자신의 체제와 이념을 상대에게 확장하는 방식 또는 자신이 원하는 방식의 통일방안을 선호한다. 그 결과 체제역량에서 우위에 있는 체제는 자기 체제를 상대방에게 이식 또는 확장하려고 한다. 반면에 열세에 있는 체제는 이러한 상황의 도래를 결단코 저지하려고 한다.

셋째는 3년간의 참혹한 전쟁을 치른 후에도 남북의 군사적 대치 상황이 종식되지 않고 있는 정전체제의 지속[267]이다. 즉 남북이 항구적인 평화체제를 정착시키지 못하고 전투를 일시 중지하고 있는 불안정한 상태이다. 때문에 한반도 정전체제는 그 자체로 남북 간 긴장과 갈등의 근원이 되고 있다. 탈냉전 이후 현재까지도 군사적 문제가 남북관계의 발목을 잡고 있다.[268] 사정이 이럴진대 1970년대 초 남북관계는 재론을 요하지 않는다. 따라서 정전체제하의 군사적 대치라는 구

---

[267] 이에 대한 주요 논의로는 김학재, 『판문점체제의 기원』(서울: 후마니타스, 2015); 김명섭, 『전쟁과 평화: 6.25전쟁과 정전체제의 탄생』(서울: 서강대학교 출판부, 2015) 참조.

[268] 지금까지의 남북관계가 보여주듯 남북한 간의 교류·협력 중심의 기능주의만으로는 한계가 있다. 따라서 기능주의 단계론을 넘어 남북 간에 정치·군사 문제의 해결을 적절한 차원에서 배합·병행해서 풀어가는 노력과 정책이 필요하다. 그리하여 기능주의 단계론은 남북 간의 적대적인 정치·군사 구조를 약화 또는 해체하기 위한 노력과 적절히 조합될 필요가 있다. 남북대화가 진행되고 있던 1971년 12월 이후락 중앙정보부장은 하비브 주한 미 대사를 만나 향후 고위급 회담에서 논의할 현안들을 밝혔는데, 거기에는 남북 상호불가침, 상호 감군, 상대방 체제의 존중, 이들 협정에 대한 강대국 보장 등 북한이 우선적 해결을 주장해 온 정치·군사 현안들을 포함하고 있었다. 따라서 남북 간의 타협의 여지가 있었다. 그러나 1972년 4월 이후락의 방북과 관련, 박 대통령이 허가한 훈령은 단계적 접근을 강조했다. 박 대통령은 이산가족 찾기를 먼저 하고 그 다음에 경제, 문화 등 비정치적 문제, 그리고 최종단계로 정치·군사 문제를 다룰 것을 지시했다. 김연철, "7.4남북공동성명의 재해석: 데탕트와 유신체제의 관계," 『역사비평』(2012년 여름), p.236. 7.4공동성명 당시 비정치적 교류 우선론과 군사·정치 문제 해결 우선론 간의 쟁점에 대한 자세한 논의는 홍석률, 『분단의 히스테리』, pp.232-243 참조. 또한 1991년의 남북기본합의서에서는 북한이 전통적으로 강조해온 '군사 문제 우선 해결'과 남한이 강조해온 '교류협력 문제 우선 해결'을 통합하여 모든 사안을 병행적으로 협의, 이행하기로 함으로써 1972년 7.4공동성명에 비해 진전을 보았다. 한편 2007년 10.4선언은 6.15공동선언에 담기지 않았던 군사적 긴장완화와 불가침 의무 등을 합의문에 명시함으로써 경협을 확대, 발전시키기 위해서 필수조건이었던 군사적 신뢰구축 문제를 본격적으로 다루었다. 그리하여 군사 분야의 평화 증진과 경제 협력 분야의 번영을 동시에 도모할 수 있는 계기를 마련하였다.

조는 정경분리의 남북교류·협력을 용이하지 않게 하거나 사실상 불가능하게 만드는 장벽이라고 할 수 있다. 넷째는 국내냉전이다.[269] 분단과 전쟁이 준 상처, 냉전의 내화(內化)와 더불어 구축된 반공법, 국가보안법 등 냉전적 정책과 제도, 그리고 상대에 대한 적과 동포라는 이중적 정체성이 냉전시기는 물론이고 1970년대 초 남북대화 당시, 그리고 탈냉전·민주화 이후에도 온존하고 있다. 이 때문에 남북 간의 화해·협력으로 동포의 정체성이 확대되다가도 남북관계의 경색, 북핵문제, '최고 존엄 모독' 등의 문제가 불거지면 쉽사리 적의 정체성으로 전변되고 마는 것이 남북관계의 역사이자 현주소이다.

다섯째, 한반도의 분단체제는 소분단체제[270]로서 강대국 정치의 동향이나 국제환경의 영향이 크다는 점이다. 따라서 남북관계가 독자적 동력이나 공간보다는 미소냉전, 미중데탕트, 탈냉전, 북핵문제, 북미관계, 미중경쟁 등에 결박되어 움직이는 측면이 크다. 그러므로 남북대화와 남북관계의 발전을 위해서는 남북관계의 한계선으로 작용하고 있는 분단체제하 남북한 체제경쟁 불변, 통일의 주도권 포기 불가, 군사적 대치상황이라는 정전체제하의 남북경협 및 정경분리의 한계, 국내냉전의 관성, 외인에 민감한 한반도 분단체제 등과 같은 구조적 제약의 근원적 해소가 필요하다. 그러나 이는 궁극적으로 분단체제의 해소와 더불어 가능하게 될 것이다.

그러면 위에서 언급한 남북관계의 한계선은 7.4공동성명의 이행을 어떻게 제

---

269 국내냉전에 대해서는 박찬표, "국내 냉전구조 극복의 시도와 좌절," 박인휘 외 편, 『탈냉전사의 인식』(파주, 한길사, 2012) 참조.

270 이삼성은 미소냉전과 중국 공산화의 요인들이 복합적으로 작용하여 한반도에 소분단체제가 고착되었다고 말하고 있다. 자세한 논의는 이삼성, "동아시아 대분단체제: 전후 동아시아 질서의 개념적 재구성과 '냉전'," 『냉전과 동아시아 분단체제』(한국냉전학회 창립 기념 학술대회 발표논문집, 2015년 6월 25일, 성균관대 600주년 기념관) 참조.

약해 왔는가? 돌이켜보면 남북한 체제경쟁과 군사적 대치상황이라는 제약은 7.4 공동성명의 의미를 한정지우고 결국 무색하게 만들었다. 앞에서 살펴본 것처럼 군사적 대치상황에서 진행되는 남북대화 과정에서 남북한도 미국과 중국도 결코 기존의 동맹관계를 약화시키려고 하지 않았다. 그 때문에 남북관계의 진전과 동맹 강화라는 '불편한 결합' 속에 남북관계 발전은 일정한 한계를 지닐 수밖에 없었다.

또한 남북대화 과정에서 남북은 체제경쟁을 하면서, 대외적으로는 치열한 외교경쟁을 벌였다. 체제경쟁과 외교경쟁이 격화되는 속에서 남북관계가 진전되기 어렵다는 점은 자명하다. 1970년대 초 남북대화와 더불어 남북은 과거 적대적이거나 비우호적이었던 상대 진영의 국가들과 접촉과 교류를 확대하려고 했다. 이를 통해 상대방을 고립시키고 자신의 외교적 기반을 넓혀나가려고 한 것이다. 그리하여 북한의 대일, 대미 접근과 남한의 대소, 대중 접근 시도와 접촉이 이루어졌다. 그러나 남북한은 모두 자기 진영에 속하는 국가들이 상대방과 관계를 맺는 것을 저지하려고 했다.[271] 또한 이와 같은 체제경쟁 및 외교경쟁은 결국 분단국가의 중요한 정치자원인 통일문제에서의 주도권 경쟁과 직결되는 것이다. 요컨대 남북관계는 '근원적인 경쟁'과 '잠정적인 협력'이라는 딜레마에 놓여 있다.

또한 한반도의 분단, 7.4공동성명 채택과 남북대화의 개시, 전개, 중단 배경에서 알 수 있듯이 남북관계는 남북한 내부뿐만 아니라 강대국이 주도하는 상위에

---

[271] 홍석률, 앞의 책, pp.299-334 참조. 1988년 7.7선언을 발표하며 북방정책을 추진했던 노태우 정부 역시 한소수교와 한중수교를 추진하면서도 북미·북일 관계 개선은 저지하고자 했다. 결국 한반도 교차승인의 미완은 북한의 고립과 남북관계의 경색을 가져왔고, 종국에는 북방정책 자체의 좌초로 귀결되고 말았다. 여기에서 우리는 남북 간의 외교경쟁과 남북관계 진전이 병행될 수 없음을 거듭 확인하게 된다. 신종대, "서울의 환호, 평양의 좌절과 대처: 서울올림픽과 남북관계," 『동서연구』 제25권 3호(2013년) 참조.

있는 세계질서(global order)나 동북아 지역질서(regional order)의 영향을 많이 받고 있다. 그리하여 남북관계 발전이 남북 간의 의도, 노력, 동력으로만 환원되지 않는다는 점이다. 분단질서의 해체 또한 크게 다르지 않을 것이다. 이와 같이 화해는 짧고 대립이 긴 남북관계가 반복되는 이유는 서두에서 지적한 해당 시기별 국제환경, 국내요인, 최고정책결정자 등 세 수준의 영향뿐만 아니라 남북관계 발전의 범위를 제한하고 있는 남북관계의 한계선에서 찾을 수 있다.

2) 남북관계 발전의 조건: 국내 지지와 최고정책결정자

남북관계의 한계선이라는 구조적 제약 속에서 특정 시기의 남북관계는 그 시기의 국제환경, 국내정치, 그리고 최고정책결정자의 선택이라는 세 수준의 반영이라고 할 수 있다. 우선 미국의 대한반도정책을 포함한 국제환경은 남북관계와 한국의 대북정책에 영향을 미치는 중요한 요인이다.[272] 돌이켜보면 미중과 미소 간의 데탕트 없이 1972년 7.4공동성명 채택은 가능하지 않았을 것이다. 또한 탈냉전이라는 국제환경의 변화 없이 1991년의 남북기본합의서 채택은 어려웠을 것이다. 2000년 남북정상회담과 6.15공동선언 역시 당시 북핵문제의 동결과 북미관계의 안정이라는 대외환경 속에서 가능할 수 있었다.[273] 또한 노무현 정부의 노력에도 불구하고 남북정상회담이 성사되지 못하다가 2007년 10월에야 성사되고 10.4선언이 합의된 것도, 부시행정부의 대북정책이 협상국면으로 전환되어 한반도 국제관계 환경이 변화된 데 기인한 점을 무시할 수 없다. 이와 같이 남북관계나 한국의 대북정책에 대한 국제환경의 영향은 크고 중요하다. 따라서 남북합의

---

272 이러한 논의로는 황지환, "남북한 관계의 국제정치학," 서울대 국제문제연구소 편, 앞의 책 참조.
273 미국은 1999년 10월 페리보고서가 제출된 이후 북한과의 관계개선을 위한 본격적인 노력에 착수했다.

가 합의 자체에 머물지 않고 합의 이후에도 지속적인 이행의 안정성을 확보하고 남북관계 발전에 기여하기 위해서는 우호적인 국제환경이 필요하다. 미중갈등이나 북미갈등 등 동북아 역내 국가들 간의 긴장과 대립이 고조되는 상황에서는 남북 간 합의가 성사되기도 어렵거니와 설사 성사된다고 하더라도 지속되기 어려울 것이다.

다만 남북관계에 영향을 주는 국제환경을 염두에 두되, 여기서는 주로 국내요인과 최고정책결자라는 두 요인에 방점을 두고 지속가능한 남북관계를 위한 조건과 과제를 논의해 보고자 한다. 그렇게 함으로써 세 요인 가운데 비교적 남북이 갖는 자율성의 여지가 크다고 간주되는 두 요인 수준에서 남북이 관계발전을 위해 어떻게 접근하고 노력해 왔는지를 반추해 볼 수 있을 것이다. 더불어 남북관계의 침체 또는 역진을 국제환경의 탓으로 돌리기보다는 우선적으로 한반도 내부에서 찾고 남북 당사자의 책임과 역할로 돌려 스스로 반성해보는 의미도 있을 것이다. 거기에는 국제환경의 제약을 극복하기 위해 당시의 정책결정 주체 (agency)들이 얼마나 적절한 대외전략을 수립하고, 또 얼마나 적극적이고 현명한 남북관계 개선 노력을 경주했느냐 하는 문제도 포함될 것이다. 단 여기서는 남한의 국내요인과 최고정책결정자 요인에 한정하여 논의해 본다.

먼저 국내요인에 대해서 살펴보자.[274] 앞에서도 지적했지만 7.4공동성명과 남북대화의 배경에는 1970년대 초 박정희 정부가 거둔 경제성장의 성과와 자신감이 작용했다. 그로 인해 상대적으로 유화적인 대북정책 추진이 가능했다. 거기에 더해 1971년 대선에서의 신민당 김대중 후보의 남북 화해와 교류 및 평화통일론

---

274 남북관계와 국내정치의 연관에 대해서는 임수호, "국내정치와 남북한 관계," 서울대 국제문제연구소 편, 앞의 책; 신종대, "김대중·노무현 정부의 대북정책과 국내정치: 문제는 '밖'이 아니라 '안'이다," 『한국과 국제정치』 제29권 2호(2013년 여름호) 참조.

에 대한 표심의 호응 등이 영향을 미쳤다. 박정희 정권은 이 같은 국내정치적 도전에 적절히 대응할 필요가 있었다. 이 점에서 남북대화와 7.4공동성명은 박정희 정권이 통일문제에 대한 국민들의 관심에 부응하고 국내정치적 입지를 강화하기 위해서도 유용했다. 박정희 정권의 남북대화 추진은 국내정치적 압력과 고려가 일정하게 반영된 일종의 '수동적 전환'이라고도 볼 수 있다. 북한 역시 높은 군사비 부담과 경제성장의 한계로 인한 국내적 피로와 압박으로 남북 간의 긴장완화가 필요했다. 요컨대 남북대화가 추진되고 7.4공동성명이 발표되는 과정에는 당시 급변하던 국제질서의 영향 외에도 남북한의 국내요인들이 작용했다고 할 수 있다.

그런데 남북대화와 7.4공동성명은 결국 유신체제의 명분으로 이용되었다. 유신체제 수립은 '통일시대 대비'를 주요 명분으로 한 박정희 정권의 '능동적 전환 조치'였다. 물론 남북대화가 처음부터 유신체제의 명분을 찾기 위한 각본의 일환으로 추진된 것은 아니었다. 그런데 대화를 추진하는 과정에서 남북대화를 유신체제 수립의 명분으로 이용했다. 박정희는 유신헌법을 제정하면서 그 대의를 통일시대의 대비에서 찾았다. 남북대화가 가져올지도 모를 체제혼란에 대비하고 남북대화를 효율적으로 추진하기 위해 북한과 비견되는 강력한 체제를 갖춘다는 것이었다. 그리고 박정희는 유신체제 수립의 명분 확보를 위해 실질적 성과와는 무관하게 남북대화를 유지하고자 했다. 남북대화가 중단되면 통일시대에 대비한다는 유신체제의 명분이 옹색해지기 때문이다. 그러나 '통일' 및 '대화'와 '유신'의 어정쩡한 결합은 오래가지 않았다. 7.4공동성명이 불과 1년 만에 파국을 맞이하게 된 것도 유신체제와 유일체제 등장이라는 남과 북의 국내정치와 무관하지 않다. 아이러니하게도 통일시대에 대비한다는 유신체제 수립 후 남북관계는 오히려 침체·경색되고 중단의 위기를 맞았다. 당초부터 박정희 정부의 남북대화 목적이 남북관계의 미래지향적 발전보다는 체제경쟁을 위한 시간 벌기, 유신체제 수립 전후에는 체제전환의 정당화에 있었다. 더욱이 남북대화 및 7.4공동성명 추진은 국민들과 야당의 의견 수렴 내지 참여 없이 밀실에서 소수의 위정자 중심으로 이루어졌다. 국민들은 단지 통일담론의 세례를 받고 통일에 대비한다는 체제전환을 수용할 것을 일방적으로 요구받는 객체에 불과했다. 정권 차원의 국내 정치적 수요가 남북대화의 운영의 주요 변수였다.

남북대화와 대북정책의 국내정치는 탈냉전·민주화 이후 시기에도 그 양상이 크게 달라지지 않았다. 정부·여당의 독점적 대북정책 추진 및 성과의 독점 경향은 여전하다. 그 결과 대북정책이 여야 간의 공유와 합의의 영역이 되지 못하고 있다. 자연 대북정책은 정쟁의 대상이 되고, 대북협상력도 약화되며, 정권 교체에 따른 대북정책 기조의 흔들림을 거듭하고 있다. 국민적 합의 부재로 대북정책을 둘러싼 시민사회 수준에서의 남남갈등도 만만찮다. 한마디로 역대 정부들이 남북대화 추진이나 남북관계 개선 노력에 비해 정작 그 기반이 되는 국내지지 기반 조성을 위한 여야 및 국민적 합의 도출을 상대적으로 소홀히 해 왔음을 부인하기 어렵다. 그러나 남남협력 없는 남북협력은 가능할 수는 있어도 지속가능하지 않다. 요컨대 남북관계나 대북정책의 핵심은 '밖'이 아니라 '안'이고 '정치'의 문제이다.

그러면 최고정책결정자는 남북관계에 어떤 영향을 미치는가?[275] 한마디로 남북한의 최고정책결정자가 어떤 철학과 의지, 그리고 전략을 가지고 있느냐에 따라서 남북관계가 달라질 수 있다. 물론 이것이 최고정책결정자의 영향력 범위가 국제환경이나 국내정치의 제약으로부터 자유롭거나 이를 압도할 수 있다는 의

---

[275] 남북관계에 미치는 리더십 변수의 영향에 대해서는 황지환, "남북정상회담과 북핵문제: 한반도 리더십 변수의 재검토," 『국제관계연구』 제18권 1호(2013년 봄호) 참조.

미는 결코 아니다. 그러나 유사한 국내정치나 국제환경 하에서 모든 최고정책결정자가 유사한 정책을 구사하는 것은 아닐 것이다. 다시 말해 최고정책결정자는 국내정치나 국제환경에 수동적으로 반응하거나 적응하는 단순한 피동적 존재가 아니다.

7.4공동성명 발표 당시 남한에서 남북관계를 상대적으로 전향적으로 보는 진보적 여론과 진보적 세력도 있었지만, 박정희 정부의 보수성과 더불어, 대체로 보수적 여론과 보수세력이 우위를 점하고 있었다. 물론 이런 조건에서도 남북관계를 진전시키겠다는 대통령의 확고한 의지와 비전이 있었다면 당시의 남북관계가 정상회담 개최를 포함하여 한 단계 더 발전할 수도 있었을 것이다. 그러나 박정희는 그렇게 하지 않았다. 이후락 부장은 남북대화 초기 정치적 야심에서든 남북관계 발전 의도에서든 정상회담 개최 등 남북관계의 진전에 보다 적극적이었다. 그러나 이후락은 박정희의 단계적 접근방식을 준수하지 않을 수 없었다. 당시 박정희는 북한을 화해와 협력의 동반자로 보지 않았다. 그보다는 여전히 경계해야할 적 내지 치열한 체제경쟁의 상대로 인식하고 있었다. 김일성도 박정희와 크게 다르지 않았다. 당시 박정희는 체제경쟁을 위한 시간 벌기, 김일성은 주한미군 철수를 위한 분위기 조성이라는 동상이몽 속에서 남북관계 자체의 발전보다 자신들의 목적을 달성하는 도구로서 남북대화를 활용하고 있었다. 때문에 7.4공동성명 발표 직후부터 남북대화의 파탄은 예고된 것이나 다름없었다.

이처럼 최고정책결정자가 남북관계 변화에 대한 얼마만한 의지를 갖고 전략적 접근을 하느냐에 따라서 남북관계가 상당 정도 달라질 수 있을 것이다. 김대중 대통령의 대북포용정책 추진 사례에서 볼 수 있는 것처럼 국정 최고책임자인 대통령은 자신의 철학과 정책 의지에 따라 국내적 제약이나 국제환경의 기회나 도전에도 능동적으로 대응해서 적극적인 대북정책을 추진하였음을 알 수 있다.

대통령의 의지와 비전 등은 대북정책의 핵심이고 남북관계 변화의 주요 변수임을 알 수 있다.

7.4공동성명을 포함한 남북관계의 발전과 악화는 국제환경의 영향을 받지만 상당 부분 남북한 당사국 및 최고정책결정자의 책임과 역량 문제로 돌릴 수 있을 것이다. 남북관계는 국제환경의 제약을 받지만 남북한이 자율성을 발휘할 수 있는 공간이 있다. 특히 탈냉전·민주화 이후 남북관계에서 국내정치의 비중이 커졌다. 그만큼 남북관계에서 '안'이 갖는 자율성의 공간이 확대된 동시에 국내 지지기반이 취약할 경우 정책 추진이나 남북관계 진전이 어렵게 되었다. 그간 한국의 국내외적 역량이 점증되어 온 점을 고려할 때, 남북관계를 구성해 나가는 데 있어서 국내정치와 최고정책결정자와 같은 '안'의 역할과 책임은 더욱 큰 비중을 차지한다고 할 것이다.

VI. 결 론

1970년 8.15선언을 계기로 단초를 마련한 남북대화는 적십자회담을 거쳐 7.4 공동성명에 합의하였지만 당초 국민 일반이 기대한 만큼의 성과를 거두지는 못했다. 적십자회담이 시작되었지만 이산가족 상봉이라는 인도적 문제에 초점을 두는 남측과 이산가족 상봉을 위한 환경조성 차원의 반공법 폐지 논의 등 정치회담화하려는 북측은 접점을 찾지 못했다. 남북한의 본격적 정치회담은 7.4공동성명을 도출하는 성과를 거두었지만 얼마 못가 파국을 맞았다. 7.4공동성명에서 합의된 사항을 이행하기 위한 남북조절위원회는 남북한 협상 목표의 차이로 평행선을 달리다 난항 끝에 좌초되고 말았다. 남측은 인적, 물적, 통신 교류에서 시작하여 점진적으로 통일문제로 나아가는 단계적 접근을 주장한 반면, 북측은 정치·군사문제까지 포괄하는 동시일괄 타결을 주장했다. 양측의 입장을 타결하는 것은 마치 빙탄을 섞어 불을 지피려는 일과 다르지 않았다.

박정희 정부는 남북대화를 체제경쟁을 위한 실력을 배양하는 시간을 버는 기회로 활용하고자 했다. 그런데 박정희 정부는 남북대화가 기회만 제공한다고 보지 않았다. 북한의 평화공세에 남한 사회가 노출될 수 있는 위기의 측면도 감안하지 않을 수 없었다. 북한은 남북대화를 통한 평화공세가 주한미군 철수와 박정희 정부의 국내외적 고립을 가져올 것을 기대했으나 그러한 목표 달성은 현실적으로 어려웠다. 특히 1971년 12월의 국가비상사태선언과 72년 10월의 유신 단행은 북한이 기대하던 남한의 '민주주의 강화와 혁명세력의 성장'에 대한 일종의 차벽 설치였다. 체제경쟁과 체제확산 차원에서 북한은 남북대화 국면을 '남조선혁명'의 분위기를 조성할 수 있는 기회로 활용하려고 한 반면, 남한은 남한대로

'자유의 바람'을 북한에 주입하겠다고 했다. 그러나 양측의 시도는 모두 성공적이지 못했다. 남북은 대화와 상호방문을 통해 다른 체제에 대한 상용도를 높인 것이 아니라 상대 체제에 대한 이질감과 자기체제 재강화에 골몰했다. 또한 남북대화 시작과 더불어 북한 친화적인 신생독립국과 비동맹국의 증가로 북한의 외교공세가 가일층 강화됨으로써 한국외교는 일대 위기를 맞고 있었다. 박정희 정부는 남북대화에 대한 체제 차원의 대비는 물론 북한과의 외교전 대비에 몰두했다.

미중데탕트에 부응한 남북대화와 7.4공동성명은 한반도의 평화와 남북관계의 획기적 진전을 가져오는 모멘텀이 되지 못하고 남북 간 체제경쟁 및 외교경쟁 양면에서 오히려 한국에게 위기로 작용하는 측면이 있었다. 양면에서 위기를 느낀 박정희 정부가 전자에 대해서는 유신체제로 후자에 대해서는 6.23선언으로 대응한 것으로도 볼 수 있다. 남북은 모두 7.4공동성명을 통해 남북관계의 '자주성'을 강조했음에도 불구하고 남북관계를 우회하여 접근하거나 남북관계를 대외관계에 종속시키는 모순적 태도를 보였다. 7.4공동성명 이후 남한은 외교무대에서 북한을 고립시키려고 했으며, 북한 역시 마찬가지였다. 북한은 1970년대 초 남북대화 초기부터 남북 간 대화를 통한 남북관계 개선에는 관심 없이 미국의 대북정책 변화 여부와 대미접근이 초미의 관심사였다. 단지 주한미군 철수와 한미동맹 와해의 수단으로써 남북대화를 이용하고자 했을 따름이다. 당시 박정희는 북한을 화해와 협력의 동반자로 보지 않았다. 그보다는 여전히 경계해야할 적 내지 치열한 체제경쟁의 상대로 인식하고 있었다. 김일성도 박정희와 크게 다르지 않았다. 당시 박정희와 김일성은 동상이몽 속에서 남북관계 자체의 발전보다 자신들의 목적을 달성하는 도구로서 남북대화를 활용하고 있었다.

7.4공동성명은 분단 이후 남북한 최고당국자들이 직접 만나 의견을 교환하고 통일문제의 기본원칙에 합의했다는 점에서 의미가 있었다. 그러나 이 공동성명

은 남북한 주민들의 의견을 수렴하거나 논의과정을 거쳐 발표된 것이 아니라 남북 위정자들 간의 비밀접촉과 협상으로 작성되었다는 점에서 근본적인 한계를 갖는 것이었다. 물론 남북접촉과 협상과정에서 비밀과 비공개가 부득이한 측면을 인정해야 할 것이다. 문제는 7.4공동성명이 공개적으로 발표된 이후에도 국민들은 통일 담론의 동원 대상이었지 통일 논의의 주체로 참여하지 못했다는 데 있다. 7.4공동성명과 통일 담론은 단지 박정희 정권의 권위주의적 체제강화의 주요 명분으로 활용되었다. 이와 같은 한계에도 불구하고 다음과 같이 1970년대 초 남북대화와 7.4공동성명이 갖는 교훈과 의의를 찾을 수 있을 것이다.

첫째, 분명 1970년대 초 남북대화 및 7.4공동성명은 의미 있는 역사적 사건이었다. 한국전쟁 이후 대립일변도였던 남북관계를 무력이나 현상유지가 아닌 대화를 통해 접근하고 관리하고자 했다는 점은 분명 남북관계의 일대 전환이었다. 북한을 대화의 상대로 인정하고 이를 기초로 남북관계를 제도화하려는 최초의 노력으로 볼 수 있다. 남북관계사를 돌아보면 '대화 없는 분단'보다 '대화 있는 분단' 하에서 분단 상황의 불투명성과 불안정성이 낮아지거나 관리되어 왔다고 할 수 있다. 70년대 초 남북대화는 비단 남북관계의 발전을 위해서 뿐만 아니라 남북관계가 극단적으로 악화되는 것을 방지하기 위해서라도 남북관계 관리수단으로써 대화 채널의 중요성을 보여주었다.

둘째, 박정희 정부는 남북대화의 원형이 되는 남북적십자회담과 남북조절위원회 회담을 통해 일관되게 기능주의적 단계론을 견지했으며, 이는 이후 한국 정부의 대북 접근의 기본 원칙이 되었다. 또한 북한과 대화하면서 남북대화의 경험과 전략, 그리고 교훈을 얻고 학습했다. 실무급과 고위급을 포함한 수십 차례의 회담을 통해 상대방의 의중과 입장, 그리고 협상행태를 파악하고 쟁점 타결과 입장 관철 등 협상 기법과 관련하여 귀중한 경험을 축적했다. 70년대 초의 경험과 교훈은 한국의 대화역량 제고와 이후 남북대화에서 중요한 지침을 제공했다.

셋째, 분단 후 처음으로 열린 남북대화를 통해 상대의 의도와 입장을 비교적 정확하게 이해할 수 있었다는 것이다. 남북대화 전까지만 하더라도 남북은 서로 상대가 자신을 침략할지 모른다는 위협인식을 가지고 있었다. 즉 어느 일방만이 위협을 느꼈던 것이 아니라 상호위협인식(mutual threat perception)을 가지고 있었던 것이다. 남북은 자신이 '느끼는 위협'에만 민감하여 정작 자신이 상대에게 '가하는 위협'에는 둔감했다. 대화를 통해 남북 쌍방이 이를 확인했다는 것은 큰 소득이었다. 70년대 초 남북대화의 시작과 더불어 남북한 당국이 가장 큰 관심을 기울인 문제는 바로 남북 간 핫라인 개설이었다. 현금에도 핫라인은 상호위협인식을 감소시키는 동시에 군사적 신뢰구축 조치의 일환으로서 의미가 있다.

넷째, 북한이 동구권 국가들에게 말하고 있듯이 당시 북한의 평화공세의 이면에는 남한 정부를 국내외적으로 고립시키고 남한을 '민주화', '혁명화'하려는 목표가 깔려 있었다. 남한에 민주인사가 집권하면 북측과의 연공을 통해 통일을 이룰 수 있다는 것이 당시 북한의 기대이자 논리였다. 박정희는 이와 같은 북한의 평화공세 동기를 꿰뚫어보고 있었다. 당시 야당 등 비판세력들은 박정희 정권이 정권안보를 위해 북한의 위협을 유포·과장한다고 비판했다. 체제정비를 위한 과장의 측면이 있었을 것이다. 그런데 본문에서 살펴 본 70년대 초 김일성 등 북한 고위인사들이 사회주의 우방국들의 지도자들과 나눈 대화가 담긴 동구권 문서들을 만약 박정희와 비판세력들이 볼 수 있었다면 어떤 반응을 보였을지 생각해 볼 일이다.

다섯째, 70년대 초 남북대화는 남북대화를 전후하여 남북관계와 미중관계, 한미관계, 북중관계, 그리고 북미관계, 북일관계, 한중관계, 한소관계 등 남북한의 상대 진영과의 관계개선 문제가 어떻게 교차되고 맞물려 돌아가는지를 살펴볼 수 있는 하나의 축도로서 의미가 있다. 남북대화 국면과 맞물려 한반도 국제관계에서 어떤 쟁점이 부각되고 한국이 여하한 대외정책을 추구하고 구사할 것인지는 여전히 중요하다. 그런 점에서 70년대에 대한 성찰은 시사점과 교훈을 제공한다. 또한 70년대 초 남북대화 당시 미국이 남북대화나 남북관계의 범위와 한계를 설정한 것은 아니었고, 중국도 남북관계를 어느 수준까지만 발전시킨다는 세세한 계획을 세워둔 것은 아니었다. 달리 말하면 남북한이 의지와 비전, 그리고 전략을 갖고 있었다면 당시 남북관계가 상당히 진전된 모습을 보일 수도 있었다. 그러나 당시 남북한은 상호 불신 속에 각기 상이한 기대와 목적을 가지고 남북대화를 도구화했다. 이런 상황에서 남북관계의 발전은 무망했다. 오늘날 미국은 비핵화, 북한은 체제보장, 그리고 한국은 남북관계의 진전에 각기 방점을 두고 있다. 이 삼자는 어느 일방의 선행 추구만으로는 소기의 성과를 달성하기 어렵다. 삼자 간의 균형과 병행이 필요하다. 이 삼자를 동시 구동하는 접근이 중요하다. 이를 위한 시동을 남북관계로부터 걸어야 하고, 또 걸 수 있기에 한국의 비전과 의지, 그리고 역할이 중요하다.

참고문헌

❖ 단행본

강인덕·송종환 외,『남북회담: 7.4에서 6.15까지』(서울: 극동문제연구소, 2004).

강인덕·송종환·이동복·김달술,『평화와 통일: 박정희에게 길을 묻다』(서울: 박정희대통령
　　　　기념재단, 2019).

곽태환 외,『북한의 협상전략과 남북한관계』(서울: 경남대 극동문제연구소, 1997).

길영환·이원웅 역,『남북한 비교정치론』(서울: 문맥사, 1988).

김도태,『남북한 협상행태 비교연구』(서울: 민족통일연구원, 1994).

김동조,『냉전시대의 우리외교』(서울: 문화일보, 2000).

김성진,『한국정치 100년을 말한다』(서울: 두산동아, 1999).

＿＿＿,『박정희를 말하다: 그의 개혁 정치, 그리고 과잉충성』(서울: 삶과꿈, 2006).

김용식,『희망과 도전』(서울: 동아일보사, 1987).

김용직 편,『사료로 본 한국의 정치와 외교: 1945-1979』(서울: 성신여자대학교 출판부, 2005).

김연철,『70년의 대화』(서울: 창비, 2018).

김지형,『데탕트와 남북관계』(서울: 선인, 2008).

김정렴,『한국경제정책30년사』(서울: 중앙일보사, 1990).

＿＿＿,『아, 박정희』(서울: 중앙M&B, 1997).

김형아,『유신과 중화학공업, 박정희의 양날의 선택』(서울: 일조각, 2005).

김형욱·박사월,『김형욱회고록 IIL』(서울: 아침, 1985).

국립외교원 외교안보연구소 외교사연구센터 편,『한국외교와 외교관: 이시영 전 주UN
　　　　대사』(서울: 국립외교원, 2015).

경남대학교 극동문제연구소 편,『분단70년의 남북관계』(서울: 선인, 2016).

돈오버도퍼·이종길 역,『두 개의 한국』(서울: 길산, 2002).

박　실,『한국외교비사』(서울: 기린원, 1979).

＿＿＿,『박정희 대통령과 미국대사관』(서울: 백양출판사, 1983).

박태균,『우방과 제국, 한미관계의 두 신화』(서울: 창비, 2006).

빅터 D. 차·김일영·문순보 역,『적대적 제휴: 한국, 미국, 일본의 삼각 안보체제』(서울: 문학과지성사, 2004).

신욱희,『순응과 저항을 넘어서: 이승만과 박정희의 대미정책』(서울: 서울대학교 출판문화원, 2010).

심지연,『남북한 통일방안의 전개와 수렴』(서울: 돌베개, 2001).

송종환,『북한 협상행태의 이해』(서울: 오름, 2002).

서대숙 편,『북한문헌연구: 문헌과 해제』(서울: 경남대 극동문제연구소, 2004).

서울대학교 국제문제연구소 편,『데탕트와 박정희』(서울: 논형, 2011).

안병욱 외,『유신과 반유신』(서울: 민주화운동기념사업회, 2005).

역사문제연구소 편,『분단50년과 통일시대의 과제』(서울: 역사비평사, 1995).

역사비평 편집위원회 편,『갈등하는 동맹』(서울: 역사비평사, 2010).

우승지,『남북화해론: 박정희와 김일성』(서울: 인간사랑, 2020).

오진용,『김일성시대의 중소와 남북한』(서울: 나남, 2004).

오창헌,『유신체제와 한국 현대정치』(서울: 오름, 2001).

이경재,『유신 쿠데타』(서울: 일월서각, 1986).

이동복,『통일의 숲길을 열어가며』1, 2(서울: 삶과꿈, 1999).

이동원,『대통령을 그리며』(서울: 고려원, 1993).

이문항,『JSA-판문점(1953-1994)』(서울: 소화, 2001).

이상우,『비록, 박정희 시대(1)』(서울: 중원문화사, 1984).

_____,『박정권 18년: 그 권력의 내막』(서울: 동아일보사, 1986).

이종석,『분단시대의 통일학』(서울: 한울, 1998).

_____,『북한-중국관계: 1945-2000』(서울: 중심, 2000).

정영철·정창현,『평화의 시선으로 분단을 보다』(서울: 유니스토리, 2017).

최명해,『중국·북한 동맹관계: 불편한 동거의 역사』(서울: 오름, 2009).

하영선 편,『1972 한반도와 주변4강 2014』(서울: EAI, 2015).

한국학 중앙연구원 편,『박정희시대 한미관계』(서울: 백산서당, 2009).

홍석률,『분단의 히스테리: 공개문서로 보는 미중관계와 한반도』(서울: 창비, 2012).

❖ 논문, 잡지 기사

강인덕, "박정희는 왜 김일성의 정상회담 제의를 거절했나,"『신동아』, 1월호, 1993.

김용현, "1960년대 북한체제의 위기와 군사화의 대두," 경남대학교 북한대학원 편,『북한현대사 1』, 한울, 2004.

김학준, "1970년대 남북대화의 재조명,"『남북한 관계의 갈등과 발전』, 평민사, 1985.

박건영·박선원·우승지, "제3공화국 시기 국제정치와 남북관계: 7.4공동성명과 미국의 역할을 중심으로,"『국가전략』 9권 4호, 2003.

마상윤, "안보와 민주주의, 그리고 박정희의 길: 유신체제 수립원인 재고,"『국제정치논총』, 43집 4호, 2003.

박재규, "북한의 대서구정책," 고병철 외.『북한외교론』, 경남대 극동문제연구소, 1978.

박재영, "북한의 대유엔 및 국제기구정책," 양성철·강성학 편,『북한외교정책』, 도서출판 서울프레스, 1995.

배광복,『남북관계의 경로의존과 구성: 7.4남북공동성명에서 남북기본합의서 채택까지 남북회담 분석』(고려대학교 정치학 박사논문), 2008.

배긍찬, "1970년대 전반기의 국제환경 변화와 남북관계," 한국정신문화연구원 편.『1970년대 전반기의 정치사회변동』, 백산서당, 1999.

신욱희, "기회에서 교착상태로: 데탕트 시기 한미관계와 한반도의 국제정치,"『한국정치외교사논총』 제26집 2호, 2005.

신종대, "유신체제 수립원인에 대한 재조명,"『사회과학연구』 제13집 1호, 2005.

_____, "유신체제 수립을 보는 북한과 미국의 시각과 대응,"『아세아연구』 제55권 3호, 2012.

심연수, "7.4 남북공동성명의 배경과 협상론적 의미,"『한국정치외교사논총』 제19집 1호, 1998.

우승지, "남북화해와 한미동맹관계의 이해,"『한국정치외교사논총』 제26집 1호, 2004.

_____, "박정희 시기 남북화해 원인에 관한 연구," 정성화 편,『박정희 시대와 한국 현대사』, 선인, 2006.

_____, "박정희 정부의 통일정책과 7.4남북공동성명," 함택영·남궁곤 편,『한국 외교정책: 역사와 쟁점』, 사회평론, 2010.

이동기, "분단시기(1949-1989) 동독과 서독 간 대화와 협상: 남북한 대화 평가를 위한 관점들 과 관련하여,"『사림』30, 2008.

이동률, "중국의 1972년 대미 데탕트," 하영선 편,『1972 한반도와 주변4강 2014』, (재)동아시아연구원, 2015.

양무진,『북한의 대남협상전략 유형』, 경남대학교 정치학 박사논문, 2001.

양호민, "남북대화의 원점과 원형," 이삼성 외,『평화통일을 위한 남북대결』, 소화, 1996.

유석렬, "남북대화: 과거 현재 그리고 미래: 평양의 전략,"『한국과 국제정치』제3권 1호, 1986.

윤미량, "북한의 남북대화 전략과 평가," 서보혁·이창희·차승주 편,『오래된 미래? 1970년대 북한의 재조명』, 선인, 2015.

지주선, "8.12남북적십자회담 개최 제의의 배경과 입안과정,"『70년대 남북대화 성립비사(1)』, 국토통일원, 1989.

정일준, "유신체제의 모순과 한미 갈등: 민주주의 없는 국가안보,"『사회와 역사』70, 2006.

정영국, "유신체제 성립 전후의 국내정치," 한국정신문화연구원 편,『1970년대 전반기의 정치사회 변동』, 백산서당, 1999.

정종욱, "공산권외교의 등장과 전개: 북방외교의 과제와 전략," 구영록 외 편저,『남북한의 평화구조』, 법문사, 1990.

정홍진, "7.4공동성명의 성립 과정." 한국정치학회·이정복 편,『북핵문제의 해법과 전망』, 중앙M&B, 2003.

"정홍진 대담: 남북조절위원회 간사의 남북회담 비화 첫 공개: 한밤에 만난 김일성,"『월간조선』, 7월호, 1984.

조세형, "박대통령의 단독결정이었는가: 72년 남북대화를 보는 미국의 시각,"『월간조선』, 1월호, 1986.

Armstrong, Charles, *Tyranny of the Weak*, Cornell University Press, 2013.

Cha, D. Victor, *Alignment Despite Antagonism: The United States-Korea-Japan Security Triangle*, Stanford University Press, 1999.

Song, Jong-Hwan, "How the North Korean Communists Negotiate: A Case Study of the South-North Korean Dialogue of the Early 1970s." *Korea and World Affairs*, Vol.8, No.3, Fall, 1984.

Radchenko, Sergey & Schaefer, Bernd, "'Red on White': Kim Il Sung, Park Chung Hee, and the Failure of Korea's Reunification." *Cold War History*, Feb., 2017.

Schaefer, Bernd, "Overconfidence Shattered: North Korean Unification Policy, 1971-1975." North Korean International Documentation Project Working Paper #2, Woodrow Wilson International Center for Scholars, 2010.

Xia, Yafeng & Shen, Zhihua, "China's Last Ally: Beijing's Policy toward North Korea during the U.S.-China Rapprochement, 1970-1975." *Diplomatic History*, Vol.38, No.5, 2014.

❖ 자료

국토통일원, 『남북대화 편람』, 1974.

국토통일원, 『남북대화연표(1970-1980)』, 1981.

국토통일원, 『남북대화사료집』, 제6권, 7권, 1987.

국토통일원, 『70년대 남북대화 성립 비사』, 1989.

남북조절위원회, 『남북대화백서』, 1978.

대통령비서실, 『박정희 대통령 연설문집』, 제3권 4권, 1973.

중앙정보부, 『북한대남공작사』, 1,2권, 1973.

국군보안사령부, 『대공30년사』, 1978.

외교부 외교사료관 소장 문서

행정안전부 대통령기록관 소장 문서
국사편찬위원회 전자사료관 소장 문서
IFES-UNKS북한아카이브 소장 문서

Department of State, *Foreign Relations of the United States 1964-1968*. Vol. XXIX Part 1 Korea, Washington D.C.: United States Government Printing Office, 1999.

Department of State, *Foreign Relations of the United States 1969-1976*. Vol.XIX Part 1 Korea, 1969-1972, Washington D.C.: United States Government Printing Office, 2010.

미국립문서기록관리청(NARA) 소장 문서

Burr, William ed, *The Kissinger Transcripts*, New Press, 1998.

Ostermann, Christian F. and James F. Person eds, *After Detente: The Korean Peninsula 1973-1976*, North Korean International Documentation Project. Woodrow Wilson International Center for Scholars, 2011.

Ostermann, Christian F. and James F. Person eds, *The Rise and Fall Detente on the Korean Peninsular 1970-1970*, North Korean International Documentation Project. Woodrow Wilson International Center for Scholars, 2010.

NKIDP & UNKS eds, *New Evidence on Inter-Korean Relations 1954-1988*(Document Reader), North Korean International Documentation Project. Woodrow Wilson International Center for Scholars, 2012.

기타 미국 우드로우윌슨센터(Woodrow Wilson International Center for Scholars) 소장 문서

한국외교협상사례 총서 14

부록

자료목록 및 해제
연표
찾아보기

자료목록 및 해제

[자료 1] 박정희 대통령, 8·15경축사에서 대북한 관계 선언, 1970년 8월 15일

박정희 대통령은 1970년 8월 15일 광복절 경축사를 통해 남북한이 '개발과 건설과 창조의 경쟁'에 나설 것을 촉구하는 「8·15 평화통일구상선언」을 천명하였다.

[자료 2] "NK reply to ROK proposed meeting on divided families", August 12, 1971, POL KOR N-KOR S, Subject-Numeric Files 1970-1973, RG 59, National Archive at College Park

주한 미국 대사관이 한국 정부의 남북한 적십자회담 제의와 북한이 이를 수락하여 판문점에서 남북적십자 예비회담이 열리게 되는 과정을 미 국무부에 보고하는 내용이다.

[자료 3] "Korean CIA director's views on Red Cross Talks", August 31, 1971, POL KOR N-KOR S, Subject-Numeric Files 1970-1973, RG 59, National Archive at College Park

주한 미대사관은 적십자회담에 대한 이후락 중앙정보부장의 의견을 보고하였다. 미대사관은 이후락과의 의견 교환을 통해 한국이 아시아 문제에서 더욱 적극적이고 긍정적인 역할을 하고자 하는 열망과 자신감을 가지고 있다고 평가하였다.

[자료 4] "Letter from Park Chung Hee to Richard M. Nixon", September 16 1971, POL 7 KOR S, Subject-Numeric Files 1970-1973, RG 59, National Archive at College Park

박정희 대통령은 미중 관계개선과 남북대화를 종용하고 있는 미국에 대한 유감을 내비쳤다. 박 대통령은 닉슨 대통령에게 보내는 서신에서도 이 같은 한반도 정세에 대한 우려를 드러냈다.

[자료 5] 「로저스 국무장관과의 면담」 1971년 9월 23일, 관리번호: 대통령기록관 1A00614174956041, 대통령비서실

외무부장관은 미중 간의 관계 개선, 주한 미군철수 문제, 남북적십자회담 등에 대한 로저스 미 국무장관의 주요 발언 내용을 박 대통령에게 보고했다.

[자료 6] 「미일 정상회담 토의내용」, 1972년 1월 13일, 관리번호: 대통령기록관 A00614174956119, 대통령비서실

미일정상회담에서 한국의 비상사태선언과 관련한 미국과 일본의 시각 차이 등을 담고 있는 외무부 보고 문건이다.

[자료 7] "North Korea: Peace Offensive Continue", February 18, 1972, POL KOR N, KOR S, Subject-Numeric Files 1970-1973, RG 59, National Archive at College Park

미국 정보 당국은 북한이 평화공세를 활용하여 한국 내부 불화를 유도하고 한미일 동맹의 불협화음을 조장하고자 한다고 분석하였다.

[자료 8] "Memorandum of Conversation", February 23, 1972, Department of State, Foreign Relations of United States 1969-1976 Volume XVII, China, pp. 719-733.

주은래가 중국을 방문한 닉슨으로부터 주한미군의 궁극적 철수와 UNCURK 해체를 주문하고, 이에 대한 닉슨과 키신저의 반응을 담고 있다.

[자료 9] "Telegram from the Embassy in Korea to the Department of State," June 13, 1972, Department of State, Foreign Relations of United States 1969-1976, Vol. XIX, pp. 362-365.

이후락 부장이 하비브 대사를 만나 북이 공동성명 발표를 제안했으나 박대통령이 이를 거부했다고 밝혔다.

[자료 10] 7·4남북공동성명서, 1972년 7월 4일

남북이 분단 이후 최초로 통일과 관련하여 합의, 발표한 공동성명으로서 '자주, 평화, 민족대단결' 3대 통일 원칙을 천명하였다.

[자료 11] "Note on Information from DPRK Deputy Foreign Minister Comrade Ri Man Seok, on 17 July 1972 between 16:40 and 18:00 hours in the Foreign Ministry", July 20 1972, Wilson Center Digital Archive

북한 외무성 부상 리만석은 사회주의권 국가 대사들에게 사회주의 우방국들은 남한을 지속적으로 고립시키고 압력을 가하는 것이 중요하다며 협력을 요청했다.

[자료 12] "Minutes of Conversation between Nicolae Ceausescu and economic delegation from the Democratic People's Republic of Korea," September 22, 1972, Christian F. Ostermann and James F. Person eds., The Rise and Fall of Detente on the Korean Peninsula, 1970-1974, pp. 996-1009.

1972년 9월 정준택 노동당 정치국 후보위원이 루마니아를 방문했을 때 루마니아 차우셰스쿠 대통령에게 기존의 대남 혁명전략이 소기의 성과를 거두지 못했고, 미중화해 무드 등 변화된 국제정세 속에서 한반도 통일을 위한 최상의 접근이 바로 평화공세라고 말했다.

[자료 13] "Note on an information by DPRK Deputy Foreign Minister Comrade Lee Manseok on 8 November 1972 for the Ambassadors of Czechoslovakia and Poland and the acting ambassadors of the GDR in the Foreign Ministry", November 9 1972, Wilson Center Digital Archive

북한이 유신선포에 대한 불신과 내부에서의 격렬한 비판에도 불구하고 대남 비난 자제로 남북대화의 동력을 이어가기로 결정한 것은 무엇보다 남한이 대화의 문을 닫아 걸지 못하도록 하는데 있었음을 알려 주는 문건이다.

[자료 14] Telegram from the Embassy in the Korea to the Department of State," November 24, 1972, FRUS.

이후락 부장의 남북대화 행보에 대한 김종필 총리의 비판을 담고 있는 내용이다.

[자료 15] "Senior Review Group Meeting", June 15, 1973, DDRS online, National Security Council

키신저 미 국무장관이 새로운 외교노선 (6.23 선언)에 급히 의견을 요구하는 주미 한국대사에 대한 불만을 내비치며 6.23선언을 내놓은 한국의 의도를 분석하고 있다.

[자료 16] 박정희 대통령의 '6·23선언'-평화통일 외교정책에 관한 특별성명, 1973년 6월 23일

박정희 대통령은 남북한 유엔 동시 가입, 북한의 국제기구 가입 불반대, 공산주의 국가에의 문호 개방 등의 내용을 담은 6.23선언을 천명했다.

[자료 17] "Telegram from Pyongyang to Bucharest, Secret, No. 61.530, November 26, 1973, Wilson Center Digital Archive

키신저는 베이징 방문 시 중국 지도부에게 한국이 중국과 관계를 정상화하길 바란다고 언급하였다.

.[자료 18]「6.23 평화통일 외교선언의 평가와 정책전환 검토, 1982-83」1982, 대한민국 외교사료관

6.23선언에 대한 평가와 적극적인 정책 전환의 필요성을 검토하는 내용이다.

[자료 1] 박정희 대통령, 8·15경축사에서 대북한 관계 선언, 1970년 8월 15일

친애하는 국내외 5천만 동포 여러분! 오늘은 우리 민족이 비할 데 없는 감격과 환희 속에 맞이했던 조국 광복, 그날로부터 꼭 4반세기가 되는 날이다. 25년 전 전국 방방곡곡의 거리 거리에서 태극기의 물결을 수 놓으며 자유해방 만세의 환호성을 소리높이 외치던 날. 우리 온겨레는 정녕 티끌만한 사심도 정산도 없는 순수한 애국애족의 마음으로 다함께 우리 민족재기의 출발을 기뻐하였고 우리 역사의 새로운 광영을 다짐하였던 것이다. (……) 오늘 광복 제25주년을 맞이하면서 우리 온 겨레가 너나 할 것 없이 한결같이 가슴 아프고 서글프게 생각하는 것이 있으니 그것은 다름 아닌 국토분단의 비극이다. 통일을 향한 민족적 비애는 지난 4반세기 동안 하루도 우리의 뇌리에서 사라진 일이 없었으나 한편 통일의 전망은 수많은 난관과 애로에 가로막혀 결코 밝다고 말할 수 없는 현실에 놓여있다. 그 원인은 어디 있느냐. 그것은 한마디로 김일성과 그 일당의 민족 반역집단이 북한 땅에 도사리고 있기 때문이다. 그들 광신적이며 호전적인 공산집단은 조국 광복의 첫날부터 전 한반도를 폭력으로 적화하기 위해 시종일관 광분해 왔다. 6·25 남침의 참혹한 동족상잔에 이어 휴전 후 오늘날에 이르기까지 7천 8백여 건이 넘는 무력도발을 자행해 왔고 최근에는 무수한 무장공비를 남파시키고 있는 것이 바로 그 실증이다. 정녕 김일성과 그 도당은 마땅히 역사와 국민의 준엄한 심판을 받아야 할 전범자들임에 틀림없다. 그럼에도 불구하고 이들 도당은 언필칭 평화통일이니 남북협상이니 연방제니 교류니 하는 등 파렴치한 상투적 선전을 되풀이 하고 있다. 이러한 북괴의 저의가 어디에 있는가 하는 것은 이미 청천백일하에 드러나있다. 그것은 두말할 필요도 없이 그들 스스로가 저지른 전범 행위와 긴장조성의 책임을 전가해보려는 적반하장의 흉계인 것이며 무장공비 남파를 위장 은폐하고 소박한 일부 사람들을 현혹함으로써 감상적 통일론을 유발해 보려는 간사한 술책인 것이며 국제 여론의 오도를 노리는 야비한 속셈인 것이다.(……)

나는 광복 4반세기에 즈음한 뜻 깊은 오늘 이 자리를 빌어 평화통일의 기반조성

을 위한 접근방법에 관한 나의 구상을 밝히려고 한다. 여기에는 반드시 이루어져야 할 선행조건이 있다. 즉 북괴가 지금과 같은 침략적이고 도전적인 행위를 계속하고 있는 한 그들이 무슨 소리를 하든 이것은 가면이요 위장이요 기만이라고밖에 볼 수 없는 것이며 긴장상태의 완화 없이는 평화적 방법에 의한 통일에의 접근은 불가능한 것이므로 무엇보다도 먼저 이를 보장하는 북괴의 명확한 태도 표시와 그 실천이 선행되어야 하겠다는 것이다. 따라서 북괴는 무장공비 남파 등의 모든 전쟁도발 행위를 즉각 중지하고 이른바 무력에 의한 적화통일이나 폭력혁명에 의한 대한민국의 전복을 기도해 온 종전의 태도를 완전히 포기하겠다 하는 점을 명백하게 내외에 선언하고 이를 행동으로 실천해야 한다. 이러한 우리의 요구를 북괴가 수락, 실천하고 있다는 것을 우리가 확실히 인정할 수 있고 또한 유엔에 의해서 명백하게 확인될 경우에는 나는 인도적 견지와 통일기반 조성에 기여할 수 있으며 남북한에 가로 놓인 인위적 장벽을 단계적으로 제거해 나갈 수 있는 획기적이고 보다 현실적인 방안을 제시 시행할 용의가 있음을 밝히는 바이다. 또한 북괴가 한국의 민주통일 독립과 평화를 위한 유엔의 노력을 인정하고 유엔의 권위와 권능을 수락한다면 유엔에서의 한국문제 토의에 북괴가 참석하는 것도 굳이 반대하지 않을 것이다. 이러한 나의 구상에 한 가지 덧붙여서 말하고 싶은 것은 북괴에 대하여 더 이상 무고한 북한 동포들의 민생을 희생시키면서 전쟁 준비에 광분하는 죄악을 범하지 말고 보다 선의의 경쟁, 말하자면 민주주의와 공산독재의 그 어느 체제가 국민을 더 잘 살게 할 수 있으며 더 잘 살 수 있는 여건을 가진 사회인가를 입증하는 개발과 건설과 창조의 경쟁에 나설 용의는 없는가 하는 것을 묻고 싶은 것이다.

(출전) 『동아일보』 1970.8.15.

POL KOR N- KOR S
XR

Department of State TELEGRAM

SOC 3 KOR N Red Cross
SOC 3 KOR S Red Cross

LIMITED OFFICIAL USE   808

PAGE 01 SEOUL 04846 120959Z

16
ACTION EA-14

INFO OCT-01 EUR-14 IO-11 CIAE-00 DODE-00 PM-06 H-02 INR-06

L-03 NSAE-00 NSC-10 P-03 RSC-01 PRS-01 SS-14 USIA-12

AID-20 SCS-03 SCA-01 SR-02 ORM-03 RSR-01 /128 W
-------------------------- 040991

R 120900Z AUG 71
FM AMEMBASSY SEOUL
TO SECSTATE WASHDC 8046
INFO AMEMBASSY TOKYO
CINCPAC
USMISSION USUN NEW YORK
AMCONSUL HONG KONG
AMEMBASSY TAIPEI
USMISSION GENEVA
AMEMBASSY MOSCOW

LIMITED OFFICIAL USE SEOUL 4846

SUBJ: SOUTH KOREAN RED CROSS PROPOSES MEETING WITH NORTH

1. IN SPECIAL PRESS CONFERENCE AUGUST 12 KOREAN NATIONAL RED
CROSS DIRECTOR CH'OE TU-SONG ANNOUNCED PROPOSAL FOR CONFERENCE
OF RED CROSS REPRESENTATIVES FROM NORTH AND SOUTH KOREA TO DISCUSS
EFFORTS TO LOCATE MEMBERS OF SEPARATED FAMILIES. HE ALSO
CALLED FOR PRELIMINARY MEETING IN GENEVA BEFORE END OF OCTOBER
TO ARRANGE CONFERENCE. HE SAID HE WOULD WRITE TO INTERNATIONAL
COMMITTEE OF RED CROSS SEEKING COOPERATION. THROUGHOUT SPEECH
HE EMPHASIZED HUMANITARIAN OBJECTIVE OF PROPOSAL. IN REPLY
TO REPORTER'S QUESTION, HE CITED STRICTLY HUMANITARIAN OBJECTIVE
AS REASON PROPOSAL DOESNOT VIOLATE NATIONAL SECURITY LAW AND
ANTI-COMMUNIST LAW. IN REPLY TO OTHER QUESTIONS, HE SAID
ROKG INFORMED IN ADVANCE AND PROMISED POSITIVE COOPERATION AND
THAT CONFERENCE COULD BE HELD IN SEOUL, PYONGYANG OR ELSEWHERE.
HE PREDICTED NORTH KOREAN RED CROSS WOULD "UNDERSTAND OUR
PROPOSAL AND RESPOND FAVORABLY."

2. ANNOUNCEMENT WAS MADE ON NATIONWIDE RADIO AND TELEVISION FOLL-

LIMITED OFFICIAL USE

Department of State TELEGRAM

PAGE 02   SEOUL 04846   120959Z

OWING INTENSIVE ADVANCE BUILD-UP OF "IMPORTANT ANNOUNCEMENT".
AFTERNOON NEWSPAPERS CARRIED STATEMENTS OF BOTH POLITICAL
PARTIES AND OF NUMEROUS SOCIAL ORGANIZATIONS PRAISING
HUMANITARIAN INITIATIVE. GOVERNMENT PARTY SPOKESMAN OFFERED
"WHOLEHEARTED SUPPORT" WHILE WARNING AGAINST POLITICALLY MOTIVATED
COUNTER
PROPOSAL BY NORTHERN PUPPETS. OPPOSITION SPOKESMAN CALLED
PROPOSAL
"WELCOME BUT LONG OVERDUE" AND EXPRESSED HOPE IT WOULD MARK
"MAJOR TURNING POINT AWAY FROM NARROW ANTI-COMMUNIST POSTURE
OF THE PAST."

3. INTERESTING FEATURE OF STATEMENT WAS DIRECTOR'S
REFERENCE TO "NORTH KOREAN
RED CROSS" AND HIS AVOIDANCE OF HITHERTO STANDARD PEJORATIVE
"NORTHERN PUPPETS." ONE OF SUB-HEADLINES OF TONGA ILBO REPORT
SAID "USE OF PHRASE 'NORTH KOREA' UNPRECEDENTED. GP-4

PORTER

37

POL KOR N- KOR S
XR SOC 3 KOR N Red Cross

Department of State TELEGRAM

XR SOC 3 KOR S Red Cross

CONFIDENTIAL 329

PAGE 01 SEOUL 04876 141102Z

19
ACTION EA-14

INFO OCT-01 EUR-14 IO-11 INRE-00 CIAE-00 DODE-00 NSAE-00

NSCE-00 SSO-00 USIE-00 CCO-00 PM-06 H-02 INR-06 L-03

NSC-10 P-03 RSC-01 PRS-01 SS-14 RSR-01 /087 W
-------------------- 060131

O 140920Z AUG 71
FM AMEMBASSY SEOUL
TO SECSTATE WASHDC IMMEDIATE 8070
INFO AMEMBASSY TOKYO PRIORITY
AMEMBASSY TAIPEI
AMEMBASSY MOSCOW
USMISSION USUN NEW YORK
USMISSION GENEVA
CINCPAC

PANMUNJOM

C O N F I D E N T I A L SEOUL 4876

SUBJ: NK REPLY TO ROK PROPOSED MEETING ON DIVIDED FAMILIES

1. AT 1308 HOURS AUG 14 SEOUL TIME, PYONGYANG
RADIO BROADCAST ACCEPTANCE OF ROK RED CROSS PROPOSAL FOR MEETING
ON DIVIDED FAMILIES. REPLY URGES TALKS OPEN "WITHIN SEPTEMBER"
AND "CORDIALLY PROPOSES" PARTIES ALSO DISCUSS EXCHANGE OF MAIL
AND FREE TRAVEL AND MUTUAL VISITS OF SEPARATED FAMILIES.
REPLY SAID MEETING SHOULD TAKE PLACE IN KOREA
RATHER THAN THIRD COUNTRY AMD PROPOSED PANMUNJOM BUT ALSO OFFERED
SET UP NEW BUILDINGS IMMEDIATELY IF PANMUNJOM CONSIDERED IN-
APPROPRIATE BECAUSE SITE OF ARMISTICE COMMISSION TALKS. BROAD-
CAST SAID NORTH WOULD HAVE 2 RED CROSS "MESSENGERS" AT PANMUN-
JOM 1200 HOURS TO DELIVER OFFICIAL TEXT OF NK REPLY AT PANMUN-
JOM 1200 HOURS AUGUST 20. TEXT OF NK REPLY AND LETTER FROM NK
RED CROSS DIRECTOR TO ROK RED CROSS DIRECTOR IN FBIS OKINAWA
B140419 AND B140441.

2. WITHOUT RULING OUT COMMUNICATIONS ON ARRANGEMENTS THROUGH
NEWS SERVICES, RADIO OR TELEVISION, NK EXPRESSES BELIEF THAT
PREFERABLE EXCHANGE LETTERS BETWEEN REPRESENTATIVES WITH LETTERS
OF CREDENCE AT PANMUNJOM.

CONFIDENTIAL

Department of State **TELEGRAM**

CONFIDENTIAL

PAGE 02 SEOUL 04876 141102Z

3. REPLY FAIRLY FREE OF USUAL ANTI-ROK VITRIOL, BUT LETTER HASO
STRONG POLITICAL OVERTONES AND FIRST HALF IS DEVOTED TO REVIEW
OF PAST NORTH KOREA EFFORTS TO INITIATE EXCHANGES REBUFFED BY
ROK.

4. SUBSTANCE OF NK REPLY WAS PICKED UP BY ROK MEDIA AND
BROADCAST THROUGHOUT ROK ALMOST IMMEDIATELY.

5. ABOUT 1700 HOURS AUG 14, ROK RED CROSS DIRECTOR WENT ON ROK
RADIO AND TV WITH ANNOUNCEMENT THAT ROK RED CROSS REPS WILL
MEET NORTHERN COUNTERPARTS AT PANMUNJOM ON AUG 20.

6. BLUE HOUSE PRESS SPOKESMAN (PROTECT SOURSE) HAS TOLD US THAT
ROK RC DIRECTOR WILL MAKE MORE DETAILED STATEMENT WITHIN DAY
OR TWO, THAT ROK HOPES NK WILL IN FUTURE ELIMINATE UNNECESSARY
"POLITICAL FLAVOR" OF ITS STATEMENTS ON THIS PROJECT, THAT ROK
REPRESENTATIVE WILL GO TO PANMUNJOM ON AUG 20 WITH ANOTHER
LETTER AND SEEK TO MAKE PROGRESS IN THAT MEETING ON ARRANGEMENTS,
AND IS FULLY PREPARED CARRY ON DISCUSSIONS AT PANMUNJOM.

7. IN ABSENCE CONTRARY INSTRUCTIONS BY IMMEDIATE CABLE, WE WILL
CONCUR IF ASKED IN USE OF PANMUNJOM FOR THESE TALKS.

8. PARAGRAPHS ONE, TWO, FOUR AND FIVE OF THIS MESSAGE ARE
UNCLASSIFIED. GP-4
PORTER

CONFIDENTIAL

POL KOR N- KOR S

Department of State **TELEGRAM**

CONFIDENTIAL 002

PAGE 01 SEOUL 05309 311013Z

19
ACTION EA-14

INFO OCT-01 PM-06 NSC-10 SS-14 RSC-01 CIAE-00 INR-06

NSAE-00 DODE-00 PRS-01 IO-11 RSR-01 /065 W
------- 052990

R 310909Z AUG 71
FM AMEMBASSY SEOUL
TO SECSTATE WASHDC 8384

C O N F I D E N T I A L SEOUL 5309

SUBJ: KOREAN CIA DIRECTOR'S VIEWS ON RED CROSS TALKS.

SUMMARY: ROK CIA DIRECTOR SAYS RED CROSS TALKS DE-
SIGNED (A) TO SHOW SOUTH KOREAN PEOPLE ROKG READY TO
DEAL WITH HUMANITARIAN ASPECTS OF DIVIDED COUNTRY;
(B) DEMONSTRATE THAT SOUTH CAN NOW DEAL FROM POSITION
OF STRENGTH; (C) OPEN NORTH TO REALITIES OF SITUATION IN
THE SOUTH. HIS ATTITUDE REFLECTED CONFIDENCE, DESIRE
FOR KOREA TO PLAY MORE ACTIVE, POSITIVE ROLE IN ASIAN
AFFAIRS.

1. ROK CIA DIRECTOR LEE HU RAK ASKED ME AT LUNCH IF
THE REACTION OF THE US GOVERNMENT TOWARDS THE RED
CROSS TALKS AT PANMUNJOM WAS FAVORABLE. I SAID THAT
HE HAD UNDOUBTEDLY SEEN PRESS REPORTS OF THE DE-
PARTMENT'S SPOKESMAN'S COMMENTS WELCOMING THE TALKS.
I ADDED THAT THE KOREAN INITIATIVE WAS PROBABLY
ALSO SEEN AS EVIDENCE OF ROK MATURITY AND SELF-
CONFIDENCE.

2. THIS OBSERVATION PRODUCED A LONG AND ANIMATED
EXPOSITION OF HIS STRATEGY IN GETTING THE TALKS STARTED
NOW. THE FIRST AND MOST OBVIOUS ASPECT, HE SAID, WAS
TO RESPOND TO GROWING PUBLIC PRESSURE FOR SOME KIND
OF CONTACT WITH THE NORTH. THE KOREAN PEOPLE FELT
THAT THEIR GOVERNMENT HAD BEEN AN OBSTACLE TO THE
ESTABLISHMENT OF CONTACTS. IT WAS NECESSARY TO DEM-
ONSTRATE THAT THIS WAS NOT SO AND TO RELIEVE THE
PRESSURE BY CAREFULLY CONTROLLED AND REGULATED

CONFIDENTIAL

Department of State TELEGRAM

CONFIDENTIAL

PAGE 02   SEOUL 05309   311013Z

INTERCHANGES. HE SAW NO PROSPECT, HOWEVER, THAT THE
TALKS WOULD LEAD TO UNIFICATION. THE IDEOLOGICAL
DIFFERENCES, HE WAS CONVINCED, WERE TOO STRONG TO
BE OVERCOME.

3. THE SECOND AND LESS OBVIOUS ASPECT OF HIS STRATEGY
WAS RELATED, HE SAID, TO MY COMMENT ON SELF-CONFIDENCE.
DURING HIS TIME AS AMBASSADOR TO JAPAN AND IN HIS FIRST
MONTHS IN OFFICE AS CIA DIRECTOR HE SAID HE HAD MADE A
THOROUGH STUDY OF NORTH KOREA AND HAD REACHED THE
CONCLUSION THAT IN EVERY SIGNIFICANT FIELD OF COM-
PARISON THE SOUTH HAD PASSED THE NORTH AND WITH EACH
SUCCESSIVE YEAR WOULD BE BUILDING UP AN IRREVER-
SIBLE LEAD. A PHYSICAL AND PSYCHOLOGICAL BARRIER
WAS IN THE PAST NECESSARY, BUT THIS WAS NO LONGER
THE CASE. THE BALANCE HAD BEEN TIPPED. THE SOUTH,
HE SAID, HAS NOTHING TO FEAR FROM PEACEFUL COM-
PETITION, AND CONTACTS WITH THE NORTH WILL HAVE
TWO BENEFICIAL EFFECTS. THEY WILL SHOW OUR OWN
PEOPLE THAT WE CAN DEAL SUCCESSFULLY WITH THE NORTH
AND SECONDLY IT WILL GIVE US A CHANCE TO OPEN THE
CLOSED MINDS OF OUR NORTHERN COMPATRIOTS. THE NORTH
KOREANS ARE THE VICTIMS OF THEIR OWN PROPAGANDA ABOUT
THE SOUTH, HE CONTINUED. THEY
THINK WE ARE ON THE
VERGE OF ECONOMIC AND POLITICAL COLLAPSE. THE AGENTS
THAT WE PICK UP ARE FULL OF THE MOST PREPOSTEROUS
IDEAS ABOUT CONDITIONS IN THE SOUTH. CONTACTS AND A
FLOW OF INFORMATION NORTHWARD WILL GRADUALLY UNDER-
MINE THESE ILLUSIONS AND BRING PRESSURE ON THE REGIME.

4. COMMENT: LEE'S COMMENTS DURING THE TWO -HOUR
CONVERSATION REFLECTED CONFIDENCE, SELF-ASSURANCE,
AND INITIATIVE. THE NEEDLESS OPENING FORMALITY OF
THE QUESTION ON THE USG REACTION TO THE TALKS WAS
THE ONLY TRADITIONAL INSTINCTIVE CLUTCH FOR THE
REASSURING APRON STRINGS. THE NIXON DOCTRINE, OUR
TROOP REDUCTIONS, THE PUBLIC RESPONSE TO KIM TAE
JUNG'S CAMPAIGN, THE ANNOUNCEMENT OF THE PRESIDENT'S
PEKING VISIT, HAVE ALL BEEN ELEMENTS OF A BROAD FRONT
PUSHING POLITICALLY SENSITIVE AND RESPONSIVE MEN LIKE
LEE AND KIM JONG PIL TO RECOGNIZE THE CHANGING FACE

CONFIDENTIAL

CONFIDENTIAL

PAGE 03   SEOUL 05309   311013Z

OF ASIA. LEE WAS SAYING, ALMOST IN SO MANY WORDS, THAT
KOREA IN THE PAST WAS COMPELLED BY ITS POVERTY AND
BACKWARDNESS TO ACCEPT THE ROLE OF PAWN AND VICTIM;
THAT KOREA TODAY NEED NOT DO SO, AND THAT IT CAN PLAY
AN ACTIVE, POSITIVE, AND TO SOME DEGREE AN INDEPENDENT
ROLE. GP=3.
UNDERHILL

CONFIDENTIAL

'46'

청 와 대

2급 비밀   1971년 9월 16일
                                          서울에서

경애하는 닉슨 대통령 각하,

　　최근의 격동하는 국제정세와 특히 각하의 불원한 북경방문과
관련해서 본인은 대한민국 정부와 국민이 지대한 관심을 가지는
몇가지 중요한 문제들에 대하여 이 서한을 통해서 본인의 견해를
밝혀 각하의 이해를 구하고저 하는 바입니다.

　　각하의 중공방문 결정은 이와같이 변천하는 국제정세와 화해
기운에 비추어 가장 중요하고 의의깊은 일이라 하지 않을 수 없으며,
한국정부는 각하의 북경방문이 아세아의 긴장완화와 나아가서는
국제평화 건설에 기여할 수 있을 것이라는 희망에서 이를 환영하였던
바입니다.

　　앞으로 있을 각하와 중공지도자 간의 면담에서는 귀국과 중공간에
개재하는 제반문제에 대한 토의가 있을 것으로 예측되는 바입니다마는,
그 과정에서 중공측이 한국문제를 제기할 가능성이 있는 듯이 최근
일부에서 운위되고 있는데 대하여 우리는 커다란 관심을 가지지 않을
수 없읍니다.

                    2급 비밀

물론 우리는 귀국 정부의 중공과의 관계개선을 위한 노력이 "오랜 우방의 희생하에 이루어지는 일이 없다"는 것을 각하가 공언한 바 있음을 유의하고 있으며, 한.미 양국간의 전통적인 우호관계에 비추어, 각하의 중공방문시 우리 정부와의 충분한 사전 협의 없이 한국에 대한 어떤 결정이 이루어지리라는 것을 염려할 아무런 이유도 없다고 생각합니다. 다만 여러가지 문제를 논의 하는 과정에서 한국문제가 언급될 만약의 경우에 대비해서 각하의 북경 향발 이전에 우리 양국 정부간에서 충분한 의견교환을 가지는 것이 유의하리라고 본인은 생각하는 바입니다.

앞서도 언급한 바와같이 오늘날의 세계정세는 많은 변화를 겪고 있으며, 일반적으로 국제긴장 완화를 지향하는 추세속에서 화해의 기운이 조성되고 있는 것이 사실입니다. 그러나, 이와 같은 국제적 조류에 역행하여 북한 공산주의자들은 무력에 의한 한반도의 적화정책을 집요하게 추구하고 있으며, 대한민국에 대한 무력도발과 침투행위를 계속하고 있습니다.

우리는 이와같은 북한 공산주의자들의 적화통일 정책이 종래 중공 지도자들에 의하여 공공연한 지지와 지원을 받아 온 사실을 잘 알고 있습니다. 최근의 새로운 국제적 조류에도 불구하고 이러한

- 2 -

2 급 비 밀

중공의 태도에는 변경을 시사하는 아무런 징후도 아직 찾아 볼 수
없을 뿐머러 오히려 지난 9월 6일에는 중공과 북괴의 양 군사책임자
간에서 무상 군사원조협정이 체결되어 북괴의 군사력을 가일층 강화
시키려는 의도가 분명히 되었읍니다. 이와같은 상황하에서 한반도
에는 아직도 위험한 긴장상태가 계속되고 있는 것이며, 대한민국의
안전은 여전히 위협을 받고 있는 것입니다.

한반도 에서의 전쟁 재발을 방지하고 대한민국의 안전을 보장
하기 위하여서는 우리 한.미 양국간의 상호방위체제를 더욱 공고히
하고, 한국군의 전투능력 향상을 위한 현대화계획을 촉진시키는 동시에
한국에 대한 미국의 군사 및 경제원조가 적정한 수준에서 계속되어야
한다는 것을 강조하고저 합니다. 특히 현 한.미 상호방위조약의 유지와
이의 효과적이며 충실한 이행은 대한민국의 방위와 안전보장에 필요
불가결한 것이라고 본인은 확신합니다.

아세아에 있어서의 중공의 오랜 목표의 하나가 미국으로 하여금
한국 및 기타의 아세아지역으로부터 미군을 철수케 하려는 것임을
우리는 큰 관심과 우려를 가지고 주시하고 있읍니다. 새삼스러이
말씀드릴 필요도 없이, 한.미간에 현존하는 방위체제는 오로지
침략으로부터의 방어를 위한 것으로서 미군의 한국 주둔은 한반도
에서의 전쟁재발에 대한 가장 효과적인 억지력으로서 작용하고 있는
것이며, 이와 마찬가지로 유엔군의 주둔은 한반도의 평화와 안전을

- 3 -

2 급 비 밀

2 급 비 밀

유지하려는 유엔의 목적과 책임을 구현하고 있는 것입니다. 그러므로
한국으로부터의 이른바 외군 철수를 주장하는 중공의 요구는 결코
수락되어서는 안될 것입니다.

　　본인은 이 기회에 대한민국의 정부와 국민이 신장되어가는
우리의 국력에따라 우리 자신의 방위와 안전을 위하여 보다 큰
책임을 점차적으로 부담할 각오와 용의를 가지고 자주국방 태세의
달성을 위하여 최선의 노력을 경주하고 있다는 사실을 말씀드리고저
합니다. 다만 개발도상국으로서의 제반 제약으로 말미암아 이를
위하여는 아직도 상당한 시일을 요한다는 것은 각하께서도 인정
하시리라 믿습니다.

　　이 중요한 시기에 본인은 미국이 태평양국가의 중요한 일원
으로서 또 우리의 강력한 맹방으로서 아세아의 평화와 안전을 수호
하기 위하여 계속 중추적 역할을 담당해 나갈 것을 희망하며, 또한
확신하는 바입니다.

　　각하께서도 이미 아시는 바와 같이 대한민국은 평화적 방법에
의한 국토통일의 달성을 위하여 진지한 노력을 하고 있읍니다.
이와같은 우리의 평화통일 노력이 결실되기 위하여는 무엇보다도
한반도에 있어서의 평화적 여건의 조성이 긴요한 것입니다.

　　만일 중공이 진실로 그 대외관계에 있어서 긴장완화와 화해를
지향한다면, 그들은 맨 먼저 북괴의 전력증강을 위한 군사원조나

- 4 -

2 급 비 밀

2 급 비 밀

　무력통일정책에 대한 지원을 중지하고 그대신 북괴로 하여금 한반도의
긴장완화에 조력하도록 그 영향력을 행사하여야 할 것입니다.

　　이상 당면한 중요문제에 관한 우리의 입장에 대하여 각하의
깊은 이해와 변함없는 지원을 바라면서, 다시한번 각하의 앞으로의
북경방문이 세계평화에 기여하는 결과를 가져오게 될 것을 빌어마지
않는 바입니다.

　　각하의 건강과 행복을 기원합니다.

　　　　　　　　　　　　　대 한 민 국 대 통 령

　　　　　　　　　　　　　　박　　　정　　　희

미 합중국 대통령
　　리차드 엠. 닉슨 각하

　　　　　　　　　　　- 5 -

　　　　　　　　　　2 급 비 밀

[자료5] 「로저스 국무장관과의 면담」 1971년 9월 23일, 관리번호: 대통령기록
관 1A00614174956041, 대통령비서실

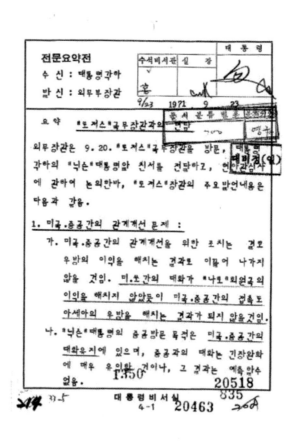

다. 미국·중공간에 <u>명시적으로나</u>, 묵시적으로 한국문제를 논의케도한 합의사실은 없으며, 그러한 전제조건은 분명히 없음. 그러나 "닉슨·주은래회담"에서 어느쪽이나 원하는 문제를 거론할수 있을 것임.

라. 한국에 관련되는 문제는 사전에 한국측과 충분한 협의와 이해가 이루어진 후에 결정해야 할 것으로 믿음. 미국정부의 정책 변경에는 반드시 한국정부와 협의할 것임.

2. 주한미군 철수문제 :

미국은 동맹국과의 방위계획을 성실히 수행할 것이며, 현재 주한미군 추가 감군계획이 없으므로, 최소한도 명년 6월까지는 어떠한 추가 감군도 없을것임.

3. 우엔문제 :

가. 미국정부는 "한국문제 토의 연기안"을 시의에 맞는 대책이라고 생각하며, 이를 적극 지지하는 바이나, <u>또현의</u> 태도가 문제의 핵심일 것임.

나. 태도가 분명치 않은 "자마이카", "빈네주엘라"에게 한국의 입장을 지지토록 요청하겠음. 20519

대비정(일)

4. 남북적십자회담 문제 :

  가. 북괴측은 북한적십자사 대표가 한국의 발전상을
     알게 되는 것이 염려되어 서울과 평양에서의 대비경(인)
     회담 개최 제안을 수락하지 않을 것이며, 수락
     치 않을 경우에도 선전효과면에서 대단히 좋은
     일이라고 생각함.

  나. 한국은 성공적인 경제개발이 수행되고 있으므
     로, 남북적십자회담에 있어 대단히 유리함.

5. 월남문제 :

  가. 금년 11월 중순까지 주월미군이 185,000명으로
     감소될 것이며, 그때에 추가 감군계획을 발표
     할 예정이나, 아직 시간 여유가 있으므로 주월
     군 철수문제에 관하여 한국측과 협의할수 있을
     것임.

  나. 월남평화 협상이 성공할 아무런 징조도 보이지
     않지만, 전망이 좋아지면, 한국정부와 협의할
     방침임.

                    1352

                                    20520

6. "닉슨"대통령의 중공방문 시기문제 :

"닉슨"대통령의 중공방문시기는 아직 결정되지 않았
으며, 10월 방문설은 사실이 아님.　　　대비정(일

7. 미국의 대외경제원조 10% 삭감문제 :

PL - 480에 의한 원조 및 군사원조는 삭감대상에
서 제외되나, 아직 세부적인 실행 방침은 결정되
지 않았으며, 실무자 레벨에서 검토중 이므로 확실한
설명을 할 입장이 못됨 ("마샬 그린"차관보 발언)

1353

20521

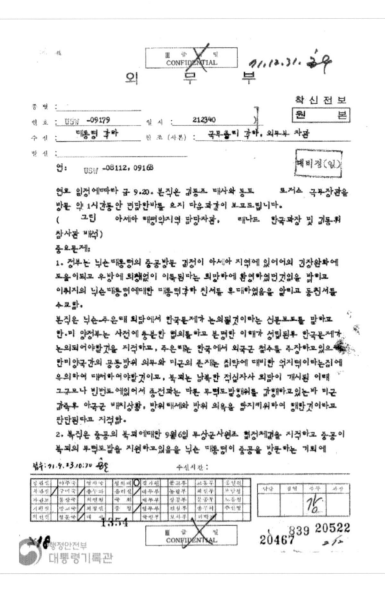

- 2 -

중공에 대하여 북괴의 그러한 전쟁도발은 아세아의 긴장완화에 역행됨다는점과
또한 한.미 양국간의 공동방위 결의도 천명할 필요 있으리다는점을 지적하였음.

3. 동 장관은 닉슨 대통령의 북경방문 결정을 아국이 환영한 사실에대하여
사의를 표하면서 그러한 우호적인 지지는 대단히 유익한것이라고말하며 비정(일)
박대통령 각하의 친서는 닉슨 대통령에게 직접 전달할것이라고함.

그는 이어 미중공간에 관계개선을 위한조치는 박 대통령각하게서 친서에서
지적한바와같이 결코 우방의 이익을 해칠조치로 이끌어나가개될지않을것을
다짐한후 미중공간에 명시적으로나 묵시적으로나 한국문제를 논의키로한 합의
사실은 없을뿐만아니라 그러한 전제도 건도없다는점을 분명히하고 미중공간의
대화유지가 북경방문 이유라고 하였음. 닉슨-주은래 회담 의제는 작정된것은
없으나 어느쪽이나 원하는 문제는 거론할수 있는것이라고말하였음.

동 장관은 한국에 관련되는 문제는 사전에 충분한 협의와 이해가 이루어진후
결정하여야할것으로 믿으며, 따라서 미국정부정책 변경에는 반드시 한국정부와
협의할것임을 확약하였음.

동 장관은 미.쏘간의 대화에서 나토 회원국의 이익을 해친바없었음이 미.중공
간의 접촉에 있어서도 아세아의 우방을 해치개될결과는 자아내지않을것이라고
거급말했음.

미국정부는 긴장완화에 주력하고있으므로 닉슨-주은래 회담도 그러한 목적으로
이루어지개될것인바, 이러한 중공과의 대화는 매우 유익한것이라고하고 그결과구
단속스러운것이될지 예측할수없다고 동 장관은 내다보았음.

동 장관은 또한 동맹국과의 방위 계획은 성실히 수행될것이며 주한미군 추가
감군 계획에관하여는 현재 계획된바없으므로 적으로 명년 6월말까지는 어떠한
추가감군도 없을것이라고하였음.

4. 본직은 중공이 한반도에있어서의 군사적인 공백의 조성을 원하므로 북괴를
군사적으로 도움고있는바 북괴 및 중공의 그러한 오전적인 정책은 한국민이
므게 우려하는 바이라고 지적하였음.

본직은 닉슨 대통령의 말과같이 교섭은 힘을 배경으로하여 수행되어야할것으로
보며 이를 배경으로 북괴의 도전적인 행위를 방지하여야할것이라고하자, 동장관은
공산권과의 교섭에는 항상 인내력을 가지고 대하고있음을 지적, 한국정부의

1355

CONFIDENTIAL

840 20523

20468

2/3

- 3 -

우려하는점은 충분히 이해한다고 말하였음.

경제원조 10 퍼센트 삭감 문제:

5. 본직은 지난 8.15. 닉슨대통령이 새 경제정책을 발표함에 있어 대외경제 원조에의 10퍼센트 삭감정책을 천명한 사실을 상기시키고, 그 이후에 중남미 제국에 대하여는 동금액을 절회한다는 뉴헤즈키 발표 가있었는바 이에 대한 미정부 정책을 문의하였음. 이에대하여 배석하였던 그린 차관보는 PL -480에 의거한 원조 및 군사원조는 삭감대상에서 제외되나 아직 세부적인 실행 방침은 결정된바없으며 실무자 레벨에서 검토중이므로 현재 확실한 설명을 할 입장이못됨다고 하였음.

우 인권제:

6. 본직은 금차 우인총회에 있어서의 한국문제 토의 연기구상을 설명하고 미국정부의 태도를 문의한바, 동장관은 미국정부가 동 연기안을 시의에 맞는 대책이라고 생각하여 이를 적극 지지하는 바이나 쏘련의 태도가 문제의 핵심이라고 전망하였음.

국무성의 평가에의하면 동 연기안은 운영위원회에 있어서 좋은 결과를 가져올것으로 판단한다고 하였음.

7. 본직은 운영위원회에서의 투표 예상이 11대 9, 기권 2표 본다고 전제하고 자마이카,밑 베네수엘라의 태도가 아직 분명치 않으므로 동국 주재 미국대사를 통하여 협조요청하도록 당부한바 즉석에서 조치하겠다고 동장관은 약속하였음.

남북한 적십자 회담문제:

8. 본직은 남북한 적십자회담의 경위와 대한적십자사의 인도적 목적을 위한 노력을 정부가 적극 지원하고있음을 설명하고 본직의 의견으로는 적십자회담 장소를 서울과 평양에서 번갈아 개최하도록 제의할 심산이나 북괴의 반응이 의심스럽다고 하였음. 이에 대하여 동석하였던 그린차관보는 미국정부가 매우 의아스럽게 여기는것은 한국적십자사의 제의에 북괴측에서 그렇게 신속히 수락하였다는 것이 라고 하였음. 로저스장관은 북한적십자대표가 한국의 발전상을 알게됨으로써 서울에서 회의를 갖자는 것은 수락지않을것으로 보이나 수락지않을경우에도 선전효과면에서는 대단히 좋은 일이라고 본다고 말하였음.

1356   CONFIDENTIAL

20469

841 20524

행정안전부
대통령기록관

- 4 -

동 장관은 일반적으로 공산주의 정부는 선전에 치중하고 사실을 은폐하는  것이 상무적이며 민주국 가보다는 훨씬 코모하므트 실사디 수락하지도 않을 것이라고 말하였음.

이에 대하여 대한민국 정부의 경우에있어서는 성공적인 경제개발이 수행되고 있으므로 대단이 유리한점이라고 말하였음.

9. 본직은 대만이 유쾌한점이라고 말하였음.

닉슨 중공방문 시기문제:

10. 본직이 닉슨대통령 북경방문 시임결정여부를 문의한데 대하여 로저스 장관은 아직 결정됨바없다고하고 10월 방문설은 사실이아님을 지적하였음.

11. 본직은 북경 방문에 관한 발표 가있은후 북피는 20여일동안 일체 보도관제를 해왔고 북월맹은 중공이 무마하고있으나 아직도 미·중공간의 관계개선을 반대 하고있다고 사실을 주목말만하다고 하였음.

월남 철군문제:

12. 본직은 주월한국군 철수 에관한 정부 행도를 설명한후 미국정부 가 주월 미군 철수를 계속 일방적으로 단행하고있다는 점을 지적 월남전 참여는 자유우방 국 가들의 공동조치 에서 이룩되었으므로 월남에서의 철군계획도 공동 노력하에 이루어지도록 한·미정부 간의 긴밀한 협의가 성립되어야할 필요성을 강조 하고 한국군만이 철수치않고 월남에 주둔한다는것이 우리정부 정책이 아니라는점을 분명히하였음. 이어 본직은 월남 평화협상로 같은 안목 에서 공동 보/가 보조아에 이루어질 현실의 문제이므로 협상의 진전을 월남참전국 정부 특히 한국에 통보하여 줄것을 요청하였음.

13. 로저스 장관은 금년 11월 중순 까지 주월 미군수가 18만5천명으로 감소될것이며 11월중순경에는 추가감군 계획을 발표할 예정으로있으나 그시기 문제는 아직도 충분한 시간이있으므로 여유를 가지고 협의할수 있을 것이라고 답변하였음. 동장관은 파리 협상에 관하여 크게 기대할바는 못됨다고 전제하고 월남평화협상이 성공될 아무런 증거도 보이지않으나

1357

20525
842
20470

행정안전부

- 5 -

대비정(일)

파리협상의 전망이 좋아질때에는 미국정부는 한국정부에 대하여
협의할 방침임을 분명히 하였음.

예고 : 일반문서로 재분류 (71.12.31)

1358

Ⅲ 급 ~~비~~ 밀
CONFIDENTIAL

20526

843

20471

국가들의 오망을 충분히 감안하고 신중히 토처하겠다고 약속
하였음.

3. 한국문제 :

가. 비상사태 선언 :

(1) 일본측은 한국이 최근 비상사태를 선언한 것은 "닉슨
독트"에 연우하는 것이며, 한국이 심한 불안감을 가지고
있는 것으로 생각된다고 말하였으며,

(2) 미국측은 북괴도 부터의 위협이 절실한 것이냐는 점에
대하여 의문을 토시하였음.

나. 주한미군철수문제 :

(1) 일본측은 한국이 현재 국내태세를 강화하고 있는 가장
중오한 시기이므로 적어도 75년까지는 주한미군을 감축
시켜서는 안된다고 강조한바,

(2) "로저스"장관은 73년도 예산에 주한미군 유지비 2억 5천
만불을 계상해 놓고 있기 때문에 73년중에는 미군철수는
그 머되지 않고 있으며, 앞으로 그러한 계획이 생길 경우
에도 한국정부와 사전에 충분히 협의하여 신중히 처리할
것이라고 답하였음.

다. 한국 군수산업 지원문제 :

(1) 일본측은 한국의 경제가 어려운 처지이며, 군수산업의
재건이 긴요한 것으로 보인다고 말하고, 일본은 한국에
대한 경제원조에 적극적인 배려를 할 생각이나, 군수산업
에 대하여는 원조하지 못할 입장이므로, 미국이 적극적
으로 한국의 군수산업을 지원하도록 강벽 요청한바,

(2) 미국측은 한국으로서는 경제발전이 무엇보다도 중요하다고
생각하며, 경제가 크게 성장하여 국민의 경제 생활이

1521

대 통 령 비 서 실   20613   1006
20668   12

북괴에 비하여 월등히 뛰어난다는 것이 입증되면 모든 문제
는 해결되므로, 일본이 한국에 적극적으로 경제원조하고 있
는 것은 미국도 바람직한 의로 생각하고 있으며, 미국자신
도 한국에 대하여 그러한 의미에서 경제원조를 해 나갈 생
각이라고 말하였음.

라. 비상조치에 대한 미국측의 희망 :

미국측은 미국의회 특히 상원이 한국에 대하여 좋은 인상을
가지고 있다고 하면서, 비상사태 선언에 대하여도 그 내용
에 대하여는 별로 말이 없고, 다만 그것을 시행 및 운용
하여 나가는 방법에 달려있다고 생각하고 있는바, 앞으로의
시행과 운용에 그릇된 일이 있게되면 미국의회의 한국에 대
한 좋은 인상이 사라질 우려가 있으므로, 동 시행과 운용을
신중히 해나가기를 바란다고 말하였음.

마. 유엔총회에서의 한국문제 :

북괴에 관한 문제가 금년 유엔총회부터 귀찮은 문제로서 등
장할 것이지만, 어떠한 형태로 나타날 것인지 알수없으므로,
미·일 양국은 이문제에 관하여 긴밀히 협의 대처해 나가자
고 의견의 일치를 보았음.

4. 중국문제 :

가. 일본측은 "닉슨"대통령의 중공방문의 진의가 어디 있는가를
알려고 노력하였으며, 미국측은 "닉슨"대통령의 금번 중공방문
으로 국교수립등의 커다란 성과는 기대하고 있지 않으며,
미국.중공간의 대화 통로 설립을 시도하고, 의사, 기자등의
교류와 가능하면 무역의 증대를 기대하나, 중공으로 부터
살만한 물건이 없기 때문에 무역 증대는 기대하기 어렵다는
설명이 있었음.

1522

대 통 령 비 서 실   20614   1007
4·3   20669 /3

나. 미국은 대만 방위에 관한 공약을 지키지 않을 수 없다는
   것을 북경에 전달하였다 하며, 대만에 있어서 가장 중요한
   문제는 경제발전을 지속시키는 것이므로 앞으로도 민간 베
   이스의 경제협력을 계속할 예정이라고 말하면서, 정치적인
   면에 있어서는 앞으로 대만을 위요한 정세의 사태 발전을
   보아가면서 결정할 수 밖에 없다고 함.

다. 일본측은 중공에 대한 일.미 양국의 입장이 각각 다를 수
   밖에 없다는 것을 전제로 하고 일본은 중공과의 관계개선
   을 위하여 정부간 접촉을 할 것임을 명확히 표명했으며,
   정부간 접촉에 있어 국제적 신의를 지킨다는 것을 밝혔는바,
   국제적 신의를 지킨다는 것은 일.화조약등의 처리에 있어
   경솔한 조치를 취하지 않는다는 것을 뜻하는 것임.

5. "한국, 대만조항"에 관하여 :
   주일대사가 "한국, 대만조항"에 대한 신문 보도상의 시시비
   비를 문의한바, "후꾸다"외상은 대만조항이 문제이지, 한국
   조항은 문제의 대상이 되고 있지 않으며, 대만에 관한 것
   도 대만정세는 변하였으나, 대만조항은 그대로 있는 것이
   라고 말하였음.

   유 첨 : 72년 1월의 미.일 정상회담에 관하여
          (외무부 보고 72. 1. 13). 끝.

1523   1008
                 대통령비서실 20615 20670 /4

SECRET/NO FOREIGN DISSEM   REAN-22

INTELLIGENCE NOTE
BUREAU OF INTELLIGENCE AND RESEARCH

February 18, 1972

NORTH KOREA: PEACE OFFENSIVE CONTINUES

North Korean Premier Kim Il Sung is steadily expanding his current "peace offensive." Kim's latest move was another interview with the Japanese, this time with officials of the Japan Socialist Party (JSP), on the day following his much-publicized interview with Tokyo's Yomiuri Shimbun.* Elaborating on his offer to sign a peace agreement with the ROK, Kim declared that this offer differed from earlier ones in that it was not conditioned on prior withdrawal of US troops from the ROK. Kim also seemed to back away from his traditional condition for improvement of North Korea-Japan relations, i.e., that Japan abrogate its treaty with the ROK. The overall tone of the interview is also striking. Kim was on his best behavior; he talked about ROK President Park without his usual invective. In discussing Japan, he avoided sharp criticism of Prime Minister Sato and expressed warm appreciation for the activities of Japanese "friends of Korea."

---

* The interview, which took place on January 11, was published in the JSP newspaper on January 26. North Korea's "peace offensive" and Kim's January 10 interview with the Yomiuri Shimbun are discussed in REAN-6, "North Korea's Peace Offensive," January 18, 1972 (SECRET/NO FOREIGN DISSEM).

POL KORN - KORS

SECRET/NO FOREIGN DISSEM

GROUP 1

Excluded from automatic down grading and declassification

SECRET/NO FOREIGN DISSEM

- 2 -

Clearer Position on Peace Agreement and Negotiations with South.

Kim's proposal for a North-South peace pact, as it appeared in his
January 10 _Yomiuri_ interview, was ambiguous as to whether US troops
would have to be withdrawn before the proposed peace treaty and non-
aggression pact could be signed. Speaking with the JSP, Kim clearly
removed any ambiguity. He said:

> ...the point of difference in the latest proposal for a
> peace agreement is that, in the past we proposed conclud-
> ing a peace agreement between the north and the south,
> under the condition that the US forces withdraw; this time,
> however, we propose an immediate peace agreement, and a
> renunciation of the use of armed force, and after that the
> mutual reduction of armed force, under the condition that
> the US forces withdraw.*

Also included in Kim's discussion of Korean unification was an
offer of bilateral negotiations between the North Korean Workers Party
and Park Chung Hee's Democratic Republican Party (DRP). Earlier North
Korean offers mentioned the DRP as one of the parties with which
unification could be negotiated. The North would have had an advantage
in such multi-party talks as it would speak with a unified voice.

Kim also related that in addition to the proposals on unification
issued through _Yomiuri_ he would soon announce another proposal himself.
He repeated this promise to a group of visiting Japanese journalists a
few days later. We would expect something within the next few months.

---

* Soviet and Chinese versions of Kim's peace pact offer have also been
less ambiguously worded, but, to date, North Korean media have chosen
to use the more ambiguous wording of the _Yomiuri_ interview. Though
we can not confidently explain this discrepancy, it clearly gives
North Korean spokesmen greater maneuverability to have their own
statements maintain a degree of ambiguity while permitting a more
forthcoming position to be advanced on their behalf by others.

SECRET/NO FOREIGN DISSEM

SECRET/NO FOREIGN DISSEM

- 3 -

Policy on UN "Not Yet Decided." In response to a question on North Korea's attitude toward this year's probable UN debate on Korea, Kim stated the usual conditions, i.e., the UN must revoke its "unjust" resolutions on Korea, withdraw US troops, and abolish UNCURK. But he also said, "We are now in the midst of discussing the question of the United Nations and we have not yet decided on our final policy." This is the first time in the past 20 years that Kim has given any indication that his attitude toward the UN might be flexible. Moreover, in an interesting reference to recent ROK statements on the UN, he vented a suspicion that the South Koreans may also be changing their attitude toward the UN.

Relations with Japan and Fear of a "Two Koreas" Policy. Discussing relations with Japan, Kim came close to removing all conditions for diplomatic normalization. Avoiding comment on a JSP official's statement that the Socialists will work for abrogation of the Japan-ROK treaty -- in the past a North Korean condition for improvement of relations -- Kim said "...if diplomatic relations are normalized ... it is conceivable that unfriendly measures taken toward us in the past may naturally lose validity."

Kim also had some views on a two-Korea solution. He accused the US and Japan of "trying to create two Koreas." In the past Kim had charged the US and Japan with wishing to dominate all Korea. He now may

SECRET/NO FOREIGN DISSEM

SECRET/NO FOREIGN DISSEM

- 4 -

be more candidly discussing his real concern -- that the trend of
international events seems to be legitimizing and solidifying the
division of Korea.

   Sowing Dissension in the South, Discord Among Allies. Kim's
discussion with the JSP -- his most moderate public statement to date
on relations with Japan and negotiations with the ROK -- continues the
"peace offensive" strategy (at least partly a product of PRC advice and
pressure) of contrasting his own professions of flexibility with ROK
warnings of imminent invasion or continuing threat from the North. Turn-
ing the current mood of détente to his own purposes, Kim's peace offensive
seems aimed at promoting internal dissension in the ROK and discord between
the ROK and its US and Japanese allies. Having scored some significant
points in Japan, where the press, opposition parties, and even some govern-
ment party politicians are calling for a more "even handed" policy toward
the two Koreas, Kim could well decide to aim his next public statement
at the US audience. North Korean spokesmen have over the past year
approached several American journalists and scholars with tentative pro-
posals for travel to Pyongyang. In any event it seems clear that Kim Il Sung's
peace offensive is only beginning and more will be heard from the North
Korean leader.

INR/East Asia and Pacific
Director :PMPopple
Analyst   :BDPicard
Ext.   :22574
Released by:

                    SECRET/NO FOREIGN DISSEM

[자료 8] "Memorandum of Conversation", February 23, 1972, Department of State, Foreign Relations of United States 1969-1976 Volume XVII, China, pp. 719-733.

**FOREIGN
RELATIONS
OF THE
UNITED
STATES**

1969–1976

VOLUME XVII

**CHINA,
1969–1972**

**DEPARTMENT
OF
STATE**

Prime Minister Chou: That is why we say we are only in the first stage. We don't want to spend too much money. You probably took note of this.

President Nixon: Yes.

Prime Minister Chou: We say that in a very honest way. We don't wish to expand.

The President: I understand. In terms of world peace, I would say that a strong China is in the interests of world peace at this point. I don't mean to suggest that China should change its policy and become a superpower. But a strong China can help provide the balance of power in this key part of the world—that is desperately needed. Then, too, I have a selfish reason—if China could become a second super-power, the US could reduce its own armaments. (PM Chou laughs.)

Prime Minister Chou: You have too much confidence in us. We don't want to.

We can meet again tomorrow at 2:00 p.m.

---

197. Memorandum of Conversation[1]

Beijing, February 23, 1972, 2–6 p.m.

PARTICIPANTS

The President
Dr. Henry A. Kissinger, Assistant to the President for National Security Affairs
John H. Holdridge, NSC Staff
Winston Lord, NSC Staff

Prime Minister Chou En-lai
Ch'iao Kuan-hua, Vice Minister of Foreign Affairs
Chang Wen-chin, Director of Western Europe, North American, and Australasian
    Affairs, Ministry of Foreign Affairs
Wang Hai-jung, Deputy Director of Protocol
Chao Chi-hua, Ministry of Foreign Affairs
Chi Chao-chu, Interpreter
T'ang Wen-sheng, Interpreter
Two Notetakers

---

[1] Source: National Archives, Nixon Presidential Materials, White House Special Files, President's Office Files, Box 87, Memoranda for the President. Top Secret; Sensitive; Exclusively Eyes Only. The meeting was held in the President's Guest House.

official policy of the President is that he is prepared to finally withdraw troops from Korea in the future, and also to prevent the entry of Japanese forces into South Korea because this would not be beneficial to the cause of peace in the Far East. How does one promote contacts between North and South Korea? How does one promote peaceful reunification? That question will take a long time.

President Nixon: What is important here is that both of us exert influence to restrain our allies.

Let me give you an historical note. In 1953, in my first trip around the world as Vice President, President Eisenhower gave me a long oral message for Syngman Rhee. Syngman Rhee was thinking of going north and I had the unpleasant duty to tell him that he couldn't go, and that if he did we wouldn't support him. I remember Syngman Rhee cried when I told him. I was the one that kept Syngman Rhee from going north. Of course, I was the agent of President Eisenhower, his Vice President. This story has never been told before.

Prime Minister Chou: Yes, and the characteristics of Syngman Rhee as you just now described are also similar to what we have heard about him.

President Nixon: Similar to what?

Dr. Kissinger: What he had heard about him.

Prime Minister Chou: A few years after that he left the scene.

President Nixon: The Koreans, both the North and the South, are emotionally impulsive people. It is important that both of us exert influence to see that these impulses, and their belligerency, don't create incidents which would embarrass our two countries. It would be silly, and unreasonable to have the Korean peninsula be the scene of a conflict between our two governments. It happened once, and it must never happen again. I think that with the Prime Minister and I working together we can prevent this.

Prime Minister Chou: The thing is also to promote their contacts.

President Nixon: Like the Red Cross and political contacts.

Prime Minister Chou: And we think also it will be good when the day comes that the United Nations Commission for Unification and Rehabilitation of Korea should be able to end its life. That would be a good thing.

Dr. Kissinger: We are examining this question, Mr. President.

President Nixon: You raised that with Dr. Kissinger, and we are looking into it.

With regard to Japan, I must emphasize what I said yesterday. It is our policy to discourage Japan from any military intervention in Korea, but the extent to which we are able to implement that policy will depend on the extent to which we maintain close relations with Japan.

[자료 9] "Telegram from the Embassy in Korea to the Department of State," June 13, 1972, Department of State, Foreign Relations of United States 1969-1976, Vol. XIX, pp. 362-365.

FOREIGN
RELATIONS
OF THE
UNITED
STATES

1969–1976

VOLUME XIX

Part 1

KOREA,
1969–1972

DEPARTMENT
OF
STATE

147. Telegram From the Embassy in Korea to the Department of State[1]

Seoul, June 13, 1972, 0939Z.

3426. Subj: North-South Contacts. Ref: Seoul 3376.[2]

1. On 13 June 1972, I had an hour and forty-five minute talk with ROK CIA Director Yi Hu-rak about the recent visit to Seoul (29 May–1 June) of the North Korean delegation headed by Vice Premier Pak Song-ch'ol. [less than 1 line not declassified] Yi Hu-Rak's assistant, Kim Sang-in, were also present.

2. Yi Hu-rak began our discussion with an apology for his delay in getting together with me, stating he had taken a rest in the countryside beginning almost immediately after the North Korean delegation's departure from Seoul. Yi said he had returned to Seoul only on 12 June and had not yet briefed other ROK officials on developments connected with North Korean delegation's visit. Yi then gave me two file folders, one of which contained what he described as a complete record of the minutes of the North Korean delegation's visits with President Park Chung Hee and himself. The second folder contained accompanying memoranda and reports on the delegation's visit. We are translating and expediting the transmission of these documents to the Department. From an initial inspection of these records, we note that the North Korean delegation was composed of five representatives: Vice Premier Pak Song-Ch'ol; Kim Tok-Hyon, Chief, Organization and Guidance Department, Korean Lenor [Labor?] Party; Yi Chang-Sik, Vice-Chief of the Organization and Guidance Department; Kim Chae-Song, aide to Pak Song-Ch'ol; and Kim Ch'ol-Su, who was the accompanying physician.

3. Yi Hu-Rak said he thought that the most important result of the visit was the achievement of an "agreed coordinating committee," which Yi did not want to describe otherwise as formal or informal or as official or unofficial. Pak Song-Ch'ol had brought with him from Pyongyang an official proposal that a coordinating committee be established. Yi pointed out that this proposal had resulted from his own initiative in suggesting a means of coordinating North-South relations during his earlier visit to Pyongyang. In addition to the coordinating committee, Pak Song-ch'ol had suggested during his discussions with Yi Hu-Rak that several other committees be established. According to the proposal the coordinating committee would deal with political and unification matters and there could be additional committees for military, economic, and other subjects. Yi counter-proposed leaving aside

---

[1] Source: National Archives, Nixon Presidential Materials, NSC Files, Box 543, Country Files, Far East, Korea, Vol. V, 1 Jan–31 Dec. 1972. Secret; Priority; Nodis.
[2] Document 145.

additional committees until the need for them seemed more apparent. He suggested to Pak Song-Ch'ol that agreement be reached on a comprehensive frame of reference for the coordinating committee along the lines of improving relations between North and South Korea and resolving problems between them. Pak Song-Ch'ol accepted Yi's definition of the functions of the coordinating committee. The composition and work of the committee had not yet been determined but meanwhile Yi and Kim Yong-Chu had an established channel for communication.

4. Pak Song-Ch'ol proposed the issuance of a joint communiqué on the fact of these visits and discussions, but President Park had rejected this proposal. According to Yi Hu-Rak, the most important problem now facing the ROKG with respect these developments is when, where, and how to make a public announcement about them. Both President Park and Yi Hu-Rak feel the need to proceed cautiously and think that this is not yet the right time to bring out the fact and content of these exchanges. One of their principal concerns is that the U.S., Japan, and other third countries might conclude too quickly that tensions on the Korean Peninsula were being effectively resolved. Another main consideration is the continuing need to prepare the ROK population properly in terms of national morale and unity.

5. At this point, I expressed the view that it would be advantageous for the ROK to make the fact of these developments public as soon as feasible. I told him that, during my discussion with President Park on June 10, I had mentioned there was already widespread talk in the diplomatic community here about secret official visits back and forth between Pyongyang and Seoul. I mentioned to Yi Hu-Rak that information had already leaked out within the ROK about his own visit to Pyongyang and I reminded him that, almost inevitably, there would be a major leak sooner or later. I reassured him that the U.S. Government would avoid giving any impression of reducing our presence or commitments here at this time. I expressed the opinion that the ROK population would welcome positively these initiatives and that President Park and Yi Hu-Rak would receive overwhelming support from the ROK public in contrast to the situation that existed even a year or two ago. Yi Hu-Rak answered that he thought "99 pct" of the ROK population would welcome these developments but public disclosure of the recent secret meetings had to be timed with great care.[3]

---

[3] In telegram 3769 from Seoul, June 29, Habib reported that Lee Hu Rak informed him that day that President Park had decided to "make public the North-South secret meetings involving Yi in Pyongyang" and Pak Song-Ch'ol's visit to Seoul. (National Archives, Nixon Presidential Materials, NSC Files, Box 543, Country Files, Far East, Korea, Vol. V, 1 Jan–31 Dec 1972) Telegram 3770 from Seoul, June 29, provided the unofficial translation of the proposed South-North joint communiqué, which was almost identical to the final version. (Ibid.) In telegram 3809 from Seoul, July 1, Habib informed the Department of his receipt of the joint communiqué from Foreign Minister Kim, who said that it would be released on July 4. (Ibid.) See Document 151.

6. During his talks with Yi Hu-Rak, Pak Song-Ch'ol invited Yi to visit Pyongyang in June and said he would send him an official invitation after his return to Pyongyang. Yi thanked him for the informal invitation but did not advise Pak Song-Ch'ol whether he would accept. Both President Pak and Yi feel that it would tend to downgrade the value of these meetings for Yi to make an early return visit to Pyongyang. Personally, Yi is not inclined to further meetings with Pak Song-Ch'ol, who, he feels, lacks the personal qualities and sufficient authority to make such meetings very productive. His own thinking is that the next step will wait on an official invitation to Pyongyang, which has not yet arrived but which he expects will be forthcoming. After a suitable interval, assuming that an invitation is received, Yi's view is to counter-propose a meeting in a third country with Kim Yong-Chu (Premier Kim Il-Song's younger brother) to take place possibly in July or August. He thought that Paris or Geneva might provide a suitable meeting place. After their meeting, Yi and Kim Yong-Chu could issue a joint communiqué or separate identical statements announcing the establishment of the coordinating committee. The text of the communiqué or separate statements would have been prepared in advance at the working level and agreed on before proceeding to whichever third country was selected for the meeting. The text would be limited in content and would be shaped along the lines that the North Korean and South Korean representatives were working to reduce tensions on the Peninsula and that they would exercise influence toward persuading their respective governments to move toward policies and programs promoting this objective. Yi said he had made no reference to a third country meeting in his discussions with Pak Song-Ch'ol.

7. I asked Yi Hu-Rak whether any progress had been made during these discussions on expediting the Red Cross talks. Yi answered that he agreed with my impression that North Korea may be engaged in a certain amount of foot dragging. He thought that the North Koreans had not yet completed physical and other preparations for the plenary sessions and he could not predict when the first plenary session would be held. He expects that the preliminary meeting on 16 June will result in an agreed agenda. There would then be another preliminary meeting after which it should be possible to predict a date for the plenaries to begin. I said I thought it important to maintain the momentum of the Red Cross talks and mentioned that President Park had referred during our discussion to the usefulness of these talks in testing North Korean intentions. Yi did not expect that momentum in the Red Cross talks would be lost.

8. After the North Korean delegation's departure for Pyongyang, Yi made a complete report on their visit to President Park. Both President Park and Yi concluded that the visit had been a very successful one from the ROK point of view. They believed that agreement on a

coordinating committee was a useful accomplishment. Park thought that it was good that the North Korean representatives had been able to see Seoul and its environs for themselves. Yi said the North Koreans were "amazed" and impressed with Seoul and with what they had seen during their visit to the ROK. They seemed impressed with the meticulous preparations which the South Koreans had made for their visit and for the future reception of their Red Cross delegation. Yi thought they were impressed also with the nature and freedom of relationships between President Park and Yi Hu-Rak in the give and take of discussions and courtesies. He said the North Korean representatives conducted themselves like "robots" and were unwilling to hazard anything that looked like personal or independent thinking. He commented that Pak Song-Ch'ol, during his meetings with Yi Hu-Rak and even with President Park, confined himself to reading a prepared text from a notebook he carried in his pocket. His conclusion was that Kim Il-Song is the only North Korean leader who can talk freely and Pak Song-Ch'ol had even less authority than Kim Yong-Chu.

9. During this discussion, Yi said that the "hot line" telephone between him and Kim Yong-Chu has been used only twice by the North Koreans. About 15 December, Pyongyang had called to report that ROK troops at the DMZ had fired more than 500 rounds of machine gun ammunition and the North Korean troops intended to retaliate. Yi asked for delay and was able to report back to Pyongyang that the troops had been firing only at phosphorescent lights coming from dead tree trunks, lights which the troops had thought were carried by hostile soldiers. Pyongyang accepted this explanation and avoided retaliation. On the second occasion, Pyongyang had called to explain that North Korean troops had fired several machine gun rounds at three or four ROK soldiers who had wandered north of the demarcation line.

10. Yi seemed pleased with all developments to date and with his personal role in them. He gave the impression that future developments in private negotiations depend to a considerable degree on the next step he is waiting for, namely the receipt of an official invitation to visit Pyongyang.

Habib

7·4남북공동성명서, 1972년 7월 4일

최근 평양과 서울에서 남북관계를 개선하며 갈라진 조국을 통일하는 문제를 협의하기 위한 회담이 있었다.

서울의 이후락 중앙정보부장이 1972년 5월 2일부터 5월 5일까지 평양을 방문하여 평양의 김영주 조직지도부장과 회담을 진행하였으며, 김영주 부장을 대신한 박성철 제2부수상이 1972년 5월 29일부터 6월 1일까지 서울을 방문하여 이후락 부장과 회담을 진행하였다.

이 회담들에서 쌍방은 조국의 평화적 통일을 하루빨리 가져와야 한다는 공통된 염원을 안고 허심탄회하게 의견을 교환하였으며 서로의 이해를 증진시키는 데서 큰 성과를 거두었다.

이 과정에서 쌍방은 오랫동안 서로 만나보지 못한 결과로 생긴 남북 사이의 오해와 불신을 풀고 긴장의 고조를 완화시키며 나아가서 조국통일을 촉진시키기 위하여 다음과 같은 문제들에 완전한 견해의 일치를 보았다.

1. 쌍방은 다음과 같은 조국통일원칙들에 합의를 보았다.

　첫째, 통일은 외세에 의존하거나 외세의 간섭을 받음이 없이 자주적으로 해결
　　　하여야 한다.

　둘째, 통일은 서로 상대방을 반대하는 무력행사에 의거하지 않고 평화적 방법
　　　으로 실현하여야 한다.

　셋째, 사상과 이념, 제도의 차이를 초월하여 우선 하나의 민족으로서 민족적
　　　대단결을 도모하여야 한다.

2. 쌍방은 남북사이의 긴장상태를 완화하고 신뢰의 분위기를 조성하기 위하여 서로 상대방을 중상 비방하지 않으며 크고 작은 것을 막론하고 무장도발을 하지 않으며 불의의 군사적 충돌사건을 방지하기 위한 적극적인 조치를 취하기로 합의하였다.

3. 쌍방은 끊어졌던 민족적 연계를 회복하며 서로의 이해를 증진시키고 자주적

평화통일을 촉진시키기 위하여 남북사이에 다방면적인 제반교류를 실시하기로 합의하였다.

4. 쌍방은 지금 온 민족의 거대한 기대 속에 진행되고 있는 남북적십자회담이 하루빨리 성사되도록 적극 협조하는 데 합의하였다.

5. 쌍방은 돌발적 군사사고를 방지하고 남북 사이에 제기되는 문제들을 직접, 신속 정확히 처리하기 위하여 서울과 평양 사이에 상설 직통전화를 놓기로 합의하였다.

6. 쌍방은 이러한 합의사항을 추진시킴과 함께 남북사이의 제반문제를 개선 해결하며 또 합의된 조국통일원칙에 기초하여 나라의 통일문제를 해결할 목적으로 이후락 부장과 김영주 부장을 공동위원장으로 하는 남북조절위원회를 구성, 운영하기로 합의하였다.

7. 쌍방은 이상의 합의사항이 조국통일을 일일천추로 갈망하는 온 겨레의 한결같은 염원에 부합된다고 확신하면서 이 합의사항을 성실히 이행할 것을 온 민족 앞에 엄숙히 약속한다.

1972년 7월 4일
서로 상부의 뜻을 받들어
이후락, 김영주

"Note on Information from DPRK Deputy Foreign Minister Comrade Ri Man Seok, on 17 July 1972 between 16:40 and 18:00 hours in the Foreign Ministry", July 20 1972, Wilson Center Digital Archive

Wilson Center | Digital Archive
International History Declassified

digitalarchive.wilsoncenter.org

July 20, 1972
Note on Information from DPRK Deputy Foreign Minister, Comrade Ri Man-seok, on 17 July 1972 between 16:40 and 18:00 hours in the Foreign Ministry

Citation:

"Note on Information from DPRK Deputy Foreign Minister, Comrade Ri Man-seok, on 17 July 1972 between 16:40 and 18:00 hours in the Foreign Ministry," July 20, 1972, History and Public Policy Program Digital Archive, PolA AA, MfAA, C 951/76. Obtained by Bernd Schaefer and translated by Karen Riechert.
http://digitalarchive.wilsoncenter.org/document/113237

Summary:

Credits:

This document was made possible with support from the ROK Ministry of Unification.

Original Language:

German

Contents:

- English Translation
- Korean Translation

GDR Embassy to DPRK

Pyongyang, 20 July 1972

<u>N o t e</u>

<u>On Information from DPRK Deputy Foreign Minister, Comrade Ri Man-seok [Ri Man Sok],</u>

<u>on 17 July 1972 between 16:40 and 18:00 hours in the Foreign Ministry</u>

The invitation had gone to the ambassadors and acting ambassadors from the Soviet Union, Poland, Czechoslovakia, the GDR, Hungary, Bulgaria, Mongolia, and Romania. An additional participant was the head of the DPRK Foreign Ministry's 1st Department, Comrade Kim Jae-suk [Kim Jae Suk].

Comrade Ri Man-seok remarked at the beginning he has been tasked with informing the ambassadors and acting ambassadors present about the 4th Plenary Session of the KWP Central Committee and the current situation in Korea after the publication of the "Joint Declaration."

Then, Comrade Ri Man-seok provided the following information based on a prepared written text:

The KWP 4th Plenary was held between 1 and 6 July. Two items to be discussed were on the agenda:

1. The implementation of the party's policy on the peaceful unification of the country after the 3rd Plenary Session and questions how to proceed;
2. Implementation of compulsory 10-grade-schooling.

Kim Il Sung spoke on the first issue. He talked about the work of the KWP Central Committee and the lower-level party organizations after the 3rd Plenary Session. Comrade Kim Il Sung gave the assignments for the unification of the fatherland. The plenum unanimously agreed that thanks to Kim Il Sung's correct course, major progress has been made in the implementation of measures to unify the country. At the 3rd Plenary, Kim Il Sung provided the further course to unfold a major campaign for the independent and peaceful unification of the country in accordance with the international situation. The DPRK peace offensive was a major blow to U.S. imperialism and the "Nixon Doctrine," as well as to the two-faced policy aiming at inciting "Koreans against Koreans." A peace offensive was warranted to deprive Japanese militarism of any pretext to penetrate South Korea and thus further the division. The South Korean clique despises democracy and conducts a campaign to make life in South Korea more fascist. This DPRK peace offensive aims at denying the South Korean side the option of assistance from third parties, in case the aid by the U.S. and Japan for South Korea is cut off. U.S. imperialism's aggressive policy in Asia will be thwarted. In light of internal dissent, Japanese militarism will no longer be able to assist it [U.S. imperialism]. When the South Korean clique will receive no more aid from the United States and Japan, it will turn to us, the DPRK.

Regarding the Joint Declaration North-South, Comrade Ri Man-seok stated the dialogue that had occurred does represent a success in itself. After the milestone speech by Comrade Kim Il Sung on 6 August 1971 the Red Cross talks started. Then meetings on a high level and the Joint Declaration North-South were arranged. The main content of the Joint Declaration resembles in essence the proposals by the KWP and Comrade Kim Il Sung, as summarized in the three principles of the Joint Declaration. These three principles were put forward by Comrade Kim Il Sung in his meeting with Lee Hu-rak when he visited us on order of Park Chung Hee. These principles were completely agreed upon by Park Chung Hee. Afterwards Pak Seong-cheol [Pak Song Chol] traveled to South Korea and was received by Park Chung Hee. There Park Chung Hee reiterated his support for these principles. Both sides agreed to implement a couple of respective measures according to these principles. At the same time, both sides agreed to publish the declaration at an appropriate date and keep this declaration absolutely secret in the meantime.

The declaration was published on the 4th of July. The principles of independence and the peaceful, great national unification signify in fact a defeat of the South Korean puppets' policy. The South Korean rulers have accepted the DPRK principles, i.e. they have agreed to the proposals for unification. The 4th [KWP] Plenary Session unanimously stated that the course for unification, as taken by Comrade Kim Il Sung, is correct, and the Plenary Session welcomed this correct course of Comrade Kim Il Sung. This is a great event that cleared the path to unification of the country. In light of current negotiations and forthcoming talks, the Plenary Session concluded to increase ideological and political education of the workers and to accelerate socialist build-up in the political, economic, cultural and other fields. Thus the absolute superiority of socialism over capitalism will be proven in order to be able to further pursue the correct course of unification.

Following instructions by Comrade Kim Il Sung, the Plenary Session also agreed to start compulsory 10-grade-schooling and implement it in full by next year. There will also be the introduction of one-year mandatory kindergarten. Preparations for that will already start now. Kindergarten education will aim at preparing the children for school. In fact, all this amounts to an 11-year compulsory schooling. This was, in short, a summary of the main content of the KWP Plenary Session.

Then, Comrade Ri Man-seok continued to elaborate on developments after the publication of the Joint Declaration:

The situation turned out favorably for the peaceful and independent unification of Korea. The South Korean population unanimously agrees that this declaration is a great event and supports it with joy and enthusiasm. There is much talk among the South Korean people that the Joint Declaration cleared the path to travel, to listen to DPRK radio, to exclaim "Long Live Kim Il Sung," and other things.

Opposition parties and prominent individuals in South Korea protested against the government for resuming direct talks with the North without involvement of the parties. The opposition parties demand to suspend the Anti-Communist Law and emergency laws. Also, world opinion comes out positively for the Joint Declaration and the course designed by Comrade Kim Il Sung. Its global resonance confirms to the importance of the Joint Declaration not only for peace in Korea but also for Asia and the world.

These developments create major complications for the ruling circles in South Korea. There are notable differences among the South Korean rulers since the three principles stand in contrast to the policies of South Korea's ruling elites. Lee Hu-rak said during a press conference that dialogue with the North will expand, that the Anti-Communist Law, as well as the State Security Law, will be amended according to real conditions, and there has to be a new order created. He also continued that visitor traffic between societal institutions of both parts of the country must be improved, also for individual visitors and for sports athletes. According to unofficial news, the South Korean authorities want to rename the League for Anti-Communism into a League for Peace. There are also voices in South Korea's Education Ministry to liquidate the anti-communist education system. Yet South Korean Prime Minister Kim Jong-pil stated in response to questions by South Korean parliamentarian deputies that there is no need for changing the Anti-Communist and emergency laws, and that nobody, except the clique, will be able to travel to the North. It would not be allowed to listen to North Korean radio. Thus he turned the declaration on its head.

South Korean Foreign Minister Kim Yeong-sik does not join this discussion. He is of the opinion that the U.N. and U.S. troops are not foreign forces.

The United States rhetorically welcomes the Joint Declaration, yet on the other hand it supports the puppets and wants to come to their assistance. On 5 July the U.S. State Department declared that, [intra-Korean] negotiations notwithstanding, the modernization of the South Korean army will continue. U.S. forces will not be reduced in size. Unification should occur under U.N. supervision. [Ri Man-seok commented:] The Korean people have suffered from division for a long time but now they sit together at one table. The United States wants to torpedo this like pouring cold water on a wedding table. The KWP will fight a persistent struggle to leave the South Korean rulers no room for evasion, and force them also in the future to meetings and comprehensive negotiations. The DPRK will work towards cutting off the South Korean puppets from Japan and the United States, and make sure they receive no more assistance from them whatsoever. Another DPRK focus consists in forcing the United States and Japan to no longer interfere in internal Korean matters. Through active measures, the existing wall between the South and the North must be removed and wide and comprehensive ties established.

Then, Comrade Ri Man-seok posed the following requests to the present representatives of the socialist countries:

1. It would be desirable that the fraternal socialist countries force the South Korean puppets to resume comprehensive negotiations with us [the DPRK], thereby isolating them consequently in both internal and external respects. It is important that the fraternal socialist countries are not going to win over the South Korean puppets but, in reverse, isolate them even more through persistent and not abating pressure. We expect from all of you to contribute actively and comprehensively to a further isolation of the South Korean puppets. Thus we hold the opinion that, also in the future, you must not maintain any contacts and meetings with the South Korean puppets nor visit South Korea, and not allow South Korean representatives to enter the territories of your countries.
2. It would be desirable if you activate your efforts to support our struggle in international organizations and in international conferences. Based on the principles of equal participation of South and North Korea, we request you to demand identical representation also for North Korea in those international organizations and international conferences where only South Korea is represented. Yet if such demands fail, it is necessary to keep pressure on the Adversary and isolate South Korea, like by unmasking the unfair unilateral representation of South Korea through leaving the meetings halls, or by boycotting the meeting if, for instance, a South Korean representatives takes the microphone.
3. We would like to ask you to continue consequently with unmasking all attempts by the American imperialists and the Japanese militarists to interfere with the independent unification of the country and the internal matters of the Korean people, as well as all attempts to perpetuate the division of the country.

We think that, if we successfully conduct the struggle for unification and the socialist countries as our class brothers will provide us with good support, our struggle will achieve its goal—though this struggle will be complicated and prolonged.

In conclusion, Comrade Ri Man-seok expressed thanks to our governments for the previous solidarity and support for the struggle of the Korean people.

Responding to a respective question by the Acting Soviet Ambassador, Comrade Ri Man-seok explained that the coordination committee will be of legal character and that its establishment will occur in the near future.

Ri Man-seok underlined the following tasks:

a. Internal task: Strengthening ideological and political education; strengthening socialist build-up in the North to demonstrate Northern superiority over the South.
b. External task: Following through with a determined struggle, in order not to provide South Korea with pretexts or options to leave the initiated path.

To force the South into comprehensive and broad contacts with the North.

To untie the South from the forces of American imperialism and Japanese militarism, and thus accelerate the unification of the country.

Merten

Acting Ambassador

CC

1x Deputy Foreign Minister Comrade Fischer

1x Comrade Markowski [Central Committee, Department IV]

1x Comrade Schneidewind [Foreign Ministry, Far East Department]

1x Comrade Grunert [Foreign Ministry]

1x Embassy/Comrade Merten

"Minutes of Conversation between Nicolae Ceausescu and economic delegation from the Democratic People's Republic of Korea," September 22, 1972, Christian F. Ostermann and James F. Person eds., The Rise and Fall of Detente on the Korean Peninsula, 1970-1974, pp. 996-1009.

Wilson Center | Digital Archive
International History Declassified

digitalarchive.wilsoncenter.org

September 22, 1972
Minutes of Conversation between Nicolae Ceaușescu and the Economic Delegation from the Democratic People's Republic of Korea

Citation:

"Minutes of Conversation between Nicolae Ceaușescu and the Economic Delegation from the Democratic People's Republic of Korea," September 22, 1972, History and Public Policy Program Digital Archive, Romanian Foreign Ministry Archive. Obtained by Mircea Munteanu and translated by Eliza Gheorghe.
http://digitalarchive.wilsoncenter.org/document/114597

Summary:

Nicolae Ceausescu meets with the head of the Korean delegation to Romania, Jeong Jun-taek, regarding the DPRK's efforts for peaceful reunification of the Korean peninsula. They discuss at length the political situation of South Korea, the US and Japan's role, and end with negotiations on economic aid for the DPRK.

Credits:

This document was made possible with support from the ROK Ministry of Unification and the Leon Levy Foundation.

Original Language:

Romanian

Contents:

- English Translation
- Korean Translation

September 22, 1972

The following comrades took part in the discussions: Ion Gheorghe Maurer, member of the Executive Committee of the Permanent Presidium of the Central Committee of the Romanian Communist Party (CC RCP) and President of the Council of Ministers; Ion Patan, deputy member of the Executive Committee of CC RCP, Vice-President of the Council of Ministers, President of the Romanian delegation within the Intergovernmental Advisory Commission; Stefan Andrei, Secretary of the CC RCP, and Radu Constantinescu, Vice-President of the Governmental Collaboration and Economic and Technical Cooperation Commission.

The Korean delegation is composed of the following comrades: Jeong Jun-taek [Jong Jun Thaek], alternate member of the Politburo of the Korean Workers' Party Central Committee, Vice-Premier of the Cabinet of the Democratic People's Republic of Korea, President of the Korean delegation within the Intergovernmental Advisory Commission, dealing with economic and technical relations between the Socialist Republic of Romania and the Democratic People's Republic of Korea, head of the economic governmental delegation; Ri Gi-seon [Ri Ki Son], Vice-Chairman of the Committee for Foreign Economic Cooperation; Bang Gi-yeong [Pang Ki Yong], Deputy Minister for Foreign Trade; and Kang Yeong-seop [Kang Yong Sop], Ambassador of the Democratic People's Republic of Korea to Bucharest.

The talks started at 11:30 and they ended at 13:40.

Comrade Nicolae Ceausescu: How are you feeling in Romania?

Comrade Jeong Jun-taek: We are grateful for the attention we have received from the party and state leadership of Romania; we are feeling very well. Our beloved leader, Comrade Kim Il Sung, is very grateful for the good state of our relations in all respects. I would like to thank you, Comrade Maurer, above all, for the warm welcome you offered us. Upon our departure [from Pyongyang], our beloved leader, Comrade Kim Il Sung, asked us to give you, Comrade Maurer, and all other comrades his warmest regards.

Comrade Nicolae Ceausescu: I would like to thank you for these warm greetings to express my satisfaction with the good relations between our countries, between our parties, and to wish you a pleasant stay in Romania.

Comrade Jeong Jun-taek: Thank you.

I have a message for you, Comrade Ceausescu, from comrade Kim Il Sung. I would like to explain the content of this message to you, but as we are under the constraint of time, our secretary will read a translation provided by the embassy. (The text of the translation is read; it is attached to the minutes of conversation.)

Comrade Nicolae Ceausescu: I would like to thank you for this message and I would like to ask you to give Comrade Kim Il Sung, upon your return to the motherland, a warm greeting on my behalf, on Comrade Maurer's behalf, and on behalf of other comrades, and also [give Comrade Kim Il Sung] our best wishes.

Comrade Jeong Jun-taek: I would like to thank you and assure you that I will send him everything you requested.

Comrade Nicolae Ceausescu: I regret the fact that we couldn't hold the meeting until now, and I understand the problems which Comrade Kim Il Sung is currently facing, and we hope that we will find the right time to hold this meeting.

Comrade Jeong Jun-taek: Upon my departure, Comrade Kim Il Sung asked me to inform you in detail about his planned visit to Romania.

As you already know, Comrade Ceausescu, the President of the Supreme People's Assembly, Comrade Choe Yong-geon [Choe Yong Gon] is bedridden with a serious illness that prevents him from working. The Head of the Organizational Division is not feeling so well so he is also working less. Therefore, Comrade Kim Il Sung is faced with a situation where he has to work extremely hard, on both party and state affairs. As far as the Council of Ministers is concerned, a share of the tasks have been assigned to Comrade Kim Il, but it's again Comrade Kim Il Sung who has to solve a great deal of the problems [of this division]. What is more, his health is also not perfect, and for this reason, his doctors recommended that he not take long trips, such as the one to Romania. In this respect, Comrade Kim Il Sung asked me that, when I meet you, I send you his regrets for not being able to make this trip now. At the same time, he told me he was looking forward to visiting the Socialist Republic of Romania, to meeting you and other members of the party and state leadership.

Comrade Nicolae Ceausescu: I understand that there are various problems; such problems occur all the time; we have problems as well. I would like to wish Comrade Kim Il Sung good health. I hope that his doctors' recommendation is not too serious; doctors tend to exaggerate!

Comrade Jeong Jun-taek: We too want it to be an exaggeration made by his doctors.

Comrade Kim Il Sung also asked me to convey his deepest feelings of gratitude to you, to the party and state leadership, and to the Romanian government for your full support that you are giving us in our struggle to unify the motherland. The active support we are receiving from Romania, from the Romanian Communist Party, and from the Romanian government is truly important for our struggle. For this reason, once again, I would like to express the gratitude of our leader, Comrade Kim Il Sung, our party and state leadership, and our government for this support.

Comrade Nicolae Ceausescu: We are pleased by the initiative taken by Comrade Kim Il Sung, by the Korean party and state leadership in the direction of peaceful reunification of the North and South.

Comrade Jeong Jun-taek: Thank you.

Comrade Nicolae Ceausescu: Of course, we appreciated this initiative; we congratulated you on it, as we believe that the approach you adopted is particularly important not only for Korea, but also for international politics. We understand that the international proletarian movement [and] solidarity between socialist countries must be applied in real life in the form of supporting the policy carried out by a party and a government with a view to solving its problems in favorable conditions.

Comrade Jeong Jun-taek: Thank you. It is for this reason that we highly value the support we received in the discussion about the reunification of the motherland, from the Romanian Communist Party, from the Romanian people. For this reason, I was tasked by our party and state leadership to offer you and the other members of the party and state leadership in Romania a detailed account of the problems posed by the reunification of the motherland. I am asking for your opinion [on this]. The brief we have for you is rather long and we have translated it in Romanian; in order to save time, we suggest having the secretary of our delegation read it to you in Romanian.

Comrade Nicolae Ceausescu: I agree.

Comrade Jeong Jun-taek: Thank you. He will read it in Romanian.

"As instructed by Comrade Kim Il Sung, our party Secretary General, I would like to inform you about the most recent measures adopted by the Central Committee of our party regarding the problems raised by the peaceful and independent reunification of our motherland.

First, I will briefly inform you about the activity of our party so far, directed at the reunification of the motherland, and then, more concretely, about the latest measures we adopted.

As you know, it is the twentieth anniversary from the end of the war in our country and from the signing of the armistice. Nonetheless, the problem of reunification is not solved to this day. After signing the ceasefire, we adopted a series of measures directed at the issue of reunification of the motherland, and we forwarded a series of equitable and fair proposals to the South. But the puppet government in South Korea did not take these proposals into account and shut its doors [to us].

In the meantime, we exerted a lot of effort to strengthen the revolutionary forces in South Korea. In 1955, we suggested that revolutionary forces in South Korea run peacefully in elections against the clique of Rhee Syngman, to see which one the people prefer. At that time, the Workers' Party could not run in elections because it was banned and it wasn't strong enough. Afterwards, the Progressive Party in South Korea restructured itself as a centrist party. The Progressive Party managed to rally a lot of people [to support it]. Above all, a lot of intellectuals joined it.

In 1956, the so-called presidential elections in South Korea took place. Then, the leader of the Progressive Party, Jo Bong-am, launched the motto of peaceful reunification, which reflected the will of the people, and thus, he posed a challenge to Rhee Syngman. Jo Bong-am got a lot of votes in this election. He couldn't win because of the retaliation and rigging of votes carried out by American imperialists and by the puppet government in South Korea. There was a 500,000 difference between the votes obtained by the two candidates. Afterwards, the Americans and the puppet government of Rhee Syngman arrested and killed Jo Bong-am since the peaceful reunification of the motherland was the approach of the Communist Party, and they forcibly dismantled this party. Afterwards, we found out that even the secretary of Jo Bong-am was an American spy.

With the intensification of the struggle of the people of South Korea, the Socialist Mass Party emerged in 1960. This one too was a centrist party. But this party did not have strong relations with the workers and the peasants; on the contrary, it attracted mostly intellectuals. The popular uprising for the overthrow of Rhee Syngman in April 1960 was led, behind the scenes, by the Socialist Mass Party. Rhee Syngman was crushed in battle, but they couldn't take the reins of political power from his hands. Then, the Americans suggested that Jang Myeon be "president," as a middle ground solution, so that he promotes so-called democratic governance.

Under the leadership of the Socialist Mass Party, the youth movement gained momentum. The youth and South Korean students joined ranks, mobilized under the motto "let's go to the North, come down Southward, and let's meet at Panmunjeom," and they fought for this motto. Through this motto, they made their voice heard and they asked for the peaceful reunification of the motherland.

In these circumstances, Park Chung Hee organized a military coup on May 16, 1961. The Socialist Mass Party was eventually defeated and dismantled. The leader of this party was thrown in jail, and, according to the so-called law of "political brotherhood," some tens of thousands of party members were arrested.

Afterwards, a semi-legal party emerged—the Revolutionary Party for Unification. Currently, there is this organization in South Korea—the Revolutionary Party for Unification. Of course, it does not have too many branches; there are regional committees and local committees only in the more important cities. The respective comrades did not keep this all secret; they did not work properly, which led to losses in some organizations, and to the arrest of some cadres. The party committee in Seoul was dismantled; the same thing happened to the party committee in the South Jeolla province. We have some organizations of our party in South Korea, but because of the intensification of fascist and terrorist governance towards these organizations, they cannot operate in a sustainable manner.

The struggle in South Korea is very hard. In these circumstances, we ask ourselves a very important question: how can we increase and mobilize the revolutionaries and revolutionary organizations in South Korea? We can't wage war in South Korea. We signed a military treaty with the USSR and with the People's Republic of China and South Korea signed one with the United States. If we start a war in South Korea, it can turn into a world war. Up until now, we used a wide range of methods in South Korea, but we have achieved nothing. In these circumstances, we can't wage war. What should we do? Taking the current situation into account, we thought the best thing to do is to launch a peaceful offensive.

Currently, the New Democratic Party in South Korea is following a somewhat progressive line. The New Democratic Party has its branches in [all] regions and districts, and it is rather big. According to the Constitution of South Korea, the President cannot be elected for two terms. Park Chung Hee was forced to change the Constitution so that he could be elected several times. Opposition parties in South Korea, including the New Democratic Party, have fought against the measure to change the Constitution adopted by Park Chung Hee. We tasked our illegal branch in South Korea to support this struggle. Democratic forces in South Korea organized a Popular Advisory Committee for the Defense of Democracy, while young students organized the National Union of Young Students for the Defense of Democracy, and thus they fought a consistent campaign [against that decision]. Nonetheless, the Park Chung Hee clique managed to change the Constitution without the consent of opposition parties, during the night, at 3:00 AM, only with the participation of members of Parliament from the Republican Democratic Party. For this reason, the opposition parties in South Korea were forced to run against Park Chung Hee again in the elections.

With the view to support the struggle of the people in South Korea and of opposition parties, we convened the Supreme Popular Assembly and we suggested the eight points regarding the reunification of the motherland. Kim Dae-jung became the candidate nominated by the New Democratic Party and by other opposition parties and started his bid against Park Chung Hee. Of course, we are aware he can't win the elections, but his candidacy gave us the opportunity to measure the real strength of the population in South Korea. In other words, we could tell who and to what extent is supporting the peaceful reunification of the motherland. At the same time, Kim Dae-jung launched the motto "peaceful reunification." He said that if he took power, reunification would be carried out in a peaceful way, the army would be cut down, the army reserves for regional defense would be dismantled, the South Korean army would be withdrawn from South Vietnam, foreign relations will be expanded beyond America and Japan to include the USSR and the People's Republic of China and other countries. He launched some good mottos. For this reason, he received 70 percent of the votes in Seoul. The Park Chung Hee clique carried out a series of frauds and did not open the voting booths until a week later, being very worried [about its competitor]. Kim Dae-jung could not win the elections, losing by a margin of 900,000 votes. In South Korea, the army and the police had more than 1 million votes. If Park Chung Hee had not received these votes, he wouldn't have won.

Then the struggle for the election of members of the National Assembly began. After the elections, the New Democratic Party had 89 seats; the Republican Democratic Party had 113 seats, which meant that the Park Chung Hee clique could not win more than two thirds of the vote. Since he didn't win more than two thirds, he cannot modify the Constitution again and get elected president for a fourth time. Although Park Chung Hee stood in power, the population in South Korea scored significant victories in the struggle embodied in these elections. The population in South Korea gained the right to freely express its opinion on the matter of peaceful reunification of the motherland. On the occasion of these elections, Park Chung Hee understood that the elements opposing [the way] South Korean society looks now are quite strong and that the situation became too complicated for him to get elected in the foreseeable future. This was a terrible psychological blow for Park Chung Hee.

While Park Chung Hee was facing this impasse, Comrade Kim Il Sung clearly showed, in his speech on August 6th last year, that we are ready to have contacts at any time with all political parties, including the Republican Democratic Party, with all social organizations, and with all personalities in South Korea. After our new proposals, the population in South Korea, together with other peoples of the world, raised their voice to support us. The Park Chung Hee clique participated in the talks between the Red Cross organizations in North and South Korea, being pressed by internal and international public opinion to do so. They thought we wouldn't accept talks on the line of the Red Cross organizations. Putting the issue of political negotiations aside, we agreed to holding talks on the line of the Red Cross organizations, an idea they proposed. They suggested we discuss only the issue of separated families, but we proposed the free circulation of families, relatives, and friends between North and South [Korea].

Currently, there are 200,000 people on our territory who used to be part of the voluntary army organized during the war, on the territory of South Korea. Most of these people studied in our universities. South Koreans know that we are highly trained in political and economic affairs. When free circulation is enforced, it is detrimental to them, and as a consequence, they refuse this measure. For this reason, we have been pressing for one year to introduce this matter on the negotiations agenda. Eventually, they agreed to enforce the freedom of reciprocal visits. The freedom of circulation and the freedom of visits are one and the same thing.

After talks between Red Cross organizations in the North and the South began, the South Korean population raised its voice more and more, demanding peaceful reunification. Worried by this situation, the Park Chung Hee clique declared a state of national emergency. We always carried out a peaceful offensive, while they always proposed we meet in secret, putting aside the preliminary talks between Red Cross organizations.

They suggested that we contact them only and not other political parties in South Korea. We took those opportunities, however, to establish contacts with other political parties and organizations in South Korea. Worried by this, the Park Chung Hee clique suggested we meet only with them. They proposed a meeting with the head of our Organizational and Coordination Section to be held abroad. We asked why meet abroad, when we have such a beautiful country; [I told them that] if you want to meet us, we could do it in Pyongyang, Gaeseong or Wonsan. After our suggestions, they accepted to come to Pyongyang. Afterwards, Lee Hu-rak, the head of the Central Intelligence Agency in South Korea came to Pyongyang, at the beginning of May this year.

When he met the head of our Organizational and Coordination Section, he said he was tasked by Park Chung Hee to solve some of the frozen problems between us. The head of our Organizational and Coordination Section told him that we were against them because they wanted to invade us, benefiting from the protection of American-Japanese imperialists. The head of the South Korean Central Intelligence Agency replied that they were afraid we would invade them.

The head of our Organizational and Coordination Section told Lee Hu-rak that even if South Korea was not under the protection of American-Japanese imperialists, we would still not invade them. Communists never attack first. Lee Hu-rak said that in the future, they will stop serving the interests of American-Japanese imperialists. The head of our Organizational and Coordination Section asked him why they are fighting against their brothers in South Korea. We are not attacking South Korea so why are they retaliating against their brothers?

Afterwards, Lee Hu-rak asked to meet Comrade Kim Il Sung, the Secretary General of our party. Comrade Kim Il Sung received him. Comrade Kim Il Sung told him that since they don't want to invade us, then we should proceed with the peaceful reunification of the motherland. Comrade Kim Il Sung, the Secretary General of our party, told him: we are completely independent. The Soviet Union and the People's Republic of China are our allies but they don't interfere with our internal affairs; the Soviet army withdrew a long time ago and the Chinese volunteers, also, were pulled out of our country. But you continue to have American troops; you should do something to have them withdraw.

Moreover, you must resist Japanese militarism, because [if you don't] South Korea will become Japan's colony. He recalled real facts when, in 1897, Japan, faced with a rebellion of the South Korean peasantry, brought its army to South Korea under the pretext of defending the properties of its citizens. Comrade Kim Il Sung told him that if they allow Japanese in South Korea, the same situation can occur. If Japanese militarists enter South Korea, the youth and the South Korean population will fight against them, and we will support them. Lee Hu-rak swore in front of the president of the Council of Ministers, Comrade Kim Il Sung, that he wouldn't be a traitor neither now nor in the future. Lee Hu-rak also said that he would legalize the Communist Party and would release political detainees from prisons.

Comrade Kim Il Sung said that when all those promises have been achieved, peaceful reunification would be possible. After creating the confederation between North and South, we would hold general elections. This is the second point of the three principles for the reunification of the motherland. Lee Hu-rak agreed with this one as well. Then Comrade Kim Il Sung told Lee Hu-rak: now, there is the difference between regimes—we have a socialist society, while you have a capitalist society. In South Korea you don't have monopolistic capitalists, but you have predatory capitalists. We are against predatory capitalists and reactionaries which are selling our country. We are not against good faith national capitalists. I believe we will defend our socialist society while you will defend your regime. We can't impose a socialist regime on South Korea, but you shouldn't take any measures either to put our regime in jeopardy. The nature of the South Korean regime will be decided by its people. In spite of these regime differences, we are one nation. Let's not act against each other's interests; let's reunite our nation, look for things we have in common through cooperation between the North and the South. This is the essence of the second point of our three principles.

Comrade Kim Il Sung said it is very important to proceed with the reunification of our nation so that together we can resist the maneuvers aimed at splitting the Korean nation. By allowing different regimes to exist, they should, above all, unite to achieve independent reunification [sic] to resist the interference of outside forces. We should establish economic and cultural ties. In addition, Comrade Kim Il Sung told him that North Korea can supply South Korea with heavy industry products and raw materials, and, in return, it is eager to receive light industry products. Then economic cooperation will be on the right track. Kim Il Sung told him this: you have economic ties with the United States and Japan; why can't you have economic ties with us?

Comrade Kim Il Sung told him that if they agree to the three principles that we proposed—independence, peaceful reunification, and great national unity, then we can exchange opinions with a view to peaceful reunification.

Afterwards, on behalf of the head of our Organizational and Coordination Section, Comrade Pak Seong-cheol [Pak Song Chol], the Second Vice-president of the Council of Ministers, went to Seoul at the end of May. We thus had our first meeting with our enemies after 27 years. For this reason, we decided to tackle simpler problems. We assigned three tasks to Comrade Pak Seong-cheol.

First, he was tasked to get Park Chung Hee to agree with the three principles for the reunification of the motherland.

Second, he was tasked to get the South Korean side to agree to the creation of the Committee for Coordination between the North and the South on political, military, economic and cultural problems.

Third, he was tasked to get a joint statement released.

The South Koreans agreed to the three points we proposed.

Having these three tasks in mind, Comrade Pak Seong-cheol left for Seoul and met with Lee Hu-rak and with Park Chung Hee. During the discussions they had there, Park Chung Hee said he supported the three principles proposed by President Kim Il Sung, and he agreed to the creation of the Committee for Coordination between the North and the South. He said, nonetheless, that he couldn't agree to release a joint statement; Comrade Pak Seong-cheol had a draft of the joint statement with him. Park Chung Hee told Comrade Pak Seong-cheol that the internal situation in South Korea was very complicated, while the North is very united. If in Pyongyang, President Kim Il Sung asks for a certain thing, [and] it gets done; while in the South, even if he asks for something, it still doesn't function too well. Park Chung Hee said that the army is the most dangerous element because the United States is in charge of the South Korean army, and Japanese militarism has penetrated the South Korean army. There are many frictions in the South Korean army. Park Chung Hee said that he preferred that these contacts between the North and the South remain secret from the United States, basically asking us to keep the secret of our contacts. For this reason, they could not agree to a joint statement.

After Comrade Pak Seong-cheol came back to Pyongyang, the South Korean side told us that it agreed to release a joint statement. As a consequence, on July 4th we released the joint statement to the public and we exchanged the signed documents. We repeatedly discussed this problem in the Central Committee, particularly because it was not an easy matter.

We don't know if these contacts were imposed by the South Koreans, by the Americans, or by the Japanese. We do know that other South Korean political groups agreed to meet us, including the Prime-Minister, Kim Jong-pil. But Lee Hu-rak said he had preferred we had these contacts only with them and not with others as well, but we didn't give our consent on this matter, and we wanted to meet with other political parties, including the brotherhood in Park Chung Hee's party.

The population in South Korea warmly greeted the release of the joint statement, strengthening the trend in favor of the reunification of the country. With the release of the joint statement, Lee Hu-rak held a press conference, whose content was not too bad. He made one negative statement. When he was asked by journalists whether he thinks of UN troops as foreign troops, he said no. After the release of the joint statement, the South Korean National Assembly started its session, which gave the opportunity to opposition parties to ask lots of questions, such as, "Why is it that you can go to North Korea and we can't? The Head of the Central Intelligence Agency went there and we can't go! Why haven't you discussed such important issues with other political parties as well?" Moreover, the opposition parties asked Park Chung Hee to cancel the state of national emergency, as the Communist Party had no plans of invading South Korea, and to order foreign armies to withdraw as they have no business in this country.

Our purpose was, through the joint statement, to mobilize the South Korean population even more in the direction we wanted.

Initially, the Americans said they supported the Joint Communiqué, but after a few days, when the trend in favor of reunification of the motherland gained momentum within the South Korean society, they said that the American army will not withdraw from South Korea and it will accelerate its plans to modernize the South Korean army.

Kim Jong-pil started saying gibberish that it was only because of Park Chung Hee that Lee Hu-rak went to North Korea, while others cannot go there, and that Park Chung Hee can't end the state of national emergency because the Communist Party cannot be trusted and it's unclear what its next move would be.

What upsets us the most was the killing of three members of the Revolutionary Party for Unification; retaliation against this party has increased since the release of the joint statement.

We have thus pointed out for you the most important events that took place since the release of the joint statement. Now I would like to tell you a few things about the major goal that we pursued through our peaceful offensive. Comrade Kim Il Sung, the Secretary General of our party, said that the goals of our peaceful offensive can be summarized in three points.

First, the South Korean matter cannot be solved only through underground [illegal] struggle. Therefore, the ranks of revolutionary forces must quickly increase so as to unblock the situation between the North and the South, and democratize South Korean society. There are many people in South Korea who want peaceful reunification. There are many progressive personalities. If we manage to prevent Park Chung Hee from turning the country into a fascist one, then this would lead to strengthening democracy and increasing the ranks of revolutionary forces in South Korea.

Second, [we aim] to expose the devious propaganda of the minority clique in the South, [which claims] that we want to invade the country. The puppet government in South Korea has absolutely no reason to stifle opposition parties and the South Korean people; it has absolutely no right to let South Korea be invaded by the US army and by Japanese militarism.

Third, [we aim] to expose the maneuvers of American imperialism, which came up with the so-called Nixon Doctrine regarding the permanent division of Korea and the continuation of the fighting between Koreans.

Currently, in South Korea, the New Democratic Party is taking the right steps so as to address a congratulatory speech at the second meeting of the actual talks. This time we arranged things in such a way so as to allow the Republican Democratic Party to organize a reception. In these circumstances, the New Democratic Party insists on organizing the reception, and it is very persistent in this respect.

If we fight properly, we can persuade Park Chung Hee to accept the creation of the confederation. In our view, the creation of the National Supreme Committee is feasible, so as to allow the two social regimes in the North and in the South to exist as they are now. The President of the Committee would be appointed by rotation, on an equitable basis. This is our first principle.

Secondly, if we extend our talks, it is likely that at the next presidential elections, Park Chung Hee will be eliminated and the position of president will be occupied by the New Democratic Party. But, to our mind, the New Democratic Party is heavily penetrated by spies sent by Park Chung Hee, who are doing their best to split the party. In any case, if we intensify our struggle, then it is possible that the next elections are won by the New Democratic Party. However, this can give rise to a more important problem: we must not provoke the Americans and the Japanese, as they can stage another coup.

There are factionalists within the camp of Kim Jong-pil and Park Chung Hee, and they don't get along so well, yet both of them want to win our hearts. From our perspective, they felt that in the foreseeable future, an event will occur and the international situation will unfold in our favor, and within Korea, the trends for reunification are gaining momentum.

Currently, all South Korean officials are saving money, stored in banks abroad, such as in the United States or in Japan and so on, which shows that they are all getting ready to leave the country. The most important [objective] is to get the population to ignore Park Chung Hee and to get him to face even greater difficulties. It is only then that he will listen to what we are saying, to our proposals.

Today, the Park Chung Hee clique is serving nice words on a plate to socialist countries in an attempt to get out of the delicate situation in which they find themselves. In this respect, Park is establishing commercial ties with the so-called "immoral" states. For this reason, our request is that socialist countries reject his offers and, on the contrary, threaten him even more. It is only through this effort that South Korea will abolish the state of national emergency and accept the confederation we suggested.

If democratization in South Korea is achieved and the activity of all political and social organizations is legalized, then the Revolutionary Party for Unification will be able to strengthen its ranks even more, and at the same time, strengthen all revolutionary forces. It is only then that we will be able to create a democratic unified government, through free general elections in both the North and the South. We have a long way to go to achieve this.

A particularly important issue at this point in time is the removal of the UN mandate from the American troops deployed in South Korea. This can only be achieved through the struggle of the South Korean people. At the same time, the UN Commission for the Unification and Rehabilitation of Korea must be dismantled, as it carries out a yearly report which contains the most appalling propaganda against us. For this reason, we believe that socialist countries must act with a view to dismantle the UN Commission for the Unification and Rehabilitation of Korea and to remove the UN mandate from the American troops deployed in South Korea. If both problems can't be solved at the same time, then let's solve at least one of them. If the UN Commission for the Unification and Rehabilitation of Korea is dismantled and the UN mandate is removed from the American troops deployed in South Korea, then this entire frenzy in South Korea for the United Nations Organization will disappear. To our mind, American troops will immediately leave South Korea. The Americans are not withdrawing because they fear that we will attack the South Koreans or that Park Chung Hee will embark on an adventurous path. Moreover, the US is also afraid of Japanese occupation. At the same time, the US wants to stay in South Korea, to use the South Korean army in South Vietnam.

Currently, the Americans and the South Koreans are doing everything in their powers to prevent the UN from discussing the Korean matter, saying that [it is because] the North and the South are finally talking; discussing this matter will become an obstacle in the way of reunification. We are in favor of discussing this matter in the UN forum, thus creating the conditions and eliminating all the obstacles in the way of reunification of the Korean nation by Koreans themselves. We believe we should continue our fight at the UN, even if we lose in the voting process, because we believe it's not a good thing to capitulate in front of your enemies. We are sure that you will vote in our favor at the UN, supporting our fight.

These are the rationale, the scope, and the prospects of the peaceful offensive pursued by our party for the independent reunification of the homeland. Needless to say, this will be a difficult fight, but we will continue fighting in the future with all our firmness to achieve the independent and peaceful reunification of the country, a policy designed by our beloved and respected leader, Comrade Kim Il Sung. We are convinced that we will be victorious in our fight.

Once more, we express our conviction that, in the years to come, as you have done it in the past, you will support and actively help our fight for the just cause."

Comrade Jeong Jun-taek: Thank you for the attention with which you followed my presentation.

Comrade Nicolae Ceausescu: I would like to thank you for this detailed presentation of problems and efforts relating to the peaceful reunification of Korea. In the spirit of our good relations and of the solidarity that links our parties and our countries, Romania will continue to fully support [you], including at the United Nations.

We agree with your judgment that some actions which may lead to military intervention are not acceptable and should not be pursued, since the Soviet Union and the People's Republic of China and the United States of America may become involved with dear consequences for the entire world. For this reason, we believe you adopted the right approach: to do anything possible for a peaceful, political solution, and we can notice, indeed, that the possibility to do so is there. Of course, since yours is a political struggle, it requires time and effort, but this is the kind of struggle in which the people will win and it will take you to victory. We only want to wish you good luck in this very important political endeavor.

Comrade Jeong Jun-taek: Thank you very much for your kind words. We believe the reunification of the motherland can't be achieved in any other way but through a peaceful political struggle. As you said, our struggle for reunification will be a long one, and a very hard one. We regard it as a struggle between socialism and capitalism, between revolution and counter-revolution, between patriots and traitors, between the bourgeoisie and the proletariat. We regard it as a continuation of very fierce class struggle. The puppet government in South Korea is doing everything in its power, together with American and Japanese imperialists, so as to obtain economic superiority. They are striving to achieve this, but they will not manage to. In the 27 years that have passed since the liberation of the country, we took on the path of socialism, and they took on the road that transforms the country into a colony of the United States.

Comrade Nicolae Ceausescu: Like any other struggle, yours too has a series of objectives, but the progress of international politics favors socialism and progressive forces. So your endeavor is unfolding in favorable circumstances. Of course, the struggle may be a long-term one, but results can be achieved more rapidly; it also depends on the efforts of the internal forces and the ones from the South, as well as on the international balance of powers. But we believe the current circumstances are favorable so that through this struggle, positive results are achieved.

As far as Romania's problems are concerned, I will briefly discuss a few issues. Of course, the main objective of the party and of the people is the success of the 5-Year Plan. We organized the National Congress of the party in July this year, when we established new measures to fulfill faster the tasks imposed by this 5-year plan. Currently, we are working on creating the necessary measures, including a supplementary plan, to insure the fulfillment of these tasks in the best conditions [possible]. Therefore, I can tell you that as far as industry is concerned, everything is going well, we have already surpassed the 5-Year Plan in the first [one] and a half years, and that there are real conditions to achieve even greater successes in the following years. In agriculture, too, in spite of all climate hardships, we will have a good harvest this year, especially the grain harvest. Therefore, there are successes and good prospects in our economy, both in industry and agriculture. I know you are planning on visiting some of our sites; I guess the other comrades told you that I won't talk too much about these topics.

As far as international problems are concerned, it must be noted that compared to our discussion with Comrade Kim Il Sung, we have achieved an improvement in our relations with socialist countries, and things are going generally well. Our party is doing everything it can to normalize relations and to have relations as good as possible with all socialist countries and to contribute to the normalization of relations between all socialist countries. At the same time, of course, we are making sure to respect the principles that you already know from our discussion with Comrade Kim Il Sung, and thus to establish our cooperation efforts on the basis of these principles, of respect for national independence and sovereignty, equality of rights, [and] non-interference in internal affairs. We estimate that the prospects for having success in this respect are good, provided all socialist countries, each for its own, show willingness and do their best to allay and eradicate divergences, to cooperate. In any case, we will behave in this way.

As you already know, since the visit of Comrade Kim Il Sung, there were many changes on the international arena, but they are of the nature that we already discussed. The unfolding of events proves that the influence of socialist countries and of socialism in general, of anti-imperialist forces has increased; [it also proves] that the path to cooperation and détente is gaining momentum on the international arena. Of course, it is again a matter of struggle and establishing new relations on the international arena; if the imperialist principle of use of force and dictate is to be eliminated, then it will be the result of anti-imperialist struggle, which, of course, will be mainly carried out by socialist countries.

Of course, we held in high regard the visit of US President Nixon to the People's Republic of China and the beginning of the rapprochement between the United States of America and the People's Republic of China. The unfolding of events will prove that this is in the interest not only of both countries, but also of all peoples who are in favor of independence, in favor of the principle of full equality of rights. Moreover, we held in high regard the visit of US President Nixon to Moscow, the discussions he had there and in general, and the impact of this visit on the development of relations between the Soviet Union and the United States. In this case too, the unfolding of events will prove that the agreements they reached are addressing the interests of both the two countries and of all other countries which favor independence and the principle of equality between all states.

To our mind, there is still one danger, namely the illusion that international problems can be solved only through contact between these two countries. This impression would pose a great danger to the successful fight against imperialism, to the effort to create new relations on the international arena. We believe that a successful new policy can be achieved only through the intensification of the effort of all socialist countries, of all anti-imperialist forces, through the active participation of all peoples in international affairs, that in any problem, for example, the peaceful reunification of Korea is still a matter of class struggle, of anti-imperialist struggle at the international level, which requires an intensification of the efforts of all anti-imperialist forces, above all of socialist countries, of communist and workers' parties, of national liberation movements, and all other democratic and anti-imperialist forces.

We are aware that the capitalist world itself is experiencing significant changes, that the dominant position of the United States of America has diminished as the result of the more assertive position adopted by the Common Market of the Federal Republic of Germany and of Japan in Asia, which prove to be quite strong competitors for the US and that eventually the more intense this competition and the more emerging forces, the more likely the success of the effort to establish a new international order. This makes it necessary to develop ties and to collaborate with other countries of the world, not only with the states that favor independence, with developing countries, but also with developed capitalist countries. Therefore, in this context, and starting from these judgments on the changes that have occurred on the international arena, Romania believes it is necessary to intensify the efforts of all socialist countries on the international level, to actively participate in the resolution of great problems which have plighted humanity today, because it is only in this way that we can have the certainty that these solutions will be in the interest of all peoples, in the interest of the cause of peace and cooperation, of equality of rights for all nations.

I don't want to linger on these issues for too long. If you comrades don't mind, we should go eat and then continue some of these discussions over a meal.

Comrade Jeong Jun-taek: Thank you very much.

I would like to thank you for your warm welcome, for your presentation of the internal issues that concern you, [and] for talking to us about your foreign policy concerns, as well as for your support for our struggle for the reunification of Korea.

Before leaving, I will raise one more issue to your attention: giving you a mandate on one of the problems raised by our party and state leadership to be sent to the Socialist Republic of Romania.

As I already mentioned, the puppet government in South Korea, benefiting from the help of American and Japanese imperialists, is doing its best to strengthen its position, politically, economically, and militarily. We are paying a lot of attention to the problem of reunification of the homeland, as we consider the fight for reunification a very serious one, and we are ready and willing to overcome any kind of hardship posed by the enemy. In the 27 years that have passed since the country was liberated, we have scored a number of successes. The lifestyle of our society is very strong, and it has a very strong penetrating force within the South Korean population, yet we are not satisfied with the results of our activities in this respect. Comrade Kim Il Sung repeatedly indicated to our party and our people that we must not rely only on the superiority of socialism and on the fact that we have achieved certain successes, but we must do everything possible to correct those mistakes we are still making. He pointed out that even if it's just small mistakes, we must do our best to correct them. Owing to our socialist order, we have solved the main problems related to lifestyle: food, clothing, and housing. Starting with this year, we will introduce mandatory education until the 10th grade. The entire population is relying on free medical insurance. Our society is obviously superior, but in order to prove the superiority of our social order in all aspects, we have a lot to do. For this reason, we want to proceed in such a way that those visiting our country, meaning those from South Korea visiting our country, come naturally to us and embrace socialism.

Comrade Kim Il Sung showed that we had to build socialism while being confronted with imperialism, that we had significant defense expenses, and for this reason, we are facing a lot of hardships lifestyle-wise. For instance, our light industry does not meet the demands of the population. Therefore, Comrade Kim Il Sung said there are smaller problems lingering, which require all our attention if we want to solve them.

For this reason, upon my departure, I was tasked by my government to ask the Romanian Communist Party for help in this respect. Concretely speaking, we would like to import light industry products from you or equipment to mass-produce consumer products, given to us as credit, which we will start paying off only in 1976. We approximated it to be around 50 million rubles, to be paid back in three years after 1976.

Comrade Nicolae Ceausescu: This is a very serious issue as you know; Romania's situation is not very good right now, after several years of draught and then after being blighted by floods. Of course, we will have to discuss this request with the leadership of our party. In any case, consumer goods are impossible for us to supply. If there is anything we can do in terms of equipment, [we will do it], but we need to analyze this problem. In any case, you will be given an answer by the time you leave; the leadership of the party will discuss this.

Comrade Jeong Jun-taek: I would like to thank you, Comrade Nicolae Ceausescu. We are aware that this is a problem whose solution is not an easy one. In any case, even if you helped us with a smaller amount, it would still be important for us.

WW | Wilson | Digital Archive
Center | International History Declassified

digitalarchive.wilsoncenter.org

November 09, 1972
Note on Information by DPRK Deputy Foreign Minister Comrade Ri Man-seok on 8 November 1972 for the Ambassadors of Czechoslovakia and Poland and the Acting Ambassadors of the GDR in the Foreign Ministry

Citation:

"Note on Information by DPRK Deputy Foreign Minister Comrade Ri Man-seok on 8 November 1972 for the Ambassadors of Czechoslovakia and Poland and the Acting Ambassadors of the GDR in the Foreign Ministry," November 09, 1972, History and Public Policy Program Digital Archive, PolA AA, MfAA, C 951/76. Obtained and translated by Bernd Schaefer.
http://digitalarchive.wilsoncenter.org/document/114565

Summary:

Ri Man-seok discusses the development of diplomatic, political, and military relations between the two Koreas.

Credits:

This document was made possible with support from the Leon Levy Foundation.

Original Language:

German

Contents:

- English Translation

GDR Embassy to DPRK

Political Department

Pyongyang, 9 November 1972

N o t e

On an Information by DPRK Deputy Foreign Minister

Comrade Ri Man-seok [Ri Man Sok] on 8 November 1972 for the Ambassadors of Czechoslovakia and Poland and the Acting Ambassadors of the GDR in the Foreign Ministry

Comrade Ri Man-seok informed the comrades in attendance about the results of the 2 nd Session of the North-South Coordinating Committee in Pyongyang between 2 and 4 November 1972. Based on a written manuscript he outlined the following:

When analyzing the behavior of the South Korean side, we have to conclude that their main focus is to stay in power and cement the status quo. During the meeting's first day already, it was notable that the South organs were not prepared for negotiations and focused only on those questions raised from our side. The North Korean delegation spoke first. We talked about the question of coexistence and cooperation and actively raised the role of the North-South Coordinating Committee. The South Korean side was unable to propose concrete measures.

Right after his arrival, Lee Hu-rak stated his wish to talk with the Dear and Beloved Leader Comrade Kim Il Sung. He [Lee] requested to organize for himself to be received by him [Kim Il Sung]. On 3 November the Dear and Beloved Leader Comrade Kim Il Sung received before the resumption of talks Lee Hu-rak and his entourage and outlined the DPRK position in programmatic fashion.

After he had proposed last time [during his meeting with Lee Hu-rak in June 1972] the three principles and concrete paths towards independent peaceful unification, this time he talked about specific measures and made smart proposals for cooperation between North and South in various areas. General Secretary Comrade Kim Il Sung stated that dialogue between North and South has to be a dialogue in the name of cooperation and unification rather then of confrontation and division. The Coordinating Committee is an organ of cooperation and not of confrontation. Initially it is necessary to cooperate on economic and cultural fields and later on political ones as well. Regarding the question of economic cooperation, General Secretary Comrade Kim Il Sung explained how there are many unemployed in South Korea and how they are sold to other countries. Such actions have to come to a halt. There is the option to mine resources through joint labor. On a basis of economic exchange between North and South we have the option to employ South Korean unemployed. The North could deliver machines, equipment, iron ore and other mineral resources; the South could export to the North products from agriculture and light industries. There is also the possibility of joint fishery with free usage of the seas of both the North and the South. The North could help the South in the building of irrigation systems based on extensive Northern experiences in this field. We could develop a division of labor between North and South. On the question of cooperation in the areas of science and culture, General Secretary Kim Il Sung stated that, for instance, the mother language in South Korea is permeated with Japanese and American terms. With joint efforts by linguistic experts from both sides the language could be unified and problems of science and culture solved.

On military cooperation Kim Il Sung proposed the option to reduce arms, military production, and the number of armed forces. We could agree that both South and North Korea will have an army of 100,000 men each, sufficient for the defense of the country.

Concerning political cooperation Comrade Kim Il Sung proposed to create a system of confederation. While maintaining the socialist order in the North and the social order in the South, we can build a confederation and create comprehensive cooperation and broad exchange in political, economic, cultural, and military areas.

If Lee Hu-rak would have rejected these proposals by General Secretary Comrade Kim Il Sung, he would have shown his true face of a traitor to the nation. For that reason he replied that everything said represents a good and necessary cause. He raised no objections against the building of a confederation. Although he had not eyed himself the need for a confederation, he said it is possible that Park Chung Hee might see its necessity. After his departure to Seoul he will inform Park Chung Hee about his talk with General Secretary Kim Il Sung. Thus we can assess that the proposals of the Dear and Beloved Leader Comrade Kim Il Sung have been accepted by the South Korean side.

Guided by the line as instructed by General Secretary Kim Il Sung concerning cooperation between North and South, we talked at the meeting about basic questions mandatory to solve in order to realize the cooperation.

For the realization of cooperation between North and South we proposed to realize the primary requirements of halting the anti-communist policy, implementing the withdrawal of American forces, and to end the revived aggression of Japanese imperialism in South Korea. In South Korea you need to allow for broad democracy, to secure political freedoms for the people's masses, like freedom of speech, press freedom, right of assembly, to organize, to demonstrate, etc.; to facilitate political activities of opposition parties, and to release political prisoners. We demand that the activities of those in South Korea will have to be made illegal that come out against peaceful unification. Lee Hu-rak refrained from giving a comprehensive answer. He agreed that anti-communist propaganda must end, and he stated that after elections and the adoption of the constitution restrictions against political parties will be lifted. The South Korean side will review the question of releasing political prisoners. We added to our proposal that, if the prisoners cannot be released right away, one ought to at least halt executions. Lee Hu-rak agreed to review this request.

According to the line provided by the Dear and Beloved Leader Comrade Kim Il Sung, the "Agreement on Composition and Protocol of the North-South Coordinating Committee " and its joint announcement was passed and made public accordingly. The North Korean draft proposal for both documents was approved in principle by the South Korean side.

During the talks the South Korean side argued against an authoritative Coordinating Committee that could fully claim its functions. The South Koreans objected to a clear outline on questions of cooperation between South and North as one of the Coordinating Committee's assignments, and against an exact framework for its members and their roles. It was the South Korean aim to delay solutions to this question and to create a crippled institution. We insisted that the Coordinating Committee must consist of representatives with the rank of ministers or their deputies in order to turn it into an authoritative organ. Ultimately a decision was made according to our proposal.

During negotiations it was also discussed to end the future broadcasts directed to the other side of the country and along the DMZ, and to refrain from dropping leaflets on the other side's territory. The South Korean side informed that anti-communism and polemics ad slander against the North will end. They requested us to act accordingly. We agreed with this.

While drafting the agreement and the public announcement, we had tedious discussions about the problem of cooperation between North and South. The South demanded not to include the term "cooperation between North and South" in the public announcement. They argued the term "cooperation" is a reminder to the cooperation between the Chinese Communist Party and the Guomindang Party which ultimately resulted in turning China into a communist country. This phrase, they said, will be perceived negatively by the educated elite in South Korea. Therefore it was agreed to choose a true Korean term for cooperation that can be translated as "working jointly with united force." We hold the opinion that this term essentially expresses the same what we had proposed. Thus the South Korean side was forced to acknowledge the issue of cooperation as proposed by Kim Il Sung, and to undertake another step towards the realization of the Joint Declaration. As evidence for the complicated discussions we had, there was the fact that the South Korean delegation initially wanted to fly out of Pyongyang at 900 hours but eventually left at 1300 hours.

During the talks Lee Hu-rak proposed to hold talks between both sides on the highest level. Yet both sides agreed that such talks are not realistic any more during the current year though they might be realized in the future.

Note: Probably this refers to a meeting between Kim Il Sung and Park Chung Hee.

In general we can say, Comrade Ri Man-seok continued, the 2nd Session was successful. It will be interesting to watch how the South Korean side will implement the tasks we agreed upon. The South Korean side treats these questions very formally, they want to fix the status quo, and thus they are not sincerely interested in implementing the tasks. For these reasons we think that a long and tough struggle is still ahead of us.

Comrade Ri Man-seok then commented on the DPRK positions towards the state of national emergency and constitutional revisions in South Korea. He stated the following:

The essence of declaring a state of national emergency and to revise the constitution reflects the aim to secure Park Chung Hee's stay in power for a long time, to repress the political parties, and to level the score in the [North-South] talks to 1:1. According to the constitution, they will form a "National Assembly of Unification and Juche" to elect the President. His term will be unlimited. As a pretext to change the constitution Park Chung Hee declared such necessary to conduct the dialogue [with the North], as the old constitution would contain anti-communist provisions.

The KWP Political Committee frequently discussed whether we should condemn events in the South, or whether we should wait with this. We are of the opinion that, if we condemn the events, the currently open door between North and South will be slammed and shut. As a consequence, the country would continue to be divided. Therefore we have arrived at the conclusion not to provoke the closing of this door. If we criticize their [the South Koreans'] actions, it will result in further repression of the opposition parties. This way we would lose both options [peaceful unification and Southern uprising]. The South Korean side has only opened the door to the North since it was forced to do so. Currently it is looking for reasons to withdraw from this commitment. It is our conclusion that we must not provide them with a pretext: This way we will lose all opportunities to unfold in South Korea the activities of political opposition parties, and other activities as well. This year of travel between North and South was helpful for us as we gained option to exert a certain direct influence. This is why we changed our original plan to publish an article condemning the emergency measures in South Korea. We criticize them fiercely internally in the country without letting this criticism filter into the public. We have the intention to continue with implementing our line with patience, and to further develop the peaceful offensive.

In conclusion of this information, Comrade Ri Man-seok asked the fraternal countries to continue their active support for the struggle of the Korean people, to exert pressure on the puppets in the South and to isolate them, and thus contribute to the continuation of the [North-South] dialogue. Naturally, the conduct of this dialogue will remain an internal matter of the Korean people.

In response to this statement, the Czechoslovak ambassador thanked in the name of the comrades in attendance for the provided briefing.

Merten

Acting Ambassador

CC:

1x Foreign Ministry, Far Eastern Department

1x Central Committee, Department IV

1x Embassy, Political Department

[자료 14] Telegram from the Embassy in the Korea to the Department of State," November 24, 1972, FRUS.

6782. Subj: Prime Minister's Views on South-North Dialogue. Summary:Prime Minister Kim Chong Pil said government intends to move cautiously in South-North dialogue. Despite public emphasis on re-unification, government recognizes difficulty of reaching accommodation with North. Kim was quite critical of what he considered to be Yi Hu Rak's undue haste in dealing with Pyongyang. End summary.

1. During a lengthy conversation with Prime Minister Kim Chong Pil covering a number of subjects, we discussed in some detail his views on the South-North dialogue. The Prime Minister said he was concerned that the government's emphasis on reunification during the campaign for the referendum on the constitution had been carried too far. He foresaw great difficulties in dealing with North Korea. The differences between Seoul and Pyongyang were very great and would only be overcome with much time and great patience. President Park had come to this conclusion also and had expressed some reservations at the pace of developments in the dialogue.

2. Kim did not conceal his criticisms of Yi Hu Rak's efforts. He said it appeared that because Yi Hu Rak was conducting negotiations his personal prestige was involved with showing progress at every stage. This had led him to conduct the negotiations with undue haste and without proper attention to matters which should have been approached with greater prudence. For example, at an early stage, Yi wished to have the coordinating committee include Cabinet members. This would have immediately moved the dialogue to a government-to-government level prematurely. The Prime Minister had objected and the President agreed this was not desirable. The Prime Minister

said no one was quite sure of what Yi Hu Rak had committed himself to in discussions with the North Koreans. At one point it looked as if he was pushing for an early summit meeting, but the President would not go along. This was always a possibility but on the basis of his understanding of the President's position there would be no meeting between Park and Kim Il Sung in the foreseeable future.

3. I asked Kim what progress he thought might be possible in the talks over the next year. He said that the talks would not be broken off and that the meetings of the delegations, both within the coordinating committee and the Red Cross frameworks, would in itself constitute progress. There might be some exchange of visits by particular groups in the cultural and sports fields, but that was not sure and it was even less probable that economic exchanges would be conducted within the next year.

4. Kim said he has discussed with President Park the possibility of reducing the level of leadership at the coordinating committee and of having someone other than Yi Hu Rak lead the South Korean delegation, just as Kim Yong Chu was replaced by an acting chairman of the North Korean delegation. I asked whether this would not be resented by the North Koreans and viewed as a downgrading of the significance of the meetings. Whereas they claim Kim Yong Chu was sick, no such claim could be made for Yi Hu Rak. He did not reply directly, but said it might be desirable to vary the leadership. In any event, he said, President Park has not yet made up his mind on this point.

5. Comment: The rivalry between Prime Minister Kim and Yi Hu Rak, of which we are aware, emerges quite clearly in this conversation. Comparing the Prime Minister's remarks with those of Yi's, as reported in Seoul's 6729,2 points up the different manner in which each of them presents their thoughts

to us. Even where elements are overlapping in the two conversations they illustrate the differing points of view. There is no doubt that the Prime Minister as well as a number of other influential figures are convinced that Yi Hu Rak is dealing in a manner and at a pace which they find imprudent. The President's views lie somewhere between and it is our impression that he is currently applying some brakes on Yi Hu Rak's desire to push ahead rapidly.

Habib

SECRET

SENIOR REVIEW GROUP MEETING

June 15, 1973

Time and Place: 3:03 p.m. - 3:45 p.m., White House Situation Room

Subject: U.S. Policy Toward Korea (NSSM 154) and the Korean Force
Modernization Program

Participants:

Chairman	Henry Kissinger	CIA	William Colby
			Theodore Shockley
State	William Porter		
	Richard Sneider	OMB	Dolf Bridgewater
	Donald Ranard		
	Martin Herz	NSC	B/Gen. Brent Scowcroft
			Richard Kennedy
Defense	William Clements		John Froebe
	Robert Hill		Richard Solomon
	Dennis Doolin		Philip Odeen
	R/Adm. Charles Tesh		James Hackett
JCS	Adm. Thomas Moorer		
	V/Adm. John Weinel		

****

SUMMARY OF CONCLUSIONS

It was agreed that:

--The State Department will hold its draft cable to Embassy Seoul giving the
U.S. view of the proposed South Korean foreign policy initiatives until it
has been carefully reviewed by the members of the SRG. The Department
may inform Embassy Seoul that instructions will be provided by June 19
for Ambassador Habib to follow in his discussions with the South Koreans
on their proposed initiatives. Another SRG meeting will be held on
June 18 to determine the nature of the instructions.

--CIA will prepare a National Intelligence Estimate on where the proposed
policy changes are likely to lead, for consideration at the June 18 meeting.

SECRET   2

--Defense will prepare a paper for the June 18 meeting which will
consider the ramifications of a possible termination of the United
Nations Command in Korea, including the effects this would have on
the U. N. Status of Forces Agreement for U. S. bases in Japan, the
US/ROK force relationship in Korea, and the Korean Force Moderni-
zation Program.

                              ****

Mr. Kissinger: We've got two problems here, the evolution of our
political relations with Korea and the question of the Korean force
structure. We also have to consider how we should respond to (Ambas-
sador) Habib's request for guidance in his discussions with the ROKs
on their proposed foreign policy initiatives, and what we should do
about UNCURK this year.

Mr. Porter: Habib is under pressure to talk with the Koreans tomorrow
and we want to get a cable out to him tonight.

Mr. Kissinger: I can't believe that our relations with the South Koreans
depend on Habib talking with them tomorrow. Why does he have
to talk with them tomorrow?

Mr. Porter: They think every day counts. They are afraid the North
Koreans may do something that will steal the initiative from them.
They have developed a new policy and they want to complete consulta-
tions on it and announce it. We have put the issues into this telegram and
we'd like the group to look at it and discuss it point by point.

Mr. Kissinger: I hate to think that our relations with Korea are such
that Habib's conversation can't be put off for a few days. We just
received the cable.

Mr. Porter: The Koreans are insisting that we get started with them.
They are pressing for our advice.

Mr. Kissinger: One of the concerns I have about this is that we have
complicated discussions with the Chinese and we make points with
them when we tell them about something we plan to do anyway. Do we
have to cover all of these issues with the Koreans right at the beginning?

Mr. Porter: No, this is just the beginning of a dialogue. We are just
responding to their request for comments on their proposed initiatives.
We will be fleshing all this out later.

Mr. Kissinger: You have the abolition of the U. N. Command in here!

SECRET   3

Mr. Porter: But we would get something for it. We would get guarantees
from the North Koreans. It's all explained in the cable.

Mr. Kissinger: I understand very well what you are saying; I would
just like to prepare a more measured response. I understand what
Habib wants. He doesn't want any recognition of North Korea unless
the PRC and USSR are prepared to recognize South Korea. Before
getting into the details of the cable, I would like to discuss where we
are going and what we are trying to accomplish. Then we can discuss
the cable.

Mr. Porter: We'll do it any way you like, but if we don't get the cable
out soon we may not be able to reach you again for awhile.

Mr. Kissinger: I want to see where all of this leaves us with the Soviets
and the PRC. That's very important. We'll be seeing the Soviet leader-
ship next week. I don't care about North Korea.

Mr. Porter: (President) Park wants to make his policy statement June 23.
He's afraid it will be pre-empted by the North. We can consult with
the USSR and PRC concerning any adjustment we may want to agree to
in the U.N. in return for adequate guarantees.

Mr. Kissinger: Such as?

Mr. Porter: North Korean recognition of the DMZ and armistice line and
a guarantee to honor them.

Mr. Kissinger: I'm more interested in the views of the PRC and the
Soviets than those of Pyongyang. The idea is that the U.S. would
approach the PRC and the Soviets and ask them to endorse the guarantees?

Mr. Porter: Yes, on matters concerning the security of the Korean
Peninsula.

Mr. Kissinger: When would we make these arrangements on the security
of Korea?

Mr. Porter: During the debate in the U.N. this fall. We see the possi-
bility of stating our willingness to support a change in the U.N. Command
providing they are prepared to accept an agreement guaranteeing the
security of the peninsula. We want to establish the principle first and
fill in the details later.

Mr. Kissinger: What's the principle?

SECRET

Mr. Porter: Just that. They agree to accept and preserve the armistice line and DMZ.

Mr. Kissinger: And what do we accept, a statement by North Korea?

Mr. Porter: Essentially that.

Mr. Kissinger: We would say that we are prepared to disband the U. N. Command in return for a verbal statement by North Korea?

Mr. Porter: We are not being that specific. We are just giving an indication that we may be prepared to do so. We want to be prepared for the U. N. resolution on Korea.

Mr. Kissinger: What U. N. resolution?

Mr. Porter: There's one every year.

Mr. Kissinger: There wasn't one last year because we stopped it.

Mr. Porter: We can't stop it this year.

Mr. Kissinger: We can't or we don't want to?

Mr. Porter: The South Koreans don't want to.

Mr. Kissinger: Fore their own policy reasons they may not want to, but what about our policy reasons?

Mr. Herz: The situation has changed substantially since last year. North Korea has just been admitted to the World Health Organization by a large margin and it looks as though we would be severely beaten on UNCURK if it came to a vote. The South Koreans appreciate that and want to modify their policy accordingly.

Mr. Kissinger: Do the South Koreans want merely to suspend UNCURK?

Mr. Porter: No, they're prepared to dissolve it.

Mr. Ranard: The ROKs know they can't keep UNCURK. The question of whether it is dissolved, suspended, terminated or whatever is just a matter of terminology.

Mr. Kissinger: What do you think, Bill (Colby)?

SECRET

Mr. Colby: I think we're giving away a lot for a mere declaration by the North Koreans.

Mr. Kissinger: (to Mr. Clements) What do you think?

Mr. Clements: Frankly, I'm taken by surprise by this cable. Do I understand correctly that the ROKs want us to support their new moves?

Mr. Porter: They want to take a number of initiatives, but before they do they want to consult with a number of governments, including the U.S.

Mr. Sneider: They have already consulted with the British and French.

Mr. Clements: I'm surprised that President Park would put us in this situation, with such a short fuse.

Mr. Porter: The U.N. problem always looms large for the Koreans at this time of the year. Park has decided to take these steps and wants to move ahead with them before the North Koreans pre-empt the initiative.

Mr. Kissinger: He wants suggestions from us?

Mr. Porter: Not especially from us, he is discussing his proposals with various countries.

Mr. Kissinger: We don't have to give a blanket endorsement to all of these proposals. We have interests that are more important to us than what Habib says to the South Koreans tomorrow.

Mr. Porter: We wish to make clear that any changes in the status of the United Nations Command would have no effect on the maintenance of U.S. troops in Korea under our mutual security arrangement. We also have special arrangements for bases in Japan as a result of the U.N. Command structure in Korea. If we can get the guarantees we want from the Soviets and the PRC concerning the stabilization of the Korean peninsula, we will then want to consider revisions in the U.N. Command, but not anything that will affect the status of U.S. troops. We want to be sure that is completely clear.

Adm. Moorer: What about our bases in Japan?

Mr. Porter: We understand the Japanese will be sympathetic to changes that will permit us to keep the bases.

SECRET

SECRET   6

Adm. Moorer: That means we will have to renegotiate our treaty with the Japanese.

Mr. Sneider: No, we won't. There are two separate agreements with the Japanese. Regardless of what happens to the U. N. Command, any resumption of hostilities in Korea would be a violation of the U. N. Charter. We have an agreement with the Japanese aside from the U. N. Command, which was confirmed just recently in the Nixon/Sato communique. There is a general statement by the Japanese on the public record that they will support us in any hostilities that may break out in Korea.

Mr. Kissinger: How much can you rely on that?

Mr. Clements: The Japanese are vitally affected by this proposed change of policy by the ROKs, and so are the PRC and the Soviets. They all have to be consulted.

Mr. Kissinger: When you consult the Japanese it's the same as putting it in the newspapers.

Mr. Sneider: That's not true. We consulted them on the Korean North-South talks and there were no leaks at all.

Mr. Porter: If you want to consider the issues addressed in the cable at greater length, we can give some interim guidance to Habib.

Adm. Moorer: The instructions to the Ambassador should not conflict with what we intend to do this fall in the U. N.

Mr. Porter: That's understood.

Adm. Moorer: We at Defense would like to look at this message for a few hours before commenting on it.

Mr. Porter: We're not trying to present you with a fait accompli.

Mr. Kissinger: But you've managed to do so anyway. Park is not going to announce the new policy before June 23rd in any case, so we do have some time to consider the ramifications of these steps.

Mr. Herz: The South Koreans have to consult with the members of UNCURK. It's essential for them to do so. We should get our comments to them in time for them to be able to do that before the announcement.

Mr. Ranard: They've asked our views on these various things they plan to propose. We should respond to them.

SECRET

Mr. Kissinger: Has CIA made an assessment of this?

Mr. Colby: We prepared a National Intelligence Estimate a few weeks ago, but not on these specific proposals.

Mr. Kissinger: Can you get us an assessment quickly?

Mr. Colby: I can have you one by Monday (June 18).

Mr. Kissinger: O.K., do that in any case, regardless of what we decide to do about this cable.

Mr. Clements: We (DOD) want to take a look at the cable.

Mr. Kissinger: What I want to know is where is this process leading us. What do we want to encourage Park to do? What process in Korea do we want to encourage? One could argue that to spill our views of the whole package at one time, before other countries have shown their hand, could back us into a position we may not want to be in.

Mr. Sneider: This is not a proposal to abolish the U.N. Command. The ROKs merely want to have discussions about it.

Mr. Kissinger: Has anyone else seen this cable?

Mr. Clements: I'm reading it now.

Mr. Kissinger: That's no way to clear a cable.

Mr. Clements: I know that, but I hadn't seen it before.

Mr. Porter: We can tell Habib that we are not prepared to give him instructions right now, but that we will try to get them to him by June 23rd.

Mr. Kissinger: It's not necessary to do that. You can tell him he will have his guidance on Tuesday (June 19); that will give us the weekend to think about it.

Mr. Porter: That's O.K. with me. I have no aversion to keeping Park waiting a bit. That will meet my requirements.

Mr. Kissinger: I want to get the views of the Joint Chiefs on the bases in Japan. We may also want to say something in the cable about the U.N. Command. I'd like to have another meeting on this subject before we decide on the cable. Monday is bad because of the Brezhnev visit.

Mr. Sneider: What about Sunday?

SECRET

Mr. Kissinger: No, I have to be in Key Biscayne. Let's try for
2:30 p.m. on Monday.

Mr. Porter: What would you like to have for that meeting?

Mr. Kissinger: I want the National Intelligence Estimate we discussed.
It should address the question of where all this will lead us.

Mr. Porter: What about the U.N. Command?

Mr. Kissinger: I have no strong feelings about retaining the Command.
I have thought for some time that the U.N. Command might be dispensable,
providing our security agreement is retained.

Mr. Clements: What do you want from Defense?

Mr. Kissinger: I'd like your views on the base problem.

Mr. Clements: Do you want something on military assistance?

Mr. Kissinger: No, we can discuss that in connection with the Force
Modernization Program on Monday.

Adm. Moorer: We have a forthcoming meeting with the South Koreans.
We should give our people some guidance.

Mr. Kissinger: I don't want our people getting carried away by the
enthusiasm of the South Koreans and going off topping their offers by
20%. O.K., we'll meet again on Monday (June 18) at 2:30 p.m.

****

SECRET

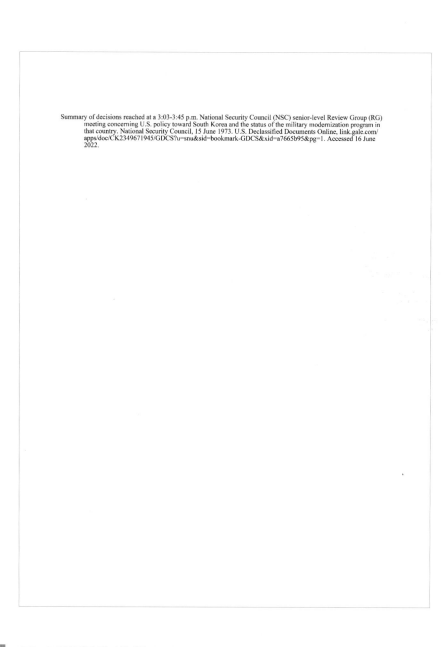

Summary of decisions reached at a 3:03-3:45 p.m. National Security Council (NSC) senior-level Review Group (RG) meeting concerning U.S. policy toward South Korea and the status of the military modernization program in that country. National Security Council, 15 June 1973. U.S. Declassified Documents Online, link.gale.com/apps/doc/CK2349671945/GDCS?u=snu&sid=bookmark-GDCS&xid=a7665b95&pg=1. Accessed 16 June 2022.

박정희 대통령의 '6·23선언'-평화통일 외교정책에 관한 특별성명, 1973년 6월 23일

박정희 대통령의 '6·23선언'-평화통일 외교정책에 관한 특별성명

(……) 나는 이 분단으로 말미암은 동족의 고통을 덜고 평화통일의 기반을 조성하기 위하여 1970년 '8·15선언'에서 남북한 간의 긴장완화를 촉구하였습니다. 그 다음해 8월 12일 우리측은 남북적십자회담을 제의하였으며, 작년 7월 4일에는 평화통일을 위한 남북공동성명을 발표한 바 있습니다. 이리하여 남북대화는 시작되었습니다. 그러나 근 2년이 되는 오늘에 이르기까지 그 성과는 우리 기대와는 거리가 먼 것이라 하지 않을 수 없습니다. (……) 그러므로, 나는 이에 다음과 같은 정책을 선언하는 바입니다.

1. 조국의 평화적 통일은 우리 민족의 지상과업이다. 우리는 이를 성취하기 위한 모든 노력을 계속 경주한다.
2. 한반도의 평화는 반드시 유지되어야 하며, 남북한은 서로 내정에 간섭하지 않으며 침략을 하지 않아야 한다.
3. 우리는 남북공동성명의 정신에 입각한 남북대화의 구체적 성과를 위하여 성실과 인내로써 계속 노력한다.
4. 우리는 긴장완화와 국제협조에 도움이 된다면, 북한이 우리와 같이 국제기구에 참여하는 것을 반대하지 않는다.
5. 국제연합의 다수 회원국의 뜻이라면 통일에 장애가 되지 않는다는 전제하에 우리는 북한과 함께 국제연합에 가입하는 것을 반대하지 않는다. 우리는 국제연합 가입 전이라도 대한민국 대표가 참석하는 국제연합 총회에서의 '한국문제' 토의에 북한 측이 같이 초청되는 것을 반대하지 않는다.
6. 대한민국은 호혜평등의 원칙하에 모든 국가에게 문호를 개방할 것이며, 우리와 이념과 체제를 달리하는 국가들도 우리에게 문호를 개방할 것을 촉구

한다.

7. 대한민국의 대외정책은 평화선린에 그 기본을 두고 있으며, 우방들과의 기존 유대관계는 이를 더욱 공고히 해나갈 것임을 재천명한다.

나는 이상에서 밝힌 정책 중 대북한관계 사항은 통일이 성취될 때까지 과도적 기간중의 잠정조치로서, 이는 결코 우리가 북한을 국가로 인정하는 것이 아님을 분명히 하여 둡니다. (……)

"Telegram from pyongyang to Bucharest, Secret, No. 61.530, November 26, 1973, Wilson Center Digital Archive

To Direction I Relations, to Comrade Director Ion Ciubotaru

To Direction II Relations Comrade Director L. Petrescu

1. In a conversation with A. Lazar concerning recent declarations made at the U.N. by South Korean Foreign Minister Kim Yong-sik , concerning the intentions of South Korea to intensify efforts towards normalization of relations with the U.S.S.R. and P.R. China, counselor V. Denisov stated that no official relations are foreseeable for the near future between his country and Seoul. He pointed out that the U.S.S.R. representative to the U.N, Dobrynin, had a meeting with the South Korean foreign minister, with the occasion of which he explained that the U.S.S.R. will not meet South Korean wishes, the economic domain included. He noted however that the meeting, regardless of the results, constituted a political contact nevertheless.

2. In support of Kim Yong-sik's declaration, radio broadcasts in South Korea report that Henry Kissinger told the Chinese leadership on the occasion of his visit to Beijing that the Seoul authorities would like to establish contacts and normalize relations with the People's Republic of China.

Chinese diplomats in Pyongyang reject the possibility of having Seoul's message relayed to Beijing, but [sic!] they reject all possibilities to establish a Sino-South Korean link, irrespective of its nature.

Signed: Aurelian Lazar

「6.23 평화통일 외교선언의 평가와 정책전환 검토, 1982-83」, 1982, 대한민국 외교사료관

1. 정부는 제5공화국 출범을 계기로 대통령의 1981.1.12. 및 6.5. 남북정상회담 제의와 1982.1.22. 민족화합 민주통일방안에 대한 국제적 지지가 확산되고 있음을 감안하고 또한 88올림픽 유치 등 국력에 바탕을 둔 국제적 지지를 배경으로 1982년 중 적절한 시기에 민족화합 외교정책 선언(가칭)을 발표할 것을 구상함. 동 선언은 단기적으로는 남북분단 이래 계속되어온 북한과의 과다 외교경쟁으로부터 초래되는 불필요한 소모전적 외교정책을 지양하고 더 나아가서 중장기적으로 한반도 평화통일 공존실현과 민족화합 민주통일 기반조성을 위한 외교정책의 창출 필요성에 따른 조치임.

2. 정부는 상기 구상에 따른 정책검토서(민족화합외교정책선언)를 작성하고 이를 대외 발표할 것인지 또는 대외 발표 없이 조용히 시행해 나갈 것인지 장단점을 예의 검토, 의견을 제시해 줄 것을 미국, 영국, 유엔, 프랑스, 서독, 호주 주재 대사에게 1982.6.21. 지시하였는바, 동 정책검토서에서 제시하고 있는 정책기조의 전환방향은 다음과 같음.

남북한간 국제사회에서 상호비방선전과 대결 위주의 경쟁 탈피
 - 북한과의 외교경쟁은 이미 종결
 - 남북한간 평화공존 추구
우방국의 북한과의 관계정상화에 대한 우리의 입장 정립
 - 북한과의 수교 경쟁 탈피
 - 영국, 서독, 프랑스 등 EC 주요국의 북한승인은 자율적 판단에 일임
 - 군소국가들의 대북한수교 및 공관설치 허용 불개입
공산권에 대한 문호개방 재촉구
 - 중(구 중공)·소의 남북한 교차승인 촉구
 - 동구권의 한국 승인 촉구

한국의 유엔가입 실현

　- 4,000만 대한민국 국민의 유엔대표권리 실현

※ 정책전환의 필요성이 인정되나 개별적 시행이 타당한 것으로 본다는 견해가
　정책기조 전환방향에 대한 공관장의 다수 의견임.

3. 외무부는 6.23 외교정책 선언의 평가와 정책 전환 검토를 위한 정책검토 보고
　서를 1983.5월~6월 재작성하였는 바, 동 보고서의 동기 및 목적으로 평화외교
　와 국제협력을 기조로 하는 제5공화국 대외정책의 포괄적 천명, 신장된 국력
　을 바탕으로 한 적극적·능동적 대외정책 추진, 평화통일의 국제적 여건조성과
　과감한 북방정책 전개를 제시하고 있음(본 문건에는 이와 관련된 보고서 등 관련 자료
　가 수록되어 있음).

연표

일자		내용
1970년	8. 15	박정희 대통령, 광복절 축사에서 평화통일의 기반조성을 위한 접근방법 구상 발표 [자료 1] 박정희 대통령, 8·15경축사에서 대북한 관계 선언, 1970년 8월 15일
	11. 2	북한 김일성 수상, 조선노동당 제5차 대회 보고에서 통일방법 제시
1971년	4. 12	북한, 최고인민회의 제4기 5차 회의 개최, 군축·남북교류 등 8개항의 통일방안 제시
	4. 14	최규하 외무부 장관, 북한의 8개항 제의 거부
	8. 6	북한 김일성 수상, 시아누크 환영연설에서 남한의 민주공화당을 포함한 모든 정당·사회단체 및 개별적 인사들과 아무 때나 접촉할 용의 표명
	8. 12	최두선 한적 총재, 남북 이산가족 찾기를 위한 남북적십자회담 제안 [자료 2] "NK reply to ROK proposed meeting on divided families", August 12, 1971
	8. 14	손성필 북적 위원장, 남북적십자회담 수락
	8. 20	남북적십자 파견원 제1차 접촉
	8. 26	남북적십자 파견원 제2차 접촉
	8. 30	남북적십자 파견원 제3차 접촉
	8. 31	김용식 외무부 장관, 남북문제의 3단계 접근방식 제시: ①인도적 문제 ②비정치적 문제 ③정치적 문제
	9. 3	남북적십자 파견원 제4차 접촉
	9. 16	남북적십자 파견원 제5차 접촉
	9. 20	남북적십자 제1차 예비회담
	9. 22	남북적십자회담의 합의에 따라 남북 직통전화 개통 ◆자유의 집과 판문각을 잇는 왕복 2호선
	9. 29	남북적십자 제2차 예비회담
	10. 6	남북적십자 제3차 예비회담
	10. 13	남북적십자 제4차 예비회담
	10. 20	남북적십자 제5차 예비회담
	10. 27	남북적십자 제6차 예비회담
	11. 3	남북적십자 제7차 예비회담
	11. 11	남북적십자 제8차 예비회담
	11. 19	남북적십자 제9차 예비회담
	11. 24	남북적십자 제10차 예비회담
	12. 3	남북적십자 제11차 예비회담

일자		내용
1971년	12. 10	남북적십자 제12차 예비회담
	12. 17	남북적십자 제13차 예비회담
1972년	1. 10	남북적십자 제14차 예비회담
	1. 19	남북적십자 제15차 예비회담
	1. 28	남북적십자 제16차 예비회담
	2. 3	남북적십자 제17차 예비회담
	2. 10	남북적십자 제18차 예비회담
	2. 12	김용식 외무부 장관, 북한에 대한 긴장완화 4개 선행조건 제시: ①비무장지대의 평화적 이용 ②간첩 남파 중지 ③남북간의 교류확대 ④무력적화 통일야욕 포기
	2. 17	남북적십자 제19차 예비회담
	2. 21	남북적십자 의제문안 제1차 실무회의
	2. 24	남북적십자 의제문안 제2차 실무회의
	2. 28	남북적십자 의제문안 제3차 실무회의
	3. 6	남북적십자 의제문안 제4차 실무회의
	3. 10	남북적십자 의제문안 제5차 실무회의
	3. 15	김용식 외무부 장관, 북한의 휴전협정 위반 비난 및 비무장지대의 진지와 병력 철수를 요구
	3. 17	남북적십자 의제문안 제6차 실무회의
	3. 24	남북적십자 의제문안 제7차 실무회의
	4. 17	남북적십자 의제문안 제8차 실무회의
	5. 2~5	이후락 남북조절위원회 공동위원장, 평양 비밀방문
	5. 9	남북적십자 의제문안 제9차 실무회의
	5. 12	남북적십자 의제문안 제10차 실무회의
	5. 19	남북적십자 의제문안 제11차 실무회의
	5. 22	남북적십자 의제문안 제12차 실무회의
	5. 26	북한 김일성 수상, 뉴욕타임즈 기자들과의 회견에서 남북 국회의원 자유왕래 주장
	5. 29 ~6. 1	북한 박성철 제2부수상, 비밀리 서울방문
	6. 5	남북적십자 의제문안 제13차 실무회의
	6. 16	남북적십자 제20차 예비회담
	7. 4	남북한, 남북공동성명 발표(7·4남북공동성명) [자료 10] 7·4남북공동성명서, 1972년 7월 4일
	7. 7	박정희 대통령, 국무회의에서 "7·4공동성명에 지나친 낙관은 하지 말라"고 지시하고 반공교육의 계속 강화 시달

일자		내용
1972년	7. 10	남북적십자 제21차 예비회담
	7. 14	남북적십자 제22차 예비회담
	7. 17	윤석헌 외무차관, 소련과 중공 등 모든 국가와 관계를 맺을 것을 희망한다고 언급
	7. 19	남북적십자 제23차 예비회담
	7. 26	남북적십자 제24차 예비회담
	7. 27	남북적십자 진행절차 제1차 실무회의
	8. 3	남북적십자 진행절차 제2차 실무회의
	8. 9	남북적십자 진행절차 제3차 실무회의
	8. 11	남북적십자 제25차 예비회담
	8. 16	남북 통신실무자회의, 〈남북 전신·전화 가설 운용에 관한 통신기술자 실무회의 합의서〉 합의
	8. 18	남북적십자 본회담용 직통전화 가설 ◆서울-평양 간 20회선
	8. 19	북한 당·사회단체들, 남북한의 제 정당·사회단체연석회의 개최 제의
	8. 22	남북한, 남북을 왕래하는 남북적십자회담 관계인원의 신변 안전보장 성명 발표
	8. 29 ~9. 2	제1차 남북적십자회담 본회담
	9. 6	북한 박성철 제2부수상, 평양에서 일본기자들과 한 회견에서 일본이 남북한과 동시에 외교관계를 가진다는 것이 한국 통일에 장애가 되지 않는다고 주장
	9. 11	오히라 일본 외상, 외국기자들과의 회견에서 박성철 북한 부수상이 제의한 남북한 등거리 외교를 일본정부로서는 생각지 않고 있으며, 일본정부는 한국과의 우호관계 지속 방침에 변함이 없다고 언급
	9. 11	발트하임 유엔 사무총장, 연례기자회견에서 한국의 유엔 가입문제는 남북한 접촉이 앞으로 어떻게 진전되느냐에 달려있다고 언급
	9. 12~16	제2차 남북적십자회담 본회담
	9. 17	북한 김일성 수상, 마이니치신문 기자의 질문에 답하며 남북연방제 및 광범한 남북 교류 주장
	9. 21	제27차 유엔총회 운영위원회, 한국문제 토의 연기안 가결(찬16, 반7, 기권1)
	9. 23	제27차 유엔총회, 한국문제 불상정 권고 결의안 토의에 돌입
	9. 23	유엔총회 전체회의, 한국문제를 1973년 총회 의제에 포함하는 내용의 운영위원회 권고 가결(찬70, 반35, 기권21, 결석6)
	9. 27	북한 외무성, 한국문제의 유엔 결정 취소 요구
	9. 28	이후락 남북조절위 공동위원장, 남북관계의 대국적인 취재보도를 요망하는 공한을 5개 국내 언론단체에 발송
	10. 12	남북조절위 제1차 공동위원장회의

일자		내용
1972년	10. 17	박정희 대통령, 전국에 비상계엄령 선포 및 대통령 특별선언 발표 ◆"비상조치로서 남북대화의 적극적인 전개와 주변정세의 급변하는 사태에 대처하기 위한 우리 실정에 가장 알맞은 체제개혁을 단행해야하겠다"
	10. 23~26	제3차 남북적십자회담 본회담
	10. 24	남북적십자 제3차 회담
	11. 2~4	남북조절위 제2차 공동위원장회의 ◆〈남북조절위 구성 및 운영에 관한 합의서〉를 서명·교환하고 대남·대북방송·휴전선 대남·대북 확성기 방송, 상대측 지역에 대한'삐라'살포, 11.11 0시를 기해 중지키로 합의
	11. 22~24	제4차 남북적십자회담 본회담
	11. 30	남북조절위 제3차 공동위원장 회의
	11. 30~12. 2	남북조절위 제1차 본회담
	12. 23	통일주체국민회의 개최, 박정희 대통령 제8대 대통령에 당선
1973년	3. 10	남북조절위 제1차 간사회의
	3. 14~16	남북조절위 제2차 본회담
	3. 20~23	제5차 남북적십자회담 본회담
	4. 16	북한 김일성 주석, 시아누크 환영대회 연설에서 남북조절위의 남북한 정당, 사회단체대표와 각계각층 인사들을 참가시키거나, 조절위와 별도로 남북한 정당, 사회단체 대표 및 각계각층 인사가 참가하는 정치협상 개최 제의
	4. 24	남북조절위 제2차 간사회의
	5. 8~11	제6차 남북적십자회담 본회담
	5. 18	북한, 세계보건기구(WHO)가입
	5. 23	남북조절위 제3차 간사회의
	6. 12~14	남북조절위 제3차 본회담
	6. 23	박정희 대통령, '평화통일 외교정책 선언'(6·23 선언)발표 [자료 16] 박정희 대통령의 '6·23선언'-평화통일 외교정책에 관한 특별성명, 1973년 6월 23일
	6. 23	북한 김일성 주석, 체코 후사크 환영연설에서 '조국통일5대 방침'발표
	7. 10~13	제7차 남북적십자회담 본회담
	8. 28	북한 김영주 남북조절위 공동위원장, 남북대화 일방적 중단 선언 발표
	11. 28	남북적십자 제1차 실무대표 접촉
	12. 1	북한, 군사정전위서 백령도 등 서해안 5개 도서 인접해역을 북한 영라고 주장하고 5개 도서에 항해하는 선박에 대한 검문검색을 선언
	12. 5	남북조절위 제1차 부위원장회의, 남측은 제2차 부위원장회의 개최(12.12)제의
	12. 19	남북조절위 제2차 부위원장회의

찾아보기